Über dieses Buch Der Rückblick einer bedeutenden Frau und großen Schriftstellerin, die zwei Welten angehörte: ihrem Geburtsland Amerika und dem Land, das lange ihre Heimat war, China. Kein anderer Schriftsteller hat uns China und seine Menschen so nahe gebracht wie Pearl S. Buck.
Die Aufzeichnungen beginnen zur Zeit des Boxeraufstandes im Jahre 1900 und reichen bis in die Zeit ihrer endgültigen Rückkehr nach Amerika. Vierzig Jahre ihres Lebens hat sie in China verbracht, und was sie in ihrem Lebensbericht zu erzählen weiß, ist keine Schönfärberei, kein Schwarz-weiß-Klischee, sondern eine wahrheitsgetreue und auch sehr persönliche Schilderung von Menschen und Begebenheiten.

Die Autorin Pearl S. Buck, 1892 in West Virginia/USA geboren, kam mit ihren Eltern, die in der Mission in China tätig waren, im Alter von fünf Monaten nach China. Dort verbrachte sie, mit Unterbrechung ihres Studiums in England, 40 Jahre ihres Lebens. 1930 schrieb sie ihr erstes Buch ›Ost Wind, West Wind‹, 1931 ›Die gute Erde‹, für das sie den Pulitzerpreis erhielt. 1938 bekam die Autorin als erste amerikanische Frau den Nobelpreis. Zahlreiche Romane, Erzählungen, die überwiegend in Ländern des Fernen Osten spielen und religiöse sowie etische Probleme zum Inhalt haben (Triumph der Menschlichkeit) folgten. 1973 starb Pearl S. Buck in Danby/Vermont/USA.
Von der Autorin ist im Fischer Taschenbuch lieferbar: ›Land der Hoffnung, Land der Trauer‹ (Band 8325), ›Wie Götter werden‹ (Band 8334), ›Zurück in den Himmel‹ (Band 8336), ›Ein angenehmer Abend‹ (8330), ›Die Frau, die sich wandelt‹ (Band 8329) sowie ›Die Frauen des Hauses Wu‹ (Band 8387).

Pearl S. Buck

Ruf des Lebens

Erinnerungen an China

Aus dem Amerikanischen von
Hans B. Wagenseil

Fischer Taschenbuch Verlag

Ungekürzte Ausgabe
Veröffentlicht im Fischer Taschenbuch Verlag GmbH,
Frankfurt am Main, August 1990

Lizenzausgabe mit freundlicher Genehmigung der
F. A. Herbig Verlagsbuchhandlung GmbH, München
Titel der Originalausgabe ›My several Worlds‹
Umschlaggestaltung: Manfred Walch
Druck und Bindung: Clausen & Bosse, Leck
Printed in Germany
ISBN 3-596-10197-2

VORWORT

Wer dieses Buch liest, wird sich vielleicht fragen, warum ich diese Geschichte von den zwei Seiten unserer Welt erzählt habe. Nun, die Antwort ist einfach, es ist ein Buch der Erinnerung. Als ich es schrieb, hatte ich China, wo ich die Hälfte meines Lebens zugebracht hatte, schon verlassen und befand mich wieder in meinem Geburtslande, den Vereinigten Staaten. Hier lebe ich jetzt und hier werde ich bleiben, bis ich sterbe.

Als ich diese Lebenserinnerungen schrieb, machte ich eine Reise in den Westen. Tagsüber fuhr ich, und abends arbeitete ich an diesem Buch, wo ich auch sein mochte, und ich beendete es, als ich schließlich wieder nach Green Hills Farm zurückkehrte.

Ich erzähle hier eine wahre Geschichte, aber sie ist nicht etwa deshalb bedeutend, weil ich in ihr mein Leben schildere, sondern weil die Zeit, in der ich gelebt habe, ein bedeutender Abschnitt der Geschichte ist. Wir Völker der Erde leben in einer Zeit der Veränderung und des Übergangs, und zufällig habe ich viele dieser Veränderungen mit meinen eigenen Augen gesehen. Vielleicht kann ich sie Menschen deutlich machen, die sie nicht erlebt haben, weil sie zu jung sind oder weil sie ihre Heimat nie verlassen haben, um wie ich auf der Erde und unter den Völkern umherzuwandern.

Das Buch wurde also geschrieben, damit wir die wunderbare Zeit, in der wir leben, und zugleich ihre Grundlagen etwas besser verstehen und dadurch Mut für die Zukunft gewinnen.

Pearl S. Buck.

Green Hills Farm, Pennsylvania

Juni 1953

Heute erblickte ich bei Sonnenaufgang eine Szenerie, die so chinesisch war, daß ich hätte glauben können, sie sei aus meiner Kindheit hierher versetzt. Nebel lag über dem großen Teich unter den Trauerweiden, eine leichte Wolke, durch die das Wasser silbergrau schimmerte. Vor diesem Hintergrund stand ein großer weißer Reiher auf einem Bein. Jahrhundertelang haben chinesische Künstler diese Szene gemalt, und hier war sie nun vor meinen Augen, auf einem Stück Land, das so amerikanisch wie nur möglich ist und jetzt mir gehörte, das aber vor mir Generationen von Amerikanern besessen hatten. Ich hätte mir kein Bild wünschen können, das für die Stimmung dieses Tages, an dem ich mein Buch beginnen will, passender gewesen wäre.

Der Leser sei jedoch gewarnt – diese Geschichte ist unvollständig und handelt von verschiedenen Orten und Völkern. Geographisch gesehen liegen meine Welten auf entgegengesetzten Seiten des Erdballs und werden auch für mich nur durch die Jahre meines Lebens verbunden. Es gibt noch eine andere Unstimmigkeit, und sie liegt in mir selbst. Ich bin eigentlich eine häusliche Natur – aber die Zeit, in der ich geboren wurde, und mein Beruf als Schriftstellerin haben mich gezwungen, nicht nur in meiner Familie zu leben, sondern mich auch mit dem Leben vieler Menschen zu beschäftigen. Aber von meinen verschiedenen Welten will ich meine persönliche zuerst schildern, denn mit ihr fangen wir ja alle an.

Ich hatte als Eltern zwei unternehmungslustige und idealistische junge Menschen, die den Drang in sich hatten, ihre erstaunten Verwandten zu verlassen und um den halben Erdball zu reisen, um sich in China anzusiedeln und dort die Vorzüge ihrer Religion zu verkünden, obschon sich unter ihren Vorfahren kein Missionar befand.

So wuchs ich anstatt auf der amerikanischen auf der asiatischen Seite des Erdballs auf, obwohl ich ganz zufällig in Amerika geboren bin. Meine Mutter, die mit dreiundzwanzig als junge Frau nach China ging, bekam schnell nacheinander vier Kinder und verlor sie ebenso schnell wieder durch tropische Krankheiten. Damals wußte noch niemand, wie man diesen vorbeugen oder sie heilen konnte. Die Gesundheit meiner Mutter litt darunter so, daß die Ärzte ihr einen zweijährigen Aufenthalt in ihrer Heimat in Westvirginia verordneten. In den letzten Monaten dieser langen Ruhezeit bin ich geboren und wurde so amerikanische Staatsbürgerin, sowohl auf Grund meiner Geburt als auch infolge einer zweihundertjährigen Reihe amerikanischer Vorfahren. Es war ein glücklicher Anfang in reizvoller Umgebung.

Als ich jedoch drei Monate alt war, wurde ich, da die Gesundheit meiner Mutter wiederhergestellt war, übers Meer gebracht und wuchs daher in China auf. Von nun an war Asien die wirkliche, die eigentliche Welt, und Amerika wurde für mich eine Traumwelt.

Meine Eltern waren meine einzige Informationsquelle über diese Traumwelt, als ich in das Alter kam, in dem Kinder Fragen stellen. Sie beglückten mich mit Erinnerungen an stille Dorfstraßen, an große, von der Straße abgelegene Häuser in grünen Parks, biedere Bürger, die sonntags zur Kirche gingen, um den Herrn in schönen alten Gotteshäusern zu verehren, an gesetzesfürchtige Männer und Frauen und an Kinder, die ihren Eltern gehorchten und in der Schule brav ihre Lektionen lernten. Sie erzählten, daß es dort nur wenige Kranke gäbe, und sie würden alle von Ärzten betreut oder in wundervoll reinliche Krankenhäuser gebracht, und keiner von ihnen hätte Cholera, Brechdurchfall oder Typhus oder müsse an der Beulenpest sterben. Auf den Straßen würden auch keine Leprakranken herumlungern und die Fußgänger oder Ladenbesitzer in Schrecken setzen, und Bettler gäbe es überhaupt nicht ...

Man kann mir also keinen Vorwurf machen, wenn ich mit Illusionen über mein Heimatland aufgewachsen bin.

Amerika war für mich die Traumwelt – die wirkliche

Welt, in der ich lebte, war Asien. Ich lebte in China, aber um China herum wohnten noch eine Menge anderer Nationen und Völker, deren Bürger ich oft sah und von denen ich einige gut kannte.

So erfuhr ich schon früh von Indien, weil unser Hausarzt und ebenso seine beleibte, gutmütige Frau Inder waren, obschon sie englisch sprachen und zur englischen Mission gehörten. Sie hatten auch sicher weißes Blut in ihren Adern wie viele Inder, denn die jahrhundertelange Besetzung des Landes durch Weiße hat ihre Spuren hinterlassen. Wenn ich dieses Ehepaar bat, mir von seiner eigenen Kindheit zu erzählen, erfuhr ich von märchenhaft großen Schlangen und sah Affen in hohen Bäumen herumturnen. Ich hörte, daß es noch andere Götter gab, ich vernahm eine Sprache, die verschieden von meinen beiden Muttersprachen war, und früh schon lernte ich Indiens Leiden und die Bestrebungen seines Volkes kennen.

Hoch auf dem Berge, auf der anderen Seite des Tales, über dem wir in unserem niedrigen Backsteinhaus lebten, wohnte eine Japanerin mit ihrem englischen Mann und von ihr lernte ich viel über Japan. Unter unseren Freunden waren auch Asiaten von den Philippinen und aus Siam, aus Indonesien, Burma und Korea, und so fühlte ich mich schon früh in eine Welt hinein, deren Mittelpunkt China war.

Zu der Traumwelt des Westens jedoch gehörten unsere englischen Freunde, die hinter den Gittertoren der britischen Konzession in der Hafenstadt Tschingkiang am großen Jangtsekiangfluß lebten, und unter denen sich auch ein paar französische und italienische Familien befanden. Ich konnte mir Indien oder Java vorstellen, aber nicht Italien und Frankreich und kaum England.

Denn die Chinesen hielten insgeheim die Leute aus dem Westen für »Ausländer«, was ich von meinen Spielkameraden erfuhr, die das von ihren Eltern aufgeschnappt hatten. Meine Spielkameraden nannten sie ganz offen so, und auch ich hielt sie für »Ausländer«, die vielleicht einmal als Feinde in Betracht kämen. »Ausländer« hatten in Asien schlimme Dinge angerichtet – nicht die Amerikaner, wie mir meine kleinen und schon damals taktvollen Freunde erklärten, denn die Amerikaner, so sagten sie, seien »gut«. Sie hätten den asiatischen Staaten kein Land weggenommen und schickten uns bei Hungersnöten Nahrungsmittel. Mir war diese Unterscheidung recht und ich fühlte mich auch anderen westeuropäischen Ländern nicht zugehörig, sondern betrachtete sie zu jener Zeit ebenfalls als meine Feinde.

Wenn wir damals Räuber und Gendarm spielten – ein Spiel, das ja wohl in der ganzen Welt zu Hause ist –, kämpften wir als brave Chinesen mit unseren asiatischen Verbündeten gegen die imperialistischen Mächte des Westens, und mir als der einzigen Amerikanerin in dem Spiel fiel die Aufgabe zu, auf dem Höhepunkt der Schlachten einzugreifen und Lebensmittel und Unterstützung für die immer siegreichen Chinesen zu bringen.

So führten vor einem halben Jahrhundert Kinder in Asien das Spiel auf, das später Wirklichkeit wurde, und ganz durch Zufall vertrat eine kleine blondhaarige Amerikanerin ihr Land bei ihnen.

In der Mitte zwischen diesen beiden Welten jedoch standen die Kinder meiner chinesischen Adoptivschwester. Jahre vor meiner Geburt, als meine Eltern in Innerchina in einer kleinen Stadt am Kaiserkanal wohnten, wurde meine Mutter eines Abends zum Hause einer am Sterben liegenden chinesischen Dame gerufen und gebeten, deren kleine Tochter zu sich zu nehmen. Mit Zustimmung des Vaters wurde dieses Kind von meinen Eltern adoptiert. Sie hieß Ts'ai Yün oder »Schöne Wolke«, und ich habe sie als liebenswürdige junge Frau in Erinnerung; sie hatte ein sanftes, hübsches Gesicht. Zur Zeit meiner Geburt war sie bereits verheiratet und gebar ein Mädchen nach dem anderen, einen ganzen Schwarm von Mädchen. Ich liebte die Kinder und freute mich über sie wie über Schwestern. Die beiden ältesten waren etwa in meinem Alter, und wir spielten herrlich miteinander, wenn sie zu uns kamen oder wir sie in ihrem einige Meilen entfernten Haus besuchten. Ich habe diese Geschichte für meine amerikanischen Kinder in einem kleinen Buch, *Die Chinesenkinder von nebenan*, erzählt. Es machte mir große Freude, als mir ein indischer Freund erzählte, daß Jawaharlal Nehru mein Büchlein einmal Mahatma Gandhi, als er krank daniederlag, vorgelesen habe. Gandhi soll darüber sehr gelacht haben.

Wenn ich an diese Welt meiner frühen Kindheit zurückdenke, scheint mir die Kaiserinwitwe die Hauptfigur darin, und ihre Gestalt ist mir so vertraut, als habe ich sie persönlich gekannt. Jeder wußte, wie sie aussah, und bei unseren Spielen war jedes kleine Chinesenmädchen stolz darauf, sie darzustellen und als Thron eines der hohen chinesischen Erdgräber zu besteigen, mit denen unser Hügelland übersät war. Ich erinnere mich nicht mehr, wann ich zuerst erfuhr, daß die Kaiserin keine Chinesin, sondern eine Mandschu war, und daß viele Chinesen die Dynastie als ausländisch ansahen.

Ich kannte die Mandschus, denn jede bedeutende Stadt hatte ein besonderes Wohnviertel für sie, auch Tsching-kiang. Es lag am Rande der Stadt, und eine hohe Mauer umgab alle Mandschuhäuser. Dadurch wurden sie abgesondert – und da man sie noch dazu ermutigte, nicht zu arbeiten, wurden die lästigen Regierungsgeschäfte bald von Chinesen erledigt. Die einst kriegerischen Mandschus wurden von den Chinesen gezähmt und wie die chinesischen Haustiere verwöhnt, denn die Chinesen wußten genau, daß die Mandschu-Herrschaft verfallen und eines Tages durch eine chinesische Revolution gestürzt werden würde. Revolution war chinesische Tradition. Jede Dynastie wurde wieder gestürzt, wenn nicht durch feindliche Einfälle, dann durch eine innere Revolution.

Als Kind ahnte ich natürlich nicht, wie nahe das Ende für die Mandschus bevorstand. Ich ahnte es nicht, bis zu meinem achten Lebensjahr. Diese frühen Kindheitsjahre waren für mich und meine kleinen chinesischen Spielgefährten eine sorglose Zeit. Wenn ich zurückblicke, erscheinen sie mir als ein Idyll.

Viele Menschen hatten mich gern. Meine Eltern waren, obwohl sie viel zu tun hatten, immer gut zu mir; die chinesischen Dienstboten waren zärtlich und nachsichtig, verwöhnten mich in gefährlicher Weise und standen immer auf meiner Seite, wenn ich einmal etwas angestellt hatte. Wenn mir meine Mutter als wohlverdiente Strafe eine Aufgabe stellte, brauchte ich nur ein betrübtes Gesicht zu machen, und meine chinesische Amah übernahm insgeheim die Erledigung dieses Auftrags – oder wenn ich ihn draußen erfüllen mußte, tat es der Gärtner oder der zweite Boy für mich, ja, selbst der Koch hielt es nicht für unter seiner Würde, mir in einer schwierigen Lage zu helfen. Schließlich kam jedoch meine Mutter dahinter. Sie versuchte, ihnen klarzumachen, daß sie mir in Wirklichkeit keinen guten Dienst erwiesen, da sie mich daran hinderten, die unumgängliche Selbstdisziplin zu lernen. Ihre Antwort waren erstaunte Gesichter und ein Gemurmel, daß ich ja nur ein Kind sei, das noch nicht alles auf einmal lernen könne. Nach ihrer Meinung war es ein Ausdruck des Ärgers der Erwachsenen, wenn sie von einem Kind Disziplin verlangten, und davor mußte ein Kind natürlich geschützt werden, da Ärger ja nur eine Art widerrechtlicher Besitzergreifung ist. Meine Mutter gab es auf, sie zu überzeugen, und stellte mir hinfort Aufgaben, welche die freundlichen Chinesen nicht für mich tun konnten, wie zum Beispiel Worte im englischen Wörterbuch nachzuschlagen und ihre Bedeutung niederzuschreiben. Aber dann gab es jedesmal große Aufregung unter den Dienstboten; sie beratschlagten, wie man mir trotzdem helfen könnte, und sie trösteten mich bei der grausamen Arbeit, indem sie Süßigkeiten ins Haus schmuggelten oder mich mit einem Spielzeug belohnten, das einer von ihnen rasch auf dem Markt gekauft hatte – eine in glänzende Papiergewänder gekleidete Tonpuppe oder ein Bambuspfeifchen oder einen auf einem Hölzchen befestigten Zuckertiger!

Einmal, als ich noch keine acht Jahre alt war, verprügelte mich mein Vater, weil ich ihn angelogen hatte. Darüber waren die Dienstboten und die Nachbarn einfach entsetzt. Ich hatte die Hacke des Gärtners zerbrochen und dann behauptet, ich sei es nicht gewesen. In seinem Kummer beteuerte der Gärtner, um mir die Schläge zu ersparen, er hätte es selbst getan. Mein Vater hatte jedoch den Vorgang beobachtet, und die Strafe erfolgte auf dem Fuße und hart. Der Gärtner stand weinend an der Tür, und ich sah, daß sich seine Tasche von gezuckerten Erdnüssen bauschte. Solche Süßigkeiten waren mir verboten, denn in ihnen waren die Keime tropischer Krankheiten verborgen, aber insgeheim wurden sie mir dennoch zugesteckt, und ich aß sie ohne Gewissensbisse, weil es auch die Chinesen taten – eben dadurch aber machte ich mich vermutlich gegen diese Krankheiten immun, denn ich war so gesund wie nur denkbar und litt unter keiner jener Krankheiten, die häufig weiße Kinder befielen. Ich glaube auch nicht, daß ich meine Eltern bewußt täuschte. Ich hielt alles für wahr, was sie mir über die Weißen erzählten, die mit erstaunlicher Leichtigkeit starben oder jedenfalls krank wurden. Aber damals betrachtete ich mich nicht als Weiße. Ich wußte zwar, daß ich keine richtige Chinesin war, fühlte mich aber chinesisch genug, um Süßigkeiten vom Markt ungestraft zu essen.

So wuchs ich in einer doppelten Welt auf, der kleinen weißen, äußerst sauberen, presbyterianisch-amerikanischen Welt meiner Eltern und der großen, freundlichen, nicht allzu sauberen chinesischen Welt, und zwischen beiden gab es keine Verbindung. War ich in der chinesischen Welt, so war ich Chinesin, ich redete chinesisch und benahm mich wie eine Chinesin, ich aß wie die Chinesen und teilte ihre Gedanken und Gefühle. War ich in der amerikanischen Welt, machte ich die Tür hinter mir zu.

Allerdings sprachen wir in der chinesischen Welt oft über die Amerikaner. Meine Eltern wurden glücklicherweise von den Chinesen gern gesehen, und abgesehen von einigen in chinesischen Augen bedauerlichen Tatsachen, wie etwa der lächerlich großen Füße meines Vaters und seiner übertriebenen Größe oder der für chinesische Begriffe viel zu leicht aufbrausenden Natur meiner Mutter, brauchte ich mich ihrer in keiner Hinsicht zu schämen. Mein Vater wurde als gütiger Mann von allen verehrt. Aber andere Weiße kamen nicht so gut weg; ihre Eigenschaften wurden gründlich und sehr kritisch unter die Lupe genommen.

Damals herrschte tiefster Frieden in dieser Welt meiner Kindheit. Wenn ich daran zurückdenke, sehe ich einen Kreis grüner Hügel und hinter ihnen purpurrote Berge. Zwischen den grünen Hügeln lagen die noch grüneren Täler, die seit vier Jahrtausenden von den Bauern bis auf das letzte Krümchen Erde bebaut wurden. Vor den Bauernhäusern lagen die Teiche voller Fische. Jede Familie besaß ein Schwein, ein paar Hühner, einen Hahn und einen Wasserbüffel.

In den Straßen der Stadt gab es zahlreiche Bettler. Sie bildeten, wenn es nicht gerade Flüchtlinge aus dem Norden waren, die eine Hungersnot aus ihrer Heimat vertrieben hatte, einen eigenen Stand – wie auch die Diebe. Sie wurden von einem Bettlerkönig regiert und forderten von allen Ladenbesitzern einen Tribut, der auch regelmäßig bezahlt wurde. Wollte ein Ladenbesitzer die übliche Summe nicht zahlen, so wurden Leprakranke und Krüppel vor den Laden postiert, um die Kunden abzuschrecken. Die Bettler mußten sich natürlich mit einem armseligen Leben begnügen, aber im Ansehen des Volkes konnten sie noch eine Stufe tiefer steigen – denn auf der allerniedrigsten Stufe stand der Berufssoldat. Die Soldaten genossen das geringste Ansehn, weil sie nur zerstören und verzehren, aber keine Werte hervorbringen.

In unserem Hügelland und in den Dörfern gab es keine Bettler, wohl aber Soldaten. Unweit von unserem Haus auf einem Hügel lag ein von Erdwällen umgebenes Fort. Die schrecklichste Vorstellung meines Lebens war, ich könnte auf dem Weg zur chinesischen Mädchenschule, wohin ich jeden Tag ging, einem

Soldaten begegnen. Wenn ich einen dieser faulen Burschen in seiner gelben Uniform auf der Straße herumlungern sah, lief ich schneller als ein Reh in unser ummauertes Anwesen zurück und schlug das große Tor klirrend hinter mir zu.

»Was ist denn los?« fragte meine Mutter eines Nachmittags.

»Ein Soldat!« keuchte ich außer Atem.

»Ja, und?« wollte sie in ihrer Unschuld wissen.

Erklärungen wären zwecklos gewesen. Sie gehörte zu der kleinen weißen Welt und konnte meine Angst nicht verstehen. Aber in meiner anderen Welt hatte ich gelernt, daß ein Soldat kein Mensch im hohen Sinne dieses Wortes ist. Er hatte eine andere, eine gefährliche Lebensauffassung, und ein kleines Mädchen tat gut daran, schleunigst Reißaus zu nehmen, wenn sie einen kommen sah.

In der Welt unserer Hügel und Täler und selbst in der Stadt brauchten wir keine Polizei. Jede Familie hielt unter ihren Angehörigen selbst strenge Ordnung, und wenn ein Verbrechen begangen wurde, traten die Familienältesten zur Beratung zusammen und setzten die Strafe fest, die mitunter sogar auf Tod lauten konnte. Zur Ehre der Familie lernten die jungen Leute, wie sie sich zu benehmen hatten. Bis zu ihrem siebenten oder achten Lebensjahr wurden sie mit äußerster Nachsicht behandelt, danach lernten sie die von Konfuzius so klar dargelegten Gesetze der menschlichen Beziehungen.

In der Welt meiner Kindheit lernten wir alle, daß wir nicht Platz nehmen durften, bis ältere Personen sich gesetzt, nicht essen, bevor sie gegessen, und nicht Tee trinken durften, ehe nicht die anderen ihre Schalen gehoben hatten. Wenn nicht genug Stühle da waren, blieben wir stehen, und wenn uns eine ältere Person anredete, und sei es noch so freundlich, vergaßen wir nie, ihr den zustehenden Titel zu geben. Fühlten wir uns dadurch bedrückt? Nicht im geringsten! Aber wir wußten, wo wir waren, und auch, daß wir eines Tages ebenfalls ältere Leute sein würden.

Ich bin froh, daß meine Kindheitsjahre in einer geordneten Welt verlaufen sind. Wenn diese Welt jetzt auch der Vergangenheit angehört, so sagt mir doch die Erinnerung, was es für ein Kind bedeutet, in einer Welt aufzuwachsen, in der die Erwachsenen ruhig und zuversichtlich sind, und Kinder die Grenzen kennen, die sie nicht überschreiten dürfen und innerhalb deren sie sich sicher fühlen.

Meine Eltern waren eifrig damit beschäftigt, ihre Religion zu lehren und zu predigen. Das nahm ihre Zeit in Anspruch und machte sie glücklich, so daß ich ziemlich unbehindert aufwuchs. Ich hatte genug zu lernen, und zwar Dinge, die in einer chinesischen Schule nicht gelehrt werden konnten: amerikanische Geschichte und die Literatur Englands und Europas und des alten Griechenlands und Roms; aber ich muß gestehen, diese Länder schienen mir mit der Welt, in der ich lebte, wenig zu tun zu haben. Ein ganz mit sich selbst beschäftigtes

Kind lernt jedoch schnell, so daß ich den größten Teil des Tages dem Spiel und meinen Träumereien widmen konnte.

Wie bedrückt es mich heute, daß das Leben meiner Kinder mit Schule, Sport und gesellschaftlichen Veranstaltungen jeder Art bis zum Rande erfüllt ist! Sie haben keine Gelegenheit, die Freuden langer Tage auszukosten, die man selbst mit Inhalt füllen muß und an denen man nur das zu tun braucht, was man gern tut. Dann wächst die Phantasie wie der Lebensbaum selbst und verzaubert alles. Kein Wunder, daß ich ein glückliches Kind war und daß meine Eltern an diesem Glück teilnahmen und heiter das Notwendigste mit mir besprachen: Essen, Kleidung und meine kleinen Tagespflichten. Meine Mutter ermahnte mich, mich geradezuhalten, und mein Vater sah darauf, daß ich beim Essen Gabel und Messer wie er hielt. Das war das einzige, was mir Kopfzerbrechen machte, denn meine Mutter aß nach amerikanischer Weise; sie schnitt ihr Fleisch in kleine Stücke, legte dann das Messer hin und gebrauchte nur die Gabel, während mein Vater nach englischer Art die Gabel in der linken und das Messer in der rechten Hand hielt und mit diesem das zerkleinerte Essen auf die Gabel schob. Jeder gab mir Anleitungen, und manchmal aß ich wie mein Vater und manchmal wie meine Mutter, wobei ich mich zuerst nach Kinderart über die Eigenheiten meiner Eltern wunderte und mich dann mit ihnen abfand. Insgeheim aber waren mir die chinesischen Eßstäbchen viel lieber.

Meine ersten Erinnerungen beziehen sich jedoch nicht auf meine Eltern, sondern auf Örtlichkeiten. So gab es in unserem großen weißgetünchten, steinernen Bungalow mit seiner ringsum laufenden breiten und kühlen Veranda eine Unmenge Verstecke. Unter den Veranden war der gestampfte Boden kühl und trocken. Dort hatte ich meine Höhle. Der Gärtner machte mir aus einer großen Standard-Oil-Kanne einen Ofen, indem er eine Seite wegschnitt, drei Seiten mit Lehm bestrich und dann noch einen groben eisernen Rost einsetzte. Wenn ich dann ein Holzkohlenfeuer anlegte, konnte ich richtig kochen, und ich kochte natürlich die einfachen chinesischen Gerichte, die ich am liebsten mochte und die meine Amah mich gelehrt hatte. Ich besaß zwar einige Puppen, aber meine »Kinder« waren die Kleinen unserer Dienerschaft oder die Nachbarn. Wir verbrachten herrliche Stunden beim Spiel, ohne Aufsicht von Erwachsenen. Die hatten glücklicherweise alle zuviel zu tun, um auf uns achtgeben zu können. Ich ging immer höchst befriedigt zu Bett, weil wir tagsüber so ausgiebig und angenehm gespielt hatten.

In meiner Höhle hielt ich auch meine zahmen Fasanen und beobachtete, wie sich die rehbraunen Kleinen, winzig wie Fingerhüte, aus den Eiern pickten. Dort rauchte ich meine erste Zigarette mit Maisstrohmundstück. Es war eine in meiner Welt unbekannte Sünde, zu der mich der kleine rothaarige Sohn eines Missionars verführte, der kurz zuvor aus Amerika zurückgekehrt war und bei uns zu Besuch weilte.

»In Amerika rauchen alle Kinder«, behauptete der Bengel, und so rauchten wir hinter den Lattenzäunen des Kellers, während unsere Eltern oben theologische Probleme besprachen. Die Sache war mir jedoch nicht aufregend genug, denn in meiner anderen Welt konnte jedes Kind aus der Wasserpfeife seines chinesischen Großvaters einen Zug tun, und die Erwachsenen lachten nur, wenn die Kinder von dem derben chinesischen Tabak husten mußten. Wenn auch Opium manchmal von den Eltern meiner besten Freundin gegen Magenschmerzen verordnet wurde, so wußte ich doch, daß es ein Gift und ein großes Übel war. Ich fürchtete das süße, klebrige Zeug und glaubte, wie das Kinder tun, ich würde, wenn ich einmal davon kostete, genauso mager und gelb werden wie der Vater einer nebenan wohnenden Spielgefährtin und nie mehr mein natürliches Aussehen wiederbekommen.

Das Opium hatte eine lange Geschichte. Unsere Stadt, die jenseits der Felder und Teiche am Flußufer lag, war im Juli 1842 während des Opiumkrieges, als China vergeblich versuchte, der Einfuhr von Opium aus Indien unter englischer Flagge Einhalt zu gebieten, von den Engländern erobert worden. Die Chinesen verloren den Opiumkrieg und mußten dafür einen teuren Preis zahlen. Sie mußten Vertragshäfen zugestehen, freien Handel gewähren und hohe Reparationen entrichten.

Tschingkiang war ein solcher Vertragshafen, und die Landstrecke am Flußufer war eine britische Konzession. Hohe Mauern umgaben sie, durch die zwei große Eisentore führten. Sie waren nachts immer geschlossen. In diesem ummauerten Bezirk wohnten der britische Konsul, dessen großes Haus hoch auf einem bewaldeten Hügel lag, und alle Engländer, Amerikaner und Ausländer, mit Ausnahme einiger Missionarsfamilien, die es vorzogen, unter den Chinesen zu leben. Zu diesen gehörten meine Eltern. Es war ein Glück für mich, daß ich solche Eltern hatte, denn sonst hätte ich das beschränkte und konventionelle Leben der Weißen geführt, so aber lebte ich unter dem chinesischen Volk, sprach mehr chinesisch als englisch, und die Kinder dieses Volkes waren meine ersten Freunde.

Aber sah und hörte ich nicht allerlei, was ein Kind nicht hören und sehen sollte? Wenn das der Fall war, so kann ich mich nicht daran erinnern. Ich sah arme, darbende Menschen in einem Hungerjahr, aber meine Eltern wiesen mich an, ihnen zu helfen, und ich lernte, daß sich jede Not und jeder Kummer erleichtern lassen, wenn der Wille dazu da ist. Diese Erkenntnis hat mich mein ganzes Leben hindurch vor Verzweiflung geschützt. Oft sah ich Leprakranke, deren Fleisch bis auf die Knochen weggefressen war, und ich sah am Wegrand tote Kinder liegen, an denen wilde Hunde nagten. Schurken habe ich genug gesehen und genug Flüche gehört, wenn sich Männer und Frauen stritten. Doch kann ich mich nicht erinnern, daß mich diese Bilder und Worte schlecht beeinflußt hätten.

Und wieviel Erfreuliches sah ich und nahm an ihm teil! Unsere chinesischen Freunde luden mich in ihre

Häuser ein und ließen mich an ihrem Leben teilhaben. Die gütige Hilfsbereitschaft der Dienstboten und die Freundlichkeit unserer Nachbarn erwärmten unser eigenes Haus. Ihre lachende Neugier, ihre unverhohlene Unkenntnis unserer westlichen Art, ihre strahlende Freude, wenn sie sahen, wie wir wohnten, was wir aßen und wie wir uns kleideten, gehörten zum täglichen Programm, ohne das der Tag nicht vollkommen gewesen wäre. Wenn meine Art verschieden von der ihrigen war, so haben sie mich das nie fühlen lassen, und ich habe an ihnen nie das geringste Mißfallen darüber bemerkt, daß wir anders waren als sie.

Viel habe ich in dieser Hinsicht meinen Eltern zu verdanken, die keinen Unterschied zwischen Völkern machten. Wir waren die einzige Missionarsfamilie jener Zeit, die ich kenne, welche Chinesen als Gäste in ihr Haus einlud. Ich bin überzeugt, daß dies zum Teil deshalb geschah, weil meine Eltern kultivierte Menschen waren und darum gleichgesinnte und gleichgestellte Chinesen an sich zogen. Sie lehnten einen ungehobelten und unwissenden Chinesen genauso ab wie einen Weißen oder sogar einen Amerikaner gleicher Art, und so lernten wir früh durch ihr Beispiel, einen Mann oder eine Frau nach ihrem Charakter und ihrer Intelligenz zu beurteilen und nicht nach der Rasse oder der Sekte, denen sie angehörten. Solche Werte waren dauerhaft, und die Chinesen empfanden das genauso.

Wie soll ich den Zauber dieser Kindheitstage beschwören? Ich stand zeitig auf, weil mein Vater das verlangte.

Er erhob sich um fünf Uhr früh und wenn er gebadet hatte und angezogen war, betete er eine Stunde lang in seinem Zimmer. Dann erwartete er die Familie am Frühstückstisch. Wenn sie nicht vollzählig war, nahm er seinen Platz nicht ein. Er saß immer am Ende unseres ovalen Eßtisches aus Teakholz, eines in meinem Gedächtnis unvergänglichen Möbelstückes. Wenn wir aber nicht pünktlich waren, blieb er in seiner ganzen Größe unbeweglich im Zimmer stehen und blickte mit seinen blauen Augen durch die hohen Fenster nach draußen. Wie oft kam da noch ein kleines Mädchen durch die Türe und eilte, noch außer Atem, auf ihren Platz. Dann erst setzte sich mein Vater und mit ihm wir alle. Er sprach das Morgengebet, dem er eine Minute Schweigen vorausgehen ließ. Mit feierlicher Stimme bat er um Gottes Segen und immer darum, daß das Essen uns stärken möge, Gottes Willen zu tun.

Das Essen selbst war einfach, aber gut. Nach dem Obstgang gab es zum Frühstück ein Weizenflockengericht, das mein Vater erfunden hatte. Es wurde jedesmal aus Weizenkörnern in der chinesischen steinernen Handmühle gemahlen. Unsere Weizenflocken schmeckten herrlich. Meine Mutter röstete das reingewaschene Korn, bevor es gemahlen wurde, leicht an, die Flocken wurden dann langsam gekocht und rochen und schmeckten wie geröstetes Brot. Wir aßen sie mit Zucker und weißer Büffelmilch, die viel fetthaltiger ist als Kuhmilch. Diesem nahrhaften Gericht folgte ein Gang mit Eiern und heißen Semmeln oder heißen Biskuits, denn meine Familie stammte aus dem amerikanischen Süden und aß selten kalt. Die Erwachsenen tranken natürlich Kaffee, den meine Mutter frisch aus Java bezog und in einer kleinen, viereckigen, hölzernen Mühle mit eisernem Griff mahlte. Ich trank abgekochtes und abgekühltes Wasser.

Das Frühstück war immer reichhaltig und amerikanisch, denn meine Eltern hatten einen anstrengenden Tag vor sich und erwarteten auch von ihren Kindern, daß sie tüchtig arbeiteten; die beiden anderen Mahlzeiten waren dafür weniger reichlich. Ich machte mir nicht viel aus ihnen, denn ich aß gewöhnlich vorher in der Küche mit den Dienstboten und hatte deshalb bei unseren Tagesmahlzeiten kaum Appetit, was meine Mutter stest in Erstaunen setzte, ohne daß sie je die Ursache für meine mangelnde Eßlust erriet.

Die Dienstboten bekamen ein einfaches, aber schmackhaftes Essen. Ihr Frühstück schmeckte mir viel besser als unseres. Es bestand aus Reisbrei, der sehr heiß aufgetragen wurde, dazu gab es Salzfisch, gesalzene, getrocknete Rüben und essigsaure Senfblätter, und ab und zu ein hartgekochtes und in acht Teile geschnittenes Ei. Das Mittagsmahl der Dienstboten war vorzüglich, ich aß, sooft ich nur konnte, nach Herzenslust mit. Es bestand aus trocken gekochtem körnigem Reis, einem Napf Suppe und einem anderen Napf mit Chinakohl und frischem weißem Bohnenbrei; dazu gab es dann noch ein Schüsselchen mit Fleisch oder Geflügel. Einen Nachtisch brauchten wir nicht, denn Früchte und Süßigkeiten aßen wir reichlich zwischen den Mahlzeiten. Abends speiste ich allein und im geheimen mit meiner Amah, bevor die Familie zu Abend aß. Wir ließen uns die Überreste vom Mittag gut schmecken oder machten uns eine Suppe aus den braunen Reiskrusten, die wir unten aus dem großen Reistopf herauskratzten.

Als ich später nach Nordchina kam, das für mich eine andere Welt war, aß ich keinen Reis, sondern Weizenbrot mit Gemüse und ab und zu ein Stück Fleisch dazu. Zum Frühstück gab es federleichte gerollte Pfannkuchen, die aber gesalzen, nicht süß waren, und dazu Tee, Datteln und Pflaumen oder papierdünnes geröstetes Brot, das um zerkleinerten Knoblauch gewickelt war. Für die zweite Mahlzeit des Tages – denn in Nordchina ißt man, außer in der Erntezeit, nur zweimal täglich – gab es Nudeln oder Brot, das über Holzkohlenglut geröstet und mit Sesamkörnern bestreut war, oder mit gehacktem Fleisch und Knoblauch gefüllte gedämpfte Pfannkuchen oder sehr kleine, mit Fleischstücken und frischem Ingwer oder mit gehacktem Spinat und Bohnenmehlnudeln gefüllte gekochte Klöße. Jede Provinz hatte ihre eigenen Früchte, Gemüse und Gerichte, jede Stadt ihre besondere Speise, jedes Restaurant seine Spezialität, und jede Familie ihre besonderen Rezepte. Wenn es sich um Essen und Kochen handelte, bekam jeder lyrische Gefühle.

Von Bedeutung war auch, daß die besten Gerichte jahreszeitlich und örtlich bedingt waren. Selbst in Amerika mag ich keinen jungen Mais im Januar oder

Erdbeeren im November essen. So aß ich in meiner Kindheit Reismehlkuchen nur an Neujahr, zu anderen Zeiten hatte ich kein Verlangen nach ihm. Im Frühling aß ich gedämpften Reis, der in Brunnenkresse oder andere Bachkräuter gewickelt war, mit hartgekochten, gesalzenen und aufgeschnittenen Enteneiern, oder ich streute, wenn ich Lust nach Süßem hatte, roten Zucker darüber, der, wie ich jetzt weiß, sehr vitaminreich ist, den ich aber damals nur aß, weil er mir gut schmeckte. Nur im Sommer gab es Krabben mit warmem Wein, denn im Herbst waren sie gefährlich. Die einzige Delikatesse, die wir Kinder das ganze Jahr hindurch aßen, war Malzzucker mit Sesamkörnern darauf, mit dem ein Hausierer jahraus, jahrein über die engen, ungepflasterten Straßen unseres Hügellandes zog. Ob ich über meinen Büchern saß oder in dem hohen Gras vor dem Tor spielte, sobald sein kleiner Bronzegong erklang – er hielt den Gong und den Holzhammer, mit dem er ihn schlug, in einer Hand –, raffte ich ein paar Kupfermünzen aus meinem Vorrat zusammen und lief ihm entgegen. Der Malzzucker war mit Mehl bestreut, damit er nicht klebrig wurde, und lag auf einer kleinen bunten Platte auf dem Deckel eines der Körbe, die er an einem Bambusstab über der Schulter trug. Wenn wir uns über die Größe des Stückes, das ich mit meinen Kupfermünzen kaufen konnte, einig geworden waren – es kostete den Bruchteil eines Pfennigs –, nahm er seinen scharfen Meißel und schlug damit das Stück von dem großen Klumpen ab. Es schmeckte köstlich und zog einem den

Mund zusammen, hielt lange vor und war sehr gesund, da es keinen weißen Rohrzucker enthielt.

In den langen, herrlichen Tagen meiner Kindheit gab es immer etwas zu sehn und zu tun. Hinter unserer Gartenmauer, deren Tore nur nachts geschlossen wurden, spielte sich ein reiches und wechselvolles Leben ab. Mein Vater war häufig auf Reisen, aber meine Mutter verließ ihre Kinder nicht oder sie nahm uns mit. Dadurch hatten wir viel Besuch. Chinesische Damen waren immer neugierig darauf, Ausländer und ein ausländisches Haus zu sehen. Meine Mutter führte sie dann würdevoll durch unsere einfachen Zimmer, in denen es in der Tat nichts Erstaunlicheres zu sehen gab als eine Nähmaschine, aber in denen für Augen, die nie etwas anderes erblickt hatten als die altehrwürdigen Möbel des üblichen chinesischen Hauses, alles seltsam und daher wundervoll erschien.

Meine eigenen kleinen Freunde gingen ein und aus. Unser Lieblingsspielplatz war der Hügel vor unserem Haus, wo das Steppengras uns hoch über den Kopf ging. In diesem grünen Schatten spielten wir an einem Tag Dschungeljagd und am nächsten Haushalt. Oder wir spielten in dem Weizenstroh des kleinen Stalls, in dem der Schimmel meines Vaters stand. In der sonnigen Ecke der Veranda, die nach Süden zu lag, saß ich an manchen Winternachmittagen allein, las immer wieder unsere Ausgabe der Werke von Dickens und aß dazu Orangen und Erdnüsse.

Als Abwechslung und zum besonderen Vergnügen

machten wir bei seltenen Gelegenheiten Tagesausflüge in das Hügelland oder zur goldenen Insel, wo ein Riese zu sehen war, der mir das Herz stillstehen ließ, wenn ich in sein fettes, ausdrucksloses Gesicht sah. Er saß in einem Innenraum des großen und berühmten Buddhistenklosters, eine gewaltige Gestalt in der grauen Gewandung eines Priesters, zweieinhalb Meter groß und entsprechend breit. Unbeweglich saß er da, die großen Hände auf den Knien. Er stand nur auf, wenn man ihm Geld gab, aber selbst dann erhob er sich nicht immer, um zu zeigen, wie groß er war; oft war er bei schlechter Laune und behielt das Geld, ohne sich zu rühren. Wenn ich schlimme Träume hatte, so drehten sie sich meist um diesen schrecklichen Riesen.

Im Fluß lag die größere, aber nicht so berühmte Silberinsel. Zu ihrem Besuch brauchte man einen ganzen Tag, denn man mußte ein Boot mieten, das einen hin- und wieder zurückbrachte. Der Ausflug lohnte sich jedoch, denn man mußte auf einem schmalen Pfad die steilen Felsenklippen hinaufklettern, und wenn man von oben auf die gelben Wirbel des Flusses niederblickte, der hier so weit wie ein Meer war, erfaßte einen ein angenehmes Gruseln.

Auch das chinesische Mondjahr war reich an Feiertagen, und an jedem dieser Tage wurden besondere Leckerbissen zubereitet und gegessen, an jedem gab es besondere Spielsachen und reizvolle Gebräuche. So brachten uns am Laternenfest unsere treuen Dienstboten auf kleine Räder gesetzte und von Kerzen erhellte

Papierkaninchen oder Lotosblumen und Schmetterlinge oder sogar Spielzeugpferde in zwei Hälften, deren eine auf der Brust, die andere auf dem Rücken befestigt wurde, so daß ich zu meiner großen Freude wie ein Pferd im Dunkeln aussah.

Im Frühling wurden Drachen in jeder erdenklichen Form verfertigt, und wir machten uns manchmal selbst welche aus zersplissenen Rohrstengeln, Reisleim und rotem Papier. Ganze Tage verbrachten wir dann auf den Hügeln und betrachteten die großen, sorgfältig ausgearbeiteten Drachen, die sogar Erwachsene steigen ließen; sie hatten entweder die Form eines richtigen Drachens oder eines zehn Meter langen Tausendfüßlers oder aber einer Pagode, mit der ein Dutzend Männer sich abmühten, um sie in die Luft zu bringen.

Wir spielten mit zahmen Vögeln, die sprechen lernten, wenn man sich genug Mühe mit ihnen gab, bunten Araras und Elstern mit schwarzem Rock und weißer Weste, oder wir lauschten dem Schlagen der Nachtigallen.

Wir hörten auch den umherziehenden Geschichtenerzählern zu, die auf den Straßen ihre kleinen Gongs ertönen ließen oder abends auf den Tennen der Dörfer die Leute um sich versammelten. Ebenso gab es herumziehende Schauspielergruppen, die ihre Vorstellungen vor den Tempeln gaben. In diesen Vorstellungen lernte ich chinesische Geschichte und wurde mit den Helden der Vorzeit bekannt.

Das chinesische Neujahr war natürlich die Krone

aller Festesfreuden. An diesem Tag kamen die beiden Welten meiner Kindheit sich am nächsten, denn wir tauschten Geschenke mit chinesischen Bekannten aus, empfingen und machten Besuche, wobei wir unsere beste Kleidung anlegten und jedem »ein glückliches neues Jahr und Reichtum« wünschten. Diese Beschäftigungen und Freuden gehörten meiner chinesischen Welt an, in die meine Eltern nur selten mit mir eintraten, denn sie blieben Ausländer, wogegen ich weder nach meiner eigenen Meinung noch nach dem Gefühl meiner chinesischen Freunde eine Ausländerin war.

Aber am Rande meiner chinesischen Welt war immer die andere, die weiße Welt gegenwärtig, und auch die hatte ihre eigenen Festtage und ihre besonderen Freuden.

Am Abend vor Allerheiligen zum Beispiel machte ich mir immer einen Irrwisch aus einem gelben chinesischen Kürbis, und unsere freundlichen chinesischen Nachbarn taten so, als seien sie aufs tiefste erschreckt, wenn ein feuriges, grinsendes Gesicht am letzten Oktoberabend durch ihre Fenster schaute.

Auch Weihnachten war ein ausländischer Festtag, ein Familienfest, ebenso wie der vierte Juli und das Erntedankfest. Alle diese Tage beobachteten meine Eltern sehr sorgfältig und lehrten uns, was sie bedeuteten. Mit ihnen war die Reihe noch nicht erschöpft.

Wenn der Geburtstag der Königin Viktoria herannahte, erhielt jede amerikanische und auch jede weiße Familie eine Einladung in den britischen Klub, ein einsames kleines Haus in den Bergen, das von einer Ponyrennbahn umgeben war. Am Geburtstag der Königin nahm dieser Klub ein würdevolles Aussehen an. Die Halle war mit der britischen Flagge dekoriert, die um das schwarz-weiße Porträt der Königin Viktoria geschlungen war, einer beleibten und streng dreinblickenden kleinen Dame. Wir saßen alle auf Bänken, den Blick auf das Bild gerichtet, und hörten zuerst die Ansprache des britischen Konsuls und dann die diplomatisch gehaltenen Erwiderungen der anderen Konsuln, gewöhnlich nur des amerikanischen und des französischen.

Dann standen wir auf und sangen »Gott schütze die Königin« so innig wie wir konnten, aber ich vermochte nie zu verstehen, warum die Melodie dieselbe war wie in »My Country, 'Tis of Thee«. Daraufhin wurde der Tee serviert, heißer indischer Tee und Buttersemmeln mit Korinthen, Marmelade und süße Biskuits, alles echt englisch. Dann machten die Kinder, etwa ein halbes Dutzend, ein Wettrennen und bekamen Preise. Diese weißen Kinder waren, soweit ich mich erinnerte, immer bleich und liefen so verdrossen und träge, daß es leicht war, zu gewinnen – ich, im Gegenteil zu ihnen braun und stark, gewann immer, so daß meine Eltern sich schließlich schämten, weil ich so viele Preise gewann.

»Dazu noch am Geburtstag der Königin!« flüsterte meine Mutter vorwurfsvoll. »Du solltest ein englisches Kind gewinnen lassen.« Aber ich konnte nicht weniger als mein Bestes tun, selbst am Geburtstag der Königin.

Die Welt, in der ich damals lebte, schien so beständig zu sein wie die Sonne und der Mond, und alle ihre Wege waren friedvoll. Und doch konnte selbst ich, obwohl ich noch keine acht Jahre alt war, schon ahnen, daß sie nicht mehr lange Bestand haben würde.

In Peking lag die Kaiserinwitwe im Streit mit ihrem Erben und Adoptivsohn, dem jungen Kaiser Kwanghsü. Eltern, die nur einen Sohn hatten, sympathisierten mit ihr, besonders wenn solche Söhne eigenwillige, hübsche, intelligente und rebellische Jünglinge waren. Auch in meiner eigenen Familie wurde über den jungen Kaiser gesprochen, und ich dachte dabei an meinen elf Jahre älteren Bruder, den ich kaum kannte, weil er nach Amerika auf die Schule geschickt wurde, als ich erst drei Jahre alt war. Auch er bereitete uns manchmal Kummer. Ich wußte, daß meine Mutter oft schlaflose Nächte verbrachte, wenn er nicht schrieb, denn sie befürchtete, es könnte ihm im fernen Amerika etwas zugestoßen sein.

Als die Kaiserinwitwe sich zu handeln entschloß, handelte sie schnell. Obschon ich noch ein Kind war und weit weg in einer anderen Provinz lebte, kann ich mich noch gut an die Bestürzung meiner Eltern und unserer liberalen chinesischen Freunde und an die Befriedigung unserer konservativen chinesischen Bekannten einschließlich meines Lehrers, des Herrn Kung, erinnern, als wir eines Morgens die Nachricht vernahmen, daß der junge Kaiser durch einen Staatsstreich verhaftet und als Gefangener auf eine Insel gebracht worden war, daß Juanschikai, der Befehlshaber des neuen, nach westlichem Muster ausgebildeten chinesischen Heeres, den Kaiser verlassen und auf die Seite der Kaiserin übergetreten war, daß sechs Reformer ermordet und nur zwei Führer der Reformpartei, K'ang Yu-wei und Liang Tsch'i-tsch'ao, entkommen waren.

Eine sonderbare Stille lastete an jenem Tag über unserer Gegend und zweifellos auch über der ganzen Stadt. Was würde nun geschehen? Die fremden Regierungen, das stellte sich in den nächsten Wochen heraus, dachten nicht daran einzugreifen. Die öffentliche Meinung war geteilt, aber im großen ganzen neigte sie sich auf die Seite der Kaiserinwitwe und der konservativen Partei. Die ausländischen Regierungen wollten keine Reformen, die dem chinesischen Volk zum Bewußtsein bringen konnten, was mit ihm vorging.

Im Jahre 1900 jedoch, im herrlichen Frühling des Jangtsetales, fühlte ich, wie meine Welt unerwartet entzweibrach.

Der Strom der Besucher ebbte immer mehr ab, und manchmal vergingen Tage, an denen nicht ein einziger chinesischer Freund durch unser Tor kam. Meine Spielkameraden waren nicht mehr so redselig, sie spielten nicht mehr so unbekümmert wie sonst, und schließlich blieben sie unten im Tal und kletterten nicht mehr zu unserem Haus auf dem Hügel hinauf. Ich war durch Liebe und Geschenke verwöhnt gewesen, so war ich sehr erstaunt und dann tief verletzt.

Als meine Mutter meinen Kummer sah, erklärte sie

mir so gut sie konnte, was vor sich ging. Mit uns Amerikanern, so sagte sie, hätte das alles nichts zu tun, denn wir hätten den Chinesen nie etwas Böses getan und ihnen auch nicht ihr Land oder ihre Flußhäfen weggenommen. Andere Weiße hätten das Übel angerichtet, und unsere Freunde, so betonte sie, verstünden das und haßten uns nicht. Sie seien so freundlich gesinnt wie früher, nur wagten sie nicht mehr ihre Gefühle offen zu zeigen, da sie sich damit Unannehmlichkeiten aussetzen würden. Schließlich begriff ich, daß man alle Ausländer in einen Topf warf. So grausam können Menschen in gewissen Zeiten sein – aus jenen besonderen Gründen, die gar keine Gründe sind, sondern nur Vorwände, ihrem Haß freien Lauf zu lassen.

Aber ich hatte noch nicht erfahren, was Haß ist: Ich war noch nie gehaßt worden, und ich hatte niemanden gehaßt. Ich konnte nicht verstehen, warum wir, die wir noch genauso waren wie früher, mit unbekannten Weißen aus unbekannten Ländern, die das waren, was wir nicht waren, nämlich Räuber und Plünderer, auf eine Stufe gestellt wurden. Damals fühlte ich zum erstenmal die tiefe Ungerechtigkeit des Lebens. Ich war unschuldig, aber weil ich die helle Haut meiner Rasse hatte, die blauen Augen, das blonde Haar, wurde ich gehaßt, und weil man mich haßte, schwebte ich in Gefahr.

Gefahr! Das war mir bis dahin so gut wie unbekannt gewesen. Man fürchtete uns wie schädliche Insekten, man wollte uns vernichten wie diese, mich und meine

Familie und alle Weißen, Frauen und Kinder eingeschlossen. Von Peking im Norden drangen in unsere mittelchinesische Provinz beunruhigende Gerüchte über die Kaiserinwitwe. Nicht nur für die Chinesen, sondern für alle, die wir unter ihrer Herrschaft lebten, war sie immer die »Verehrungswürdige Ahnfrau« gewesen, aber jetzt hatte sie sich gegen uns gewandt. Weil gierige Europäer und Engländer ihr ein Stück Küstenland nach dem anderen wegnahmen und sich an ihren Flüssen festsetzten, wollte sie, wie wir hörten, sich aller Weißen entledigen und Chinas Tore für immer vor uns verschließen.

Man könnte ihr kaum einen Vorwurf machen, sagte mein Vater ernst, daß sie zornig wäre und China von den fremden Plünderern befreien wollte. Was würden wir sagen, wenn unser Land, die Vereinigten Staaten, von Fremden überfallen und Stück für Stück weggenommen würde, wenn man aus nichtigen Gründen dauernd Kriege gegen uns anzettelte, wenn wir ständig große Reparationen in Land und Gold zahlen und Fremden Konzessionen für den Bau von Eisenbahnen geben müßten? Er sympathisierte mit der Kaiserinwitwe, doch diese Sympathie vermochte uns nicht zu retten. Wir mußten das Schicksal der anderen Weißen teilen, obgleich wir unschuldig waren.

Ich erinnere mich an den strahlenden Sommertag, als wir von der ersten Niedermetzelung von Missionaren in Schantung hörten. Die Nachricht, daß auch kleine Kinder mit ihren Eltern ermordet worden waren, ließ meine Mutter erbleichen und meinen Vater den Entschluß fassen, uns alle fortzuschicken. Bis dahin hatte er nicht geglaubt, daß die Kaiserinwitwe so töricht sein würde, den »Boxern« Glauben zu schenken, einer Bande lächerlicher Scharlatane, die behaupteten, sie könnten durch geheimen Zauber den fremden Kanonen widerstehen. Eben diese Kanonen fürchtete sie. Sie wußte, daß sie über keine Heere oder Waffen verfügte, mit denen sie die Feinde bekämpfen konnte. Da sie dringend nach Mitteln und Wegen suchte, sich zu schützen und zu wehren, ließ sie sich schließlich zu dem Glauben an die Zauberkünste der Boxer verleiten. Um diese Zeit war schon die ganze Nation von Hysterie ergriffen.

In diesen Sturm und wütenden Wirbel wurde eines Tages auch unser ruhiger Bungalow wie ein Blatt im Wind mit hineingerissen. An jenem Sommertag war die Luft heiß und still. Von der Veranda sah die Landschaft so schön wie je aus, die Täler waren grün wie Jade, die Bauernhäuser lagen im Schatten unter den Weidenbäumen. Weiße Gänse spazierten über die Felder, Kinder spielten auf den Dreschtennen, während ihre Eltern in blauer, baumwollener Bauerntracht auf den Feldern arbeiteten. Hinter der dunklen Stadt wälzte sich der leuchtende Fluß zum Meer. Nichts wies darauf hin, daß die Welt sich verändert hatte.

Obwohl ich erst acht Jahre alt war, erinnere ich mich doch noch deutlich an den langen Augenblick, als ich auf der Veranda stand und die Landschaft betrachtete, die meine Heimat war, weil ich keine andere kannte. Es war noch dieselbe und doch wußte ich, wenn ich auch noch ein Kind war, daß es nie wieder so werden würde wie früher.

An jenem strahlenden Sommertag verließen wir unser Heim und gingen an Bord eines der kleinen Flußdampfer, die zwischen unserer Stadt und Schanghai auf dem Jangtse verkehrten. Der Abschied fiel uns schwer. Meine Eltern hatten vorher lange beraten, ob wir überhaupt gehen sollten. Sie verließen ihren Posten nur ungern, aber die Nachricht von der Ermordung der Kinder gab schließlich den Ausschlag. Dabei wollte mein Vater nur so lange in Schanghai bleiben, bis wir dort eine bescheidene Wohnung gefunden hatten, und dann allein zurückkehren. Wir hinterließen deshalb das Haus für ihn so, wie es war, aber meine Mutter vergrub einen Teil des Familiensilbers, das sie aus ihrer Heimat Westvirginia mitgebracht hatte, in einer Ecke des Hofes, um es zu retten. Solche Schliche hatte sie in ihrer Kindheit gelernt, als ihre Familie im amerikanischen Bürgerkrieg ihre Schätze vergraben hatte, damit sie nicht den Yankees in die Hände fielen. Ich weiß jetzt, daß die Ruhe, mit der meine Eltern der Gefahr entgegensahen, davon kam, daß sie bereits in ihrer Kindheit die Schrecken des Krieges kennengelernt hatten.

Das eigentliche Abschiednehmen war gänzlich unwirklich. Ich ging durch das ganze Haus von einem Zimmer zum andern und sagte mir, daß ich es vielleicht nie wieder sehen würde. Von meinen Büchern konnte ich nur einige wenige mitnehmen. Ich nahm nur die mit, die mir am meisten am Herzen lagen, denn zum Einpacken hatten wir keine Zeit mehr.

Das Signal für den sofortigen Aufbruch war uns seit langem bekannt. Wenn die Flagge auf dem amerikanischen Konsulat gegen eine weinrote vertauscht würde, mußten wir fliehen, und um die Mittagszeit war dieses Banner aufgezogen worden. Aber das Haus war nicht das Einzige, von dem ich mich trennen mußte. Ich nahm auch Abschied von meinen Lieblingsplätzen auf unserem Grundstück, von der großen chinesischen Ulme, die einen Meter im Durchmesser maß und die ich so oft erklettert hatte. Dort oben war mein Lieblingssitz, von dem ich ungesehen auf die Straße niederblicken konnte. Da war auch noch die Gartenbank unter den Bambusstauden, auf der ich gerne saß, um zu lesen, und die kleine Spielküche unter der Veranda.

Und dann die Tiere! Da waren meine Fasanen, ein Kaninchen und ein alter grauer Hund. Nebukadnezar war sein Name; wir nannten ihn kurz Neb, ein armes, räudiges Tier mit einer treuen und liebevollen Seele, das niemand recht mochte außer mir. Ich wußte nicht, ob es auch wirklich jemand füttern würde, wenn ich fort war, denn unsere Amah begleitete uns, und sie allein hätte das Herz gehabt, meinen alten Neb um meinetwillen am Leben zu erhalten.

Und doch konnte ich nicht glauben, daß ich nie mehr zurückkehren sollte. Mein Vater würde ja hier sein – ich konnte mir nicht vorstellen, daß ihm etwas zustoßen könnte. Und dann mußten wir ja auch das vergrabene

Silber wieder hervorholen. Die Bäume würden noch da sein und die unvergänglichen Hügel und Täler ...

Ja, einmal würden wir zurückkehren, wenn unsere chinesischen Freunde uns wieder zu besuchen wagten. Mit dieser unerschütterlichen Hoffnung im Herzen folgte ich meiner Familie zum Hafen. Wir gingen über die Holzbrücke auf das Holk und bestiegen nach einigen Stunden des Wartens den Dampfer, der uns nach Schanghai bringen sollte.

Selbst unter diesen Umständen machte mir die Reise großes Vergnügen, denn eine solche Fahrt unternahm man nicht alle Tage. Ich fand großen Gefallen an dem hübschen, sauberen Schiff, dem reizenden kleinen Speisesaal, den vielen Kabinen und den weißgekleideten chinesischen Dienern. Erst, als ich den Kapitän sah, wurde es mir unbehaglich. Er war Schotte; denn mein Vater hatte es für klug gehalten, auf einem englischen Schiff und nicht auf einem Dampfer der chinesischen Handelskompagnie zu fahren. Englische Kapitäne, so hatte ich gehört, konnten Missionare nicht leiden, besonders nicht so stolze und überzeugte, wie mein Vater einer war, der sich nicht im geringsten bemühte, sich anders zu geben als er war – als einen strengen Diener Gottes.

Am meisten Spaß machten mir die Fahrt selbst, die schnell vorbeigleitenden grünen Ufer und die Häfen, in denen wir bei Tag oder in der Nacht anlegten. Als ich einmal nachts in meiner Koje wachlag, hörte ich eine chinesische Violine, die nur zwei Saiten hat, eine Melodie spielen, die ich nicht wiedergeben kann, an die ich mich jedoch bis heute ganz deutlich erinnere, denn sie war die bezauberndste, die ich je vernommen habe. Manchmal kommt sie mir wieder in den Sinn, und ich versuche, sie mir wieder zu vergegenwärtigen, aber sie entgleitet mir immer wieder, obwohl ich ihr Echo in meinem Herzen höre.

Ich weiß noch, wie wir Schanghai erreichten, aber für die nächsten Monate verläßt mich mein Gedächtnis. Ich sehe wohl einzelne Szenen ganz deutlich, aber sie werden durch keine fortlaufende Erinnerung zusammengehalten. Die Geschehnisse erscheinen zufällig, zusammenhanglos und ohne Verbindung mit meinem wirklichen Leben. Wir waren bloß Flüchtlinge. Schanghai war heiß, erdrückend heiß nach unserer frischen Gebirgsluft, aber ich war an halbtropische Hitze gewöhnt, und ich sehe die dort verlebten Tage nicht als Leidenszeit, sondern erinnere mich an viele kleine, unschuldige Freuden. Daheim hatten wir in einer Blechwanne gebadet, die vom Wasserträger Eimer für Eimer gefüllt wurde. Hier in Schanghai sah ich zum erstenmal das Wasser aus Hähnen an der Wand fließen. Ich hatte hiervon schon von Amerikanern und Chinesen, die in Amerika gewesen waren, gehört, aber als ich es nun mit eigenen Augen sah, erschien es mir als die reinste Zauberei. Die Wanne war zwar auch nur aus emailliertem Blech, aber sie war sehr groß und in ein hölzernes Podium eingebettet, das ebenfalls mit Blech überzogen war. An einem Ende der Wanne war der Abfluß, den meine

Mutter mit einem großen Kork schloß, worauf sie das kühle Wasser aus dem Hahn einfließen ließ. Dort plantschte ich mit meiner kleinen Schwester an heißen Nachmittagen. Es ist eine ziemlich kindische Erinnerung und eine höchst unwichtige Begebenheit, doch diese Beschäftigung lenkte mich von dem großen Unglück ab, das uns und so viele andere betroffen hatte.

Unsere kleine Dreizimmerwohnung lag in einer stillen Sackgasse unweit der Straße »Sprudelnder Brunnen«; dort lernte ich von zwei wohlerzogenen englischen Mädchen, unseren Nachbarinnen, Seilhüpfen. Ein paar Häuser weiter wohnte eine portugiesische Dame, eine Seele von Frau, die mich häufig zum Tee einlud. Zu ihr ging ich immer besonders gern. Ich zog ein frisches weißes Kleid an und ließ mir das Haar in Locken legen. Einmal lief ich so schnell zu ihr hin, daß ich hinfiel und mir dabei den Arm aufschlug.Blutend, wenn auch nicht weinend, kam ich an, und die Portugiesin legte mir einen dicken Verband an und stärkte mich mit allerlei Süßigkeiten. Als Erinnerung an ihre Güte trage ich noch die Narben an meinen Ellbogen, obschon ich den Namen der Dame längst vergessen habe.

Unsere Mutter oder unsere Amah führte uns oft in einen kleinen Park am Whangpu-Fluß, in dem es eine künstliche Felsengrotte gab, die mir wie ein Traumschloß erschien. Oben auf der Grotte stand ein Zwerg aus Stein. Er hielt sich einen steinernen Regenschirm über den Kopf, von dem ewig Regen niederrauschte. Etwas ganz Besonderes war ein Spaziergang durch den großen Park, in dem Pferderennen stattfanden, die Europäer und Chinesen in der gleichen Wettleidenschaft vereinigten. Wir hielten uns natürlich davon fern und begnügten uns damit, die prächtigen Blumenbeete und die Affen in den Käfigen anzuschauen.

Das sind meine kleinen Erinnerungen an ein Jahr, in dem in China die gewaltigste Erhebung unseres Zeitalters begann, deren Ende noch lange nicht erreicht ist.

Am Schluß dieser Flüchtlingszeit ereignete sich ein kleiner Zwischenfall, der sich mir tief eingeprägt hat. Eines Tages ging ich mit meiner Mutter durch eine belebte Straße. Vor mir ging ein Chinese langsam seines Weges, meiner Ansicht nach zu langsam, weil ich nicht an ihm vorbei konnte. Er war beleibt und trug ein blaues Satingewand und eine schwarze ärmellose Jacke. Sein Zopf, ein schwarzer seidiger Strang mit einer großen Quaste am Ende, baumelte mir direkt vor den Augen. Es war eine unerträgliche Hitze, der Chinese kam gar nicht von der Stelle. Schließlich wurde ich so ungeduldig, daß ich etwas tat, was ich noch nie getan hatte. Ich zog sanft an seinem Zopf zum Zeichen, daß er schneller gehen sollte. Er drehte sich sofort um und sah mich wütend an. Ich hatte keine Angst vor ihm, aber vor meiner Mutter. Sie wurde ganz weiß im Gesicht und bat den Chinesen schnell um Verzeihung.

Ich höre heute noch ihre Worte. »Sie ist zwar noch ein Kind, aber ein sehr ungezogenes Kind, und ich werde sie bestrafen. Übersehen Sie bitte ihre Ungezogenheit.«

Der Herr erwiderte nichts und blickte noch immer zornig drein. Da zog mich meine Mutter fort, und wir bogen in eine andere Straße ein.

Strenger als sie je zu mir gesprochen hatte, sagte sie: »Daß du mir so etwas nie wieder tust! Es könnte sehr gefährlich werden.«

Am meisten erschreckte mich der Ausdruck ihres Gesichts. So hatte ich es noch nie gesehen. Sie hatte Angst – Angst vor einem Chinesen! Ich hatte sie noch nie ängstlich gesehen. Es war in der Tat das Ende eines Zeitalters.

Canton, Ohio

August 1953

Heute erreichten wir Ohio und gegen Abend kamen wir in diese kleine, stille Stadt, die Heimat McKinleys. Der amerikanische Präsident und seine Frau haben ein gewaltiges Grabdenkmal in einem Park. Eine breite, hohe Treppe führt zu dem Grab, oben auf der Treppe erhebt sich ein Denkmal des verstorbenen Staatsmannes.

Durch ein sonderbares Zusammentreffen war McKinley mit meinem Leben in jenem Zeitabschnitt verknüpft, der auf die stürmische Boxerzeit in China folgte. Mein Vater hatte diese Zeit glücklich überstanden. In unserer Provinz Kiangsu waren überhaupt keine Weißen ermordet worden – was der Klugheit und dem Mut eines einzigen Mannes, unseres Vizekönigs, zu verdanken war. Als er das Edikt der Kaiserinwitwe erhielt, weigerte er sich, es auszuführen. Diesen Entschluß faßte er nicht nur aus Mitleid, sondern auch aus weiser Voraussicht, denn er begriff, was unsere alte Kaiserin nicht einsah oder nicht einsehen konnte, daß niemand, nicht einmal eine so mächtige Herrscherin, den Zug der Zeit aufhalten kann.

Und McKinley, dessen Bronzedenkmal hoch über dieser kleinen Stadt in Ohio steht? Was hat er mit dem Kind zu tun, das ich einst war? Wenig genug und doch sehr viel. Denn als das denkwürdige Jahr 1900 vorüber war, das Jahr, in dem ich in den Augen meiner Mutter die Angst vor einem Chinesen gesehen hatte, so daß auch ich von diesem Tag an diese Angst spürte, eine mit Liebe und Freundschaft seltsam untermischte Angst, kamen wir in die Vereinigten Staaten, meine eigentliche Heimat. Der erste Schock, den ich hier erlitt, war die Ermordung des Präsidenten McKinley.

Ich kannte damals kaum den Unterschied zwischen einem Kaiser und einem Präsidenten. In China war unser junger Kaiser plötzlich gestorben – das Gerücht behauptete, daß er auf Befehl der Kaiserinwitwe ermordet worden sei, die damals selbst schon, hochbetagt und schwer krank, an der Schwelle des Todes stand. Aber sie wollte und konnte wohl nicht sterben, ehe der gefährliche Erbe beseitigt war. Und nun wurde plötzlich hier, in meinem eigenen Lande, der Präsident ebenfalls ermordet!

An alles kann ich mich nicht erinnern, denn viel war geschehen und Welten stürzten um mich zusammen. Aber ich erinnere mich, daß ich die Nachricht im Hause meines Großvaters in Westvirginia hörte, wo ich geboren bin, einem friedlichen und schönen Ort.

Eines Tages pflückte ich dort weiße und rote Trauben

mit meinen Vettern. Es war ein warmer, stiller und duftig klarer Septembertag. Ich war glücklich und zufrieden und genoß in vollen Zügen meine Heimat, mein eigenes Land, in dem kein Krieg mehr war, kein Haß und keine Revolution. Dann rief uns jemand zu, wir sollten schnell ins Haus kommen. Wir versammelten uns alle im Wohnzimmer, Onkel, Tanten, meine Eltern, mein Bruder, meine Vettern und ich. Dort stand hochaufgerichtet mein Großvater in seinem schwarzen Anzug, mit steifem, umgeschlagenem Stehkragen und schwarzer Krawatte. Sein schneeweißes Haar war an der Stirn zurückgekämmt, seine dunklen Augen blickten düster drein, sein Gesicht war ernst, und als wir alle versammelt waren, sagte er mit feierlicher Stimme:

»Kinder, der Präsident der Vereinigten Staaten ist ermordet worden. Unser Präsident ist tot.«

»Oh«, rief ich, »bekommen wir hier jetzt auch Revolution?«

»Wovon redet denn das Kind?« wollte mein Großvater wissen.

Keiner antwortete, denn niemand außer meiner Mutter wußte Bescheid – und sie verstand mich so gut, daß sie nichts sagte, sondern mich schluchzen ließ. Wovor ich mich fürchtete, kam mir erst einige Jahre später zum Bewußtsein.

Sioux Falls, Süddakota

Wir sind durch das schöne Hochland von Illinois und Iowa gefahren bis tief nach Minnesota hinein. Wir verbringen hier in Sioux Falls unsere erste Nacht in Süddakota.

Ich möchte gerne wissen, was für Träume oder Erlebnisse zur Benennung amerikanischer Städte und Dörfer geführt haben. In Iowa kamen wir durch einen kleinen Weiler namens Polo, zu Ehren Marco Polos so benannt. Was für ein Amerikaner in Iowa träumte von jenen Reisen an der anderen Seite der Welt und nannte seine Stadt Polo?

Wir kamen auch an einer Stadt namens Wusung vorüber. Wusung im Herzen Iowas? Was für ein ruheloser Geist, der seine Wanderlust nicht befriedigen konnte, nannte seine Stadt nach dem Hafen im Jangtse-Delta, dem Tor, das nach Schanghai, also nach China, führte? Während ich hierüber nachdachte, kam unser Wagen nach Minnesota, und dort stand an einem Wegweiser Ceylon. Das einzige Ceylon, das ich kannte, ist jenes Inselkleinod an Indiens Fußspitze.

Mag dies nun sein, wie es will. Als zehnjähriges Kind

sehe ich mich wieder mit meinen Eltern in China. Es ist das Jahr 1902, und ich bin in dem kleinen, alten Eßzimmer des Missionsbungalows auf den Hügeln über dem Jangtsefluß und lausche auf die ernste Stimme meines alten chinesischen Lehrers. Er ist Anhänger des Konfuzius, was meine christlichen Eltern nicht im geringsten gestört zu haben scheint, obwohl er mir, während er mich Chinesisch lesen und schreiben lehrte, die konfuzianische Ethik beibrachte. Ich war ganz Ohr und nannte ihn Lehrer Kung. Die wichtigste Lehre, die er mir mitgab, war, daß man, um glücklich zu leben, den Kopf nicht über die Köpfe seiner Nachbarn erheben darf.

»Wer seinen Kopf über die Köpfe anderer erhebt, dem wird früher oder später dieser Kopf abgeschlagen werden«, erklärte Herr Kung.

Für China galt dieselbe Regel wie für andere demokratische Nationen – daß sich nämlich, sobald ein Mensch zu berühmt, zu erfolgreich, zu mächtig wurde, geheimnisvolle Mächte ans Werk machten, bis die Erde unter seinem hohen Postament zu zerbröckeln begann.

Die Chinesen sind ein stolzes und neidisches Volk. Sie haben nie gerne äußere Überlegenheit anerkannt und in der Tat nie daran geglaubt, daß es Menschen geben könnte, die ihnen überlegen wären. Amerikaner können nur schwer glauben, daß sie mit ihrem stets bereiten strahlenden Lächeln und ihrer herzlich ausgestreckten Hand die Chinesen nicht gewinnen können. Was können denn die Amerikaner tun? Sie müssen die Geschichte neu lesen. Sie müssen den Asiaten beweisen, daß man nicht die Amerikaner allein für die ehemals begangenen Fehler verantwortlich machen kann, Fehler, an denen sie verhältnismäßig unschuldig sind. Amerikanische Soldaten dürfen nicht sterben, weil England einmal Indien regiert, in China die drei Opiumkriege gewonnen und dem Volk eine existenzvernichtende Steuer auferlegt hat – oder weil ein Engländer Japan erlaubte, in der Mandschurei festen Fuß zu fassen und von dort einen imperialistischen Krieg zu führen. Auch sollte man von den Amerikanern nicht verlangen, die schon lange drückende und jetzt unerträglich gewordene Bürde Frankreichs in Indochina zu übernehmen. Wir müssen Asien erst einmal beweisen – und wir werden genug damit zu tun haben –, daß wir nicht so sind, wie andere Weiße es waren.

Doch damals, nach 1900, als weiße Armeen die alte Kaiserin so bitter bestraften, als ihre Paläste geplündert und unschätzbare Werte in Peking von Offizieren und Soldaten mit der gleichen Gier gestohlen wurden, waren auch Amerikaner unter den Weißen. Wir bekümmerten uns damals nicht darum, wie Geschichte gemacht wird, und so konnten wir nicht verstehen, daß dies unheilvolle Früchte tragen mußte.

Nachdem der Sturm vorüber war – der in der westlichen Geschichtsschreibung sonderbarerweise der Boxeraufstand genannt wird, aber doch nur eine Auflehnung der Chinesen gegen die Weißen war –, nach dem Sturm und der Niederlage der Chinesen kehrten die Weißen nach China zurück, ohne irgend etwas gelernt zu haben.

Sie waren höchst befriedigt und glaubten, sie hätten den Chinesen eine so gründliche Lektion erteilt, daß diese sich nie wieder gegen die Herrschaft des weißen Mannes erheben würden. Es stand uns frei, in China nach Belieben ein und aus zu gehen.

Selbst damals, als Herr Kung mein Lehrer war, machte es mich unglücklich genug. Er erklärte es mir auf seine ruhige Art. Wir waren gerade von Amerika und von dem einjährigen Aufenthalt im Hause meines gütigen Großvaters zurückgekehrt, und ich weinte, weil ich wußte, daß Herr Kung und mein Großvater, wenn sie hätten zusammenkommen und die Dinge besprechen können, sich verstanden hätten und einer Meinung gewesen wären. Doch wie konnten sie zusammenkommen, wenn der eine in China und der andere in Amerika lebte – und selbst, wenn sie sich hätten treffen können, in welcher gemeinsamen Sprache hätten sie sich dann zu verständigen vermocht? Und doch wußte ich schon damals und weiß es noch heute: wenn Männer wie diese beiden eine Möglichkeit zur Aussprache gehabt hätten, gleichgültig, ob auf englisch oder chinesisch, so hätte alles, was geschehen ist, nicht zu geschehen brauchen. Pearl Harbour wäre nie gewesen, die Atombombe wäre nicht gefallen, und amerikanische Kriegsgefangene wären nicht verwundet und sterbend aus einem kommunistischen China heimgekehrt – denn die Chinesen hätten sich nicht dem Kommunismus ausgeliefert, wenn sie der Meinung gewesen wären, daß sie sich auf die weißen Männer aus dem Westen verlassen könnten. Erst als ihnen die letzte Hoffnung geschwunden war, wandten sie sich verzweifelt von uns ab.

Alles das stand mir an jenem Tag undeutlich vor Augen, als ich die Stirn auf den ovalen Eßtisch des Missionshauses lehnte und schluchzte. Denn was Herr Kung mir in seinem schönen Pekinger Mandarinen-Chinesisch gesagt hatte, war etwa dies:

»Du kannst hier jetzt wieder in Frieden leben, kleine Schwester, aber nicht für lange. Das Gewitter braut sich wieder zusammen und wenn es losbricht, mußt du weit weg von hier sein. Du mußt nach Amerika zurückgehen und dort bleiben, damit du nicht das nächstemal mit allen deinen Angehörigen getötet wirst.«

»Muß es denn unbedingt ein nächstes Mal geben?« erkundigte ich mich erschreckt.

»Bis der Gerechtigkeit Genüge geschehen ist«, erwiderte er traurig und mit großem Mitgefühl.

Doch im Laufe der Zeit vergaß ich nach Kinderart meine Furcht und suchte Trost in dem Umstand, daß wir Amerikaner waren. Unsere chinesischen Freunde sehen sicher, so dachte ich, daß wir anders als die anderen Weißen sind. Lange Zeit schienen sie diesen Unterschied auch zu erkennen. Wenn ich jetzt zurückschaue, bemerke ich, wie auch ich mich nach dem Boxeraufstand verändert hatte. Meine Welten gingen nicht mehr ineinander über. Sie waren scharf voneinander getrennt. Ich gehörte nun zu Amerika, nicht zu China, und wenn mir auch China ebenso lieb und wert war wie Amerika, wußte ich doch, daß es nicht mein Heimatland war.

Meine Heimat war das Land jenseits des Meeres, das Land meiner Vorfahren, dem China fern und fremd erschien und das gleichgültig gegen das chinesische Volk war.

Obschon ich noch ein Kind war, dachte ich häufig über diese Gleichgültigkeit nach und ließ mich in den elf Jahren, die ich zwischen der Erhebung der Boxer und derjenigen Sun-Yatsens, eines feurigen, im Süden aufgewachsenen Chinesen, in China zubringen sollte, nicht täuschen. Konnte es Gleichgültigkeit sein, wenn meine Eltern ein wirkliches Opfer gebracht hatten, als sie ihre schöne ländliche Heimat und ein bequemes Leben aufgaben, um hier ihre Religion zu predigen? Sie fühlten sich den Chinesen, die wir kannten, und darüber hinaus allen Chinesen tief verbunden, und mehr oder weniger kann man ähnliches von den meisten Missionaren sagen.

Trotzdem waren jene Jahre für mich als Kind in vieler Hinsicht herrlich, und ich dachte ja auch nicht jeden Tag über solche schwerwiegenden Dinge nach. Und dann gab es natürlich auch vieles, was ich nicht wußte. Ich wußte, daß die alte Kaiserin und auch der junge Kaiser tot waren, aber sie hatte vor ihrem Tode noch einmal ein Kind zu ihrem Nachfolger ernannt, den kleinen Pu Yi. Die Zeitungen brachten manchmal Bilder – ein dickes Baby mit einem erstaunten, hölzernen Gesicht über seinem steifen Satinkleid und seiner ärmellosen Jacke. Es war auch ein Regent bestellt, aber niemand schien sich um ihn zu kümmern, und das Leben ging scheinbar wie gewöhnlich weiter. Wären nicht die vergangenen Jahre gewesen, so hätte ich dasselbe Kind sein können wie früher. Aber ich war es nicht. Ich war jetzt auch alt genug, selbst Geschichte lesen zu können, daher bemerkte ich, daß chinesische und englische Geschichtsschreiber von denselben Ereignissen eine ganz verschiedene Darstellung gaben, und daß dabei jeder den anderen als minderwertig verachtete, obwohl keiner den anderen kannte.

Es waren sonderbare Tage, in denen mir diese Gegensätze deutlich zum Bewußtsein kamen, wenn ich morgens über meinen amerikanischen Schulbüchern saß und die Aufgaben machte, die meine Mutter mir gestellt hatte – sie richtete sich dabei getreulich nach dem Calvert-System –, während ich am Nachmittag nach den ganz anderen Anweisungen des Herrn Kung studierte. Ich lernte so schon frühzeitig verstehen, daß es im Menschlichen so etwas wie absolute Wahrheit nicht gibt. Die Wahrheit ist so, wie die Menschen sie sehen – und diese Wahrheit kann die verschiedensten Seiten haben und dadurch kaleidoskopartig wirken. Diesem frühen Erlebnis mag es zuzuschreiben sein, wenn ich mich auch heute noch bei einer Entscheidung nie ganz auf eine Seite schlagen kann.

Ich fühlte mich in der Tat sehr glücklich, obgleich meine Kinder heute Tage wie die meinen damals unerträglich und langweilig finden würden. Vielleicht war Herr Kung nicht ohne Einfluß darauf. Ich sehe ihn noch, wie er an jedem schönen Nachmittag, außer an Sonntagen, zu mir kam. Wenn es regnete, konnte er nicht kommen, weil seine Mutter es ihm verbot. Sie fürchtete, er könnte sich nasse Füße holen und krank werden. Da er ein braver Sohn war, wollte er seiner Mutter keinen Kummer machen. Ich fand darin nichts Sonderbares, obwohl Herr Kung fast fünfzig und seine Mutter zweiundsiebzig Jahre alt war. Sie war nun einmal seine Mutter – und würde es bis zu ihrem Tode bleiben. Was das chinesische Volk fest und unverbrüchlich zusammenhielt, war die Liebe und Achtung zwischen den verschiedenen Generationen. »Ehre Vater und Mutter, auf daß du lange lebest auf Erden«, ist nicht nur ein christliches Gebot, sondern auch eine asiatische Lehre.

Und so kam Herr Kung an schönen Nachmittagen pünktlich um zwei Uhr an, seine Bücher trug er in ein altes schwarzes Seidentuch eingewickelt. Dieses Päckchen machte er erst auf, wenn er mich begrüßt und ich seinen Gruß mit einer geziemenden Verbeugung erwidert hatte. Wir setzten uns, erst dann entfaltete Herr Kung mit ganz besonderer Sorgfalt seinen Schatz und holte das Buch hervor, in dem wir lesen wollten. Diese Lektüre dauerte zwei Stunden, und Herr Kung erklärte nicht nur den alten Text, sondern stellte auch dessen Beziehung – und mochte sie noch so gering sein – zur Gegenwart und selbst zur Zukunft her. Von ihm lernte ich schon in früher Jugend den ersten Grundsatz des Menschenlebens – daß jedes Ereignis seine Ursache hat und daß nichts auf der Welt, und sei es ein Windhauch, zufällig und ohne Ursache ist.

Um vier Uhr war der Unterricht vorüber. Herr Kung

deckte die Teeschale zu und wickelte sein Buch wieder in das viereckige schwarze Seidentuch. Wir standen auf, ich verbeugte mich, er neigte den Kopf und erinnerte mich an die Aufgabe für morgen und an etwaige Fehler, die vielleicht darin vorkommen könnten. So trennten wir uns. Ich folgte ihm bis ans Tor, wie sich das für eine brave Schülerin geziemt, und blieb dort stehen, bis sein wehendes Gewand und sein seidiger schwarzer Zopf verschwunden waren.

Inzwischen ging unser Leben in einer sonderbar stillen und friedlichen Stimmung weiter. Ich war jetzt schon zu alt, um draußen vor dem Tor im Steppengras zu spielen. Den Rest meines Nachmittags teilte ich zwischen meiner Familie und meinen Bekannten in der kleinen weißen Gemeinde oder ging zu chinesischen Freunden. Ich lief auch nicht mehr ins Tal hinunter, um die Frauen und Männer auf den Bauernhöfen zu besuchen. Ich wurde jetzt ein sogenanntes »großes Mädchen«, und außerhalb des Tores begleitete mich entweder meine Mutter oder meine chinesische Amah.

Dayton, Wyoming

Ein hübsches Bild zieht an diesem Hochsommertag an meinem Fenster vorüber. Ich höre Hufgeklapper, und als ich hinausblicke, sehe ich eine Reihe Pferde auf der staubigen Landstraße vom Canyon her in kurzem Galopp herankommen. Es sind die Reiter, die heute morgen nach dem Frühstück mit einem Führer auszogen, um den Morgen in den Big-Horn-Bergen zu verbringen.

Die Pferde ziehen vorüber, der Staub legt sich wieder, die Reiter steigen ab und gehen ihrer Wege. Die Landschaft ist bergig – Felsen, Ginstergestrüpp und Kiefern, dazu noch Sand, der unter der heißen Sonne golden schimmert. Ich sitze hier und schreibe in mein Buch.

Ich habe, wie ich wohl weiß, jene Jahre nach dem Boxeraufstand zwischen 1901 und 1911, als ich in China aufwuchs, bisher umgangen. Der Frieden bedeckte China gleichsam wie eine dünne Eisdecke, unter der ein Strom kochte. Nach außen hin lebten wir besser als je. Meine Mutter holte das vergrabene Familiensilber wieder hervor, unsere treuen Dienstboten kamen zurück, und mein Vater konnte sich so frei bewegen und hörte auf den Straßen so wenig Flüche gegen die Ausländer, daß ich glaube, es muß sogar ihm aufgefallen sein. Denn er wußte ja, was für ein Preis für diesen Frieden bezahlt worden war.

Nachdem die Boxer vertrieben und verfemt worden waren, nachdem es auch dem einfachsten Bauern klar geworden war, daß sein Land eine Niederlage erlitten hatte, garantierten die neuen Verträge die Sicherheit des weißen Mannes, wo er sich auch bewegen, wo er leben, predigen oder Handel treiben mochte. Dazu mußte China für die Verzweiflungspolitik der toten Kaiserin große Entschädigungssummen zahlen. Wenn mein Land auch später den Anteil, der auf es fiel, für Freistellen für junge Chinesen an amerikanischen Universitäten verwendete, so wußte man damals noch nichts davon.

Die Chinesen sind ein praktisches Volk und sehr klug. Sie waren sich ihrer Niederlage bewußt und konnten keine neue riskieren. Der nächste Kampf war noch in weiter Sicht. Sie brauchten mindestens zehn Jahre, um sich zu erholen, zu überlegen und zu planen.

In jenen zehn Jahren reifte ich vom Kind zum erwachsenen Mädchen heran. An eine Seite dieses Jahrzehnts werde ich mich immer dankbar erinnern – ich genoß eine Freiheit, wie sie wohl kein weißes Kind je in China gekannt hat und nach dem Wiederausbruch der Revolution im Jahre 1911 sicher auch nicht mehr kennen konnte. Wäre nicht diese durch Verträge, Reparationen und Strafen gesicherte vollständige Freiheit und Sicherheit gewesen, die auch mir als Tochter eines Weißen zugute kam, obwohl ich mit dem Krieg und seinen Folgen nichts zu tun hatte, so hätte ich mich nicht so leicht in der Stadt und auf dem Lande bewegen können.

Ich hatte damals viel freie Zeit. Wir wohnten noch immer auf dem Lande, meine Mutter unterrichtete mich morgens, aber an den langen einsamen Nachmittagen sehnte ich mich nach Gesellschaft. Da ich nur wenige weiße Kinder kannte, führte mich mein Weg natürlicherweise zu dem roten Tor zwischen den steinernen Löwen, dem Haus der Familie Lu, das etwa achthundert Meter entfernt war. Dort verbrachte ich meine Nachmittage auf den Höfen, spielte mit den Kindern, hörte der Unterhaltung der jungen Frauen zu und plauderte mit einer Schulkameradin, einem hübschen Mädchen in meinem Alter. Ich ging mit ihr in die Schule, weil Herr Kung im Jahre 1905 gestorben war, und da ich schon so groß war, hielten meine Eltern es für besser, mich nicht von einem fremden Mann unterrichten zu lassen, sondern mich ein paarmal in der Woche in eine Missionsschule für Mädchen zu schicken. Aber ich lernte nie mehr soviel wie bei Herrn Kung. Ich trug bei seinem Begräbnis ein weißes Trauerband um den Ärmel und verbeugte mich weinend mit den jüngeren Mitgliedern seiner Familie vor dem Sarg.

Es gab in nicht allzuweiter Entfernung sechs oder sieben Familien, bei denen ich willkommen war, und bei ihnen lernte ich die andere Seite des Sieges kennen, den die Weißen errungen hatten. Ich lernte dort begreifen, was mir mein ganzes ferneres Leben bestätigt hat – daß jeder siegreiche Krieg einen neuen Krieg erzeugt und dieser wieder einen, bis sich eines Tages die Strömung umkehrt und der Sieger besiegt wird, und so weiter in rückläufigem Kreislauf.

Es waren lange, glückliche Stunden, die ich im Schoß dieser Familien verlebte, aber wenn ich heimkam, war ich innerlich zerrissener als ein Kind sein sollte, denn ich sah, daß jede Seite sowohl recht wie unrecht hatte. Ich dachte über beide nach und fühlte mich hilflos, denn es bot sich, wie die Dinge nun einmal lagen, kein Ausweg aus dieser Gegensätzlichkeit.

Mein eigenes Wachstum erfolgte vermutlich von außen nach innen, oder, um es anders auszudrücken, ich lebte ganz in der Außenwelt und zog sie sozusagen in mich hinein. Es war jedoch noch ein anderes Leben in mir, das mehr aus Vorstellungen und Träumen als aus der Wirklichkeit bestand. Ich vergaß nie ganz die Zeit, die ich in Amerika verbracht hatte, obgleich meine Erinnerungen im Lauf der Zeit blasser wurden. Ich erinnerte mich an gewisse Stunden, an dieses und jenes Ereignis, aber nicht an die ganze Zeit, und um das festzuhalten, was ich besaß, las ich unaufhörlich. Ich hatte immer gern gelesen, aber jetzt stürzte ich mich auf die Bücher, um meine Welt zu suchen und zu finden, meine westliche Welt, zu der ich eines Tages zurückkehren würde und zurückkehren mußte, wenn die Tore Asiens sich vor mir und meinem Volk verschlossen.

Jeden ersparten Penny gab ich für Bücher aus. Meine Eltern besaßen bereits als Teil der Ausstattung unseres

Hauses die Gesamtausgaben von Dickens, Thackeray, George Eliot und Walter Scott, sowie verschiedene andere, ferner die englischen Dichter und eine schöne Shakespeare-Ausgabe. Alle diese waren ein fester Bestandteil meiner Kindheit. Die amerikanische Lieblingszeitschrift meiner Mutter war *The Delineator*, während mein Vater *The Century* bevorzugte. Um die Berührung mit der Jugend meines Landes nicht zu verlieren, hielten wir *St. Nicholas* und *The Youth's Companion*. Aus diesen Zeitschriften erhielt ich den Eindruck, als sei in Amerika alles vollkommen, so daß ich später einige, wenn auch nicht schwere Enttäuschungen überwinden mußte. Durch vernünftige Überlegung stellte ich allerdings das Gleichgewicht bald wieder her.

Diese ruhigen Jahre wurden durch ein Zwischenspiel unterbrochen, das stattfand, bevor ich »heim« aufs College geschickt wurde. Wenn wir, die wir so weit von unserer Heimat entfernt waren, das Wort »heim« gebrauchten, so hatte das immer etwas Tragisches an sich, obwohl ich das damals noch nicht merkte. Ich war für das College noch nicht reif genug, weil ich bis dahin in westlichen Dingen nur von meiner Mutter unterrichtet worden war. Das Jahr mußte also irgendwie nutzbringend verwendet werden, denn mein Vater konnte erst 1910 in Urlaub gehen, und wir schrieben noch das Jahr 1909. Ich hatte wenig Gelegenheit gehabt, mit Amerikanern zu verkehren. Wir verbrachten zwar alljährlich zwei Monate in den hohen Lu-Bergen, um der Sommerhitze der Flußniederung zu entgehen, und dort traf ich Söhne und Töchter von Missionaren und Geschäftsleuten. Aber ich war von der Gebirgslandschaft so entzückt, daß ich lieber wanderte und kletterte als in Gesellschaft zu gehen und Tennis zu spielen.

Außerhalb dieser jährlichen Ferien hatte ich nur eine einzige amerikanische Familie kennengelernt, die Mädchen in meinem eigenen Alter hatte. Meine Mutter, die immer ein feines Gefühl für meine Stimmungen und ein sorgsames Auge auf mich hatte, entschied, ich müßte von Zuhause fort und ein Jahr in einem Pensionat in Schanghai verbringen.

Die Monate, die ich an diesem sonderbaren Ort verbrachte, unterscheiden sich von jener anderen Zeit, die ich durchlebt habe, und kommen mir in der Erinnerung unwirklich und phantastisch vor. Schanghai war vor allem eine Stadt, die sich von anderen chinesischen Städten wesentlich unterschied. Diese Stadt war von Ausländern für Ausländer geschaffen worden. Ich kannte damals diese bereits weltberühmte Stadt nur wenig. Schanghai war für mich nur das Tor zum Stillen Ozean, durch das man ein- und ausging, wenn man nach China kam oder das Land wieder verließ. Aber ich erinnerte mich auch an die paar Monate, die wir dort als Flüchtlinge während der Boxerwirren zugebracht hatten. Jetzt sollte ich Schanghai als überempfindliches und genau beobachtendes Mädchen durch die Fenster eines düsteren Pensionats sehen, und da war es eine ganz andere Stadt. Damals lernte ich, daß Shanghai, wie die meisten großen Städte, aus vielen Städten bestand, die alle in einer vereinigt waren, und daß meine Kenntnisse dieser Stadt ganz von meinen Erlebnissen in ihr abhingen.

Miß Jewells Schule war in finsteren und unzerstörbar wirkenden grauen Backsteingebäuden untergebracht. Nur in London habe ich wieder solche anscheinend für die Ewigkeit bestimmten Gebäude gesehen. Im Erdgeschoß neben der Haustüre lag das Sprechzimmer, und dort warteten meine Mutter und ich an jenem Tag, an dem ich aufgenommen werden sollte, auf Miß Jewell. Bedrückende Schatten aus *Nicholas Nickleby* schienen das schäbige, nüchterne Zimmer zu erfüllen. Die Fenster lagen zur Hälfte tiefer als die Straße und waren gegen Diebe fest vergittert, eine nicht unvernünftige Schutzmaßnahme, die aber damals den schlimmen Eindruck, den ich von dem Zimmer bekam, nur noch verstärkten. Bibelsprüche in dunklen Eichenrahmen hingen an den blaßgetünchten Wänden. Das Mobiliar war aus verschiedenen Stilarten willkürlich zusammengewürfelt. In einem kleinen englischen Kamin mit schwarzer Holzeinfassung rauchte ein spärliches Feuer – eine Handvoll Kohlen, die nicht brannten, sondern nur schwelten.

Dort saßen wir und wußten nicht, was wir denken sollten. Meine Befürchtungen vertieften sich noch, als ich sah, daß das gewöhnlich so heitere Gesicht meiner Mutter einen immer ernsteren Ausdruck bekam. Sie gehörte jedoch nicht zu denen, die leicht etwas aufgeben, und so warteten wir weiter.

Plötzlich stand eine kleine dicke Frau mit weißem Haar und schwarzen Augen im Zimmer. Es war Miß

Jewell. Sie trug ein hochgeschlossenes schwarzes Kleid, dessen Rock bis auf den Boden ging. Wir hatten sie nicht eintreten gehört, weil sie, wie ich später entdeckte, immer weiche Filzsohlen trug, teils weil niemand sie hören sollte, und teils, weil sie Hühneraugen hatte. Ich sah diese gesetzte, melancholisch dreinblickende Frau an und wußte nicht, was ich von ihr halten sollte. Ich erfühlte die meisten Menschen sofort – aber diese Person war etwas Neues für mich. Sie begrüßte uns mit leiser Stimme, und ich bemerkte, daß ihre Hände zwar schön aber kalt waren und sich schlaff anfühlten. Von ihr ging keine Wärme aus. Der Gerechtigkeit halber muß ich zugeben, daß sie bereits eine alternde Frau und überarbeitet war. Viele Jahre hatte sie ihre Schule selbst geleitet und sich nur auf sich selbst verlassen können, und trotz ihrer äußeren Kälte hatte sie viele gute Werke getan. Während der Zeit, da ich unter ihrer Aufsicht stand, kamen nicht wenige gestrauchelte Frauen zu ihr und baten sie um Unterkunft. Sie wies sie nie zurück – sie verschaffte ihnen Arbeit oder eine Fahrkarte, damit sie heimreisen konnten. Es dauerte jedoch einige Zeit, bis ich diese verborgene Güte entdeckte. An jenem ersten Tag fühlte ich nur Angst.

Vielleicht verstand ich Miß Jewell und einige der Frauen, die sie um sich sammelte, erst später richtig, als ich in einem New Yorker Theater die Stücke O'Neills sah, in denen die Menschen an Trockenfäule sterben. Aus einer Puritanerfamilie Neuenglands stammend, stolzen, aber vertrockneten Menschen, brachte Miß

Jewell eine strenge Güte, einen leidenschaftlichen Lebensverzicht und einen eisernen Willen nach China mit. Sie war anders als alle Menschen, die ich bislang kennengelernt hatte, weder meine heiteren Eltern noch meine warmherzigen chinesischen Freunde ließen sich mit ihr vergleichen. Ich gab meiner Mutter einen Abschiedskuß und erinnerte sie flüsternd an ihr Versprechen, daß ich nicht zu bleiben brauchte, wenn es mir nicht gefiele. Als sie fort war, führte mich Miß Jewell auf einer breiten, dunklen Steintreppe nach oben. Ein chinesischer Hausknecht ging uns voraus und trug meine Koffer.

Zum erstenmal hatte ich kein Interesse an meinen Schulbüchern. Ich entdeckte, daß mir der Schulbetrieb in den Klassen keinen Spaß machte, denn ich war an den schnellen Geist und die phantasievolle Lehrmethode meiner Mutter gewöhnt. Andere Lehrerinnen langweilten mich – mit Ausnahme der Englischlehrerin, einer zarten, blauäugigen kleinen Person, deren überwaches Gehirn ich gleich erkannte und ein wenig fürchtete, weil ich Tiefen ahnte, mit denen ich noch nichts anzufangen wußte. Die Lehrer waren recht gut. Dafür sorgte Miß Jewell, aber ich war eine unruhige Schülerin, und auf einigen Gebieten weit über mein Alter hinaus unterrichtet – aber theoretische Fächer, wie lateinische Grammatik und Mathematik, lagen mir nicht. Da Miß Jewell dachte, ich müßte besser in christlicher Theologie geschult werden, wollte sie mir diese dadurch eintrichtern, daß sie mich zu Gebetsandachten mitnahm und mich mit den Werken der christlichen Nächstenliebe bekannt machte.

Billings, Montana

Diese moderne Stadt ist längs der Eisenbahnlinie erbaut wie so viele westliche Städte, die wie Kügelchen an einer Schnur aufgereiht sind. Gerade bin ich in einem mit allen Bequemlichkeiten ausgestatteten Hotel aus tiefem Schlaf erwacht, und zwar von dem Geräusch eines kaum fünfzehn Meter vom Kopfende meines Bettes entfernt vorbeirasselnden Zuges. Als das Bett nicht mehr bebte und der Staub sich gelegt hatte, dachte ich an den Unterschied der Nachtgeräusche hier in Amerika und in jener anderen Welt.

Die Straßen in Schanghai hatten ihre eigenen Geräusche. Häufig, wenn ich in Miß Jewells Schule wachlag, hörte ich noch spät das Knarren einer vorbeirollenden Rikscha, das schnelle Trappeln von Füßen, manchmal das Lachen eines Mädchens oder eine kräftige englische Stimme, mit der ein Mann einem anderen gute Nacht wünschte. Und noch spät in der Nacht das endlose Geschlürf der chinesischen Stoffschuhe auf dem Gehsteig, so daß ich mich immer fragte, woher alle diese Leute kamen und wohin sie gingen, denn sie schienen nie heimzugehen, sondern immer nur weiter und weiter ...

Als ich in den Osterferien heimkam, sagte meine Mutter, ich sei zu blaß und zu mager. Da erzählte ich ihr von Miß Jewells guten Werken und meiner Beteiligung an ihnen. Sie preßte die Lippen zusammen und ihre dunklen Augen funkelten vor Zorn. Da wußte ich, daß ich nicht in die Schule zurück mußte. Ich hatte genug gelernt. Ich war froh, wieder daheim zu sein, obwohl es eine Weile einsam um mich war, aber nicht allzu einsam, denn im Sommer wollten mich meine Eltern nach Amerika aufs College schicken. Würde ich wieder zurückkehren oder nicht? Ich wußte es nicht und verbrachte die paar Monate in einer Art köstlicher Melancholie, in der jeder Tag ein letztes Abschiednehmen von China war.

Den Ton, der mir dort nachts am besten gefiel, habe ich noch nicht erwähnt, aber vielleicht ist hier der Ort, davon zu sprechen. Es war der Klang der großen Bronzeglocke, die in einem Gestell in dem buddhistischen Tempel hing, der auf halber Höhe unseres Hügels lag. So lange ich mich erinnern konnte, hatte ich sie in der Nacht gehört. Sie schlug nicht oft an, aber zu bestimmten Stunden zitterte der volle, reine Ton durch die Luft. Als ich klein war, fürchtete ich mich immer, denn der Klang war melancholisch, so daß ich mich allein fühlte. Aber später, als ich frei war, freier als irgendein weißes Kind vorher oder nachher, habe ich oft den Tempel tagsüber besucht und gesehen, wie die Glocke von einem kleinen, gütigen Priester angeschlagen wurde. Er ergriff mit beiden Händen einen hölzernen Klöppel, der unten mit einem Tuch umwickelt war, holte weit aus und ließ den Klöppel an die Glocke fallen, die in ihrem Gestell hing, und so kam der volle, schöne Ton zustande.

Ich denke an die letzte Nacht, die ich daheim verbrachte, als schon alle Koffer gepackt waren und nur noch geschlossen zu werden brauchten. Ich konnte nicht schlafen – und als ich beim Verlassen des Hauses die Glocke zum letztenmal schlagen hörte, hatte ich eine sonderbare Vorahnung, daß ich sie nie mehr hören würde. Und so war es auch.

Sauk Centre, Minnesota

In dieser Stadt wohnte einmal Sinclair Lewis, und seinetwegen sind wir auf der Heimfahrt von der Hauptstraße abgebogen. Ich habe ihn nur einmal bei einem Essen gesehen, das vom New Yorker PEN-Club im Jahre 1938 anläßlich der Verleihung des Nobelpreises für Literatur veranstaltet wurde. Ich war als Ehrengast anwesend – und nie wird es dort einen so schüchternen, ja verängstigten Gast gegeben haben, wie ich es an jenem Abend war. Diese Schüchternheit ging auf meine Kindheit zurück und vielleicht sogar zum Teil auf den guten Herrn Kung, der unmöglich wissen konnte, daß ich schon damals eine Geschichtenerzählerin, eine Romanschriftstellerin werden wollte, ohne mir allerdings darüber klar zu sein, wie ich das anfangen sollte.

Bereits mit sieben Jahren hatte ich Charles Dickens gelesen, und er hatte meine jugendliche Phantasie entflammt und Staunen über die Menschen hervorgerufen. Mein erstes Dickens-Buch war *Oliver Twist*, das ich zweimal ohne Unterbrechung durchlas. Ich las an meinen freien Nachmittagen einen Band nach dem anderen, während des Sommers in der Gabel der großen Ulme, im Winter in der sonnigen Ecke unserer Veranda. Zehn Jahre lang las ich Dickens von der ersten bis zur letzten Seite jährlich einmal durch, lachte laut für mich über *Die Pickwickier* und weinte still über den Tod von Little Nell und die Grausamkeit von *Hard Times.* Sissy Jukes ist immer ein Teil von mir selbst geblieben, weil sie verständig, wenn auch stotternd vor Schüchternheit, als Thomas Gradgrind sie fragte, ob eine Sterblichkeit von sieben auf eintausend hoch wäre, antwortete, sie wäre freilich hoch, weil es für die sieben nicht weniger schwer gewesen sei zu sterben als wenn es mehr gewesen wären. Thomas Gradgrind brüllte, sie sei ein Dummkopf, aber ich wußte schon damals, daß sie recht hatte – und je mehr ich das Leben und die Menschen kennenlernte, desto sicherer bin ich, daß sie in alle Ewigkeit recht hat, und daß die Gradgrinds dieser Welt die Dummköpfe sind und nicht die Menschen wie Sissy Jukes.

Da ich nur wenige Kinderbücher zur Verfügung hatte und daher schon frühzeitig gezwungen war, Romane für Erwachsene zu lesen, faßte ich bereits, noch ehe ich zehn war, den Entschluß, Romane zu schreiben, und nur Herr Kung machte mich wankend. Er war als Schüler des Konfuzius in der altchinesischen Tradition erzogen, derzufolge kein besserer Schriftsteller sich herbeiließ, Romane zu schreiben. Romane könnten, so belehrte er mich, im allgemeinen nicht als Literatur angesehen werden. Sie seien zumeist zur Unterhaltung der Nichtstuer und Ungebildeten da, also für Leute, die guten Stil und Abhandlungen über Moral und Philosophie nicht zu schätzen wüßten. Diese Entmutigung dauerte auch noch während meiner Entwicklungsjahre an und erhielt neue Nahrung durch die Ansicht meiner Eltern, die das Lesen von Romanen für bloßen Zeitvertreib hielten.

Meine Mutter und ich spielten während meiner ganzen Kindheit eine Art Versteckspiel, über das zu sprechen wir peinlich vermieden. Sie versteckte die Romane, die ich las, und ich suchte sie, bis ich sie fand. Ich kann mich nicht erinnern, daß ich ihr deshalb böse gewesen wäre, dazu war sie viel zu liebenswert und gut, und auch sie ärgerte sich anscheinend nicht darüber, daß ich fast immer ihre Versteckplätze ausfindig machte. Dieses ganze Spiel wurde von uns schweigend betrieben. Ich bedauere es heute, sie nie gefragt zu haben, warum sie die Bücher an so leicht auffindbaren Plätzen versteckte. Aber sie starb zu jung. Ich hätte sie gern noch vielerlei gefragt und tat es nicht, bis es zu spät war und ich sie nie mehr fragen konnte.

So wuchs ich mit dem Gefühl auf, das Schreiben von Romanen könne eigentlich gar nicht so schwer sein, während es in Wirklichkeit eine ungemein harte Arbeit ist. Dabei blieb die anerzogene Meinung bestehen, Romane seien im Grunde keine Literatur. Ich schämte mich insgeheim, daß ihre Lektüre mich noch immer interessierte. Als *Die gute Erde* ihr eigenes Leben annahm, war niemand erstaunter als ich – ja, ich hatte sogar das Gefühl, ich müsse mich entschuldigen, daß ich in der Welt der Literatur zuerst mit einem Roman hervortrat.

Ich schätzte meine Fähigkeiten so gering ein, daß ich es nicht glauben konnte, als ich an einem Herbsttag des Jahres 1938 hörte, mir sei der Nobelpreis für Literatur verliehen worden – ich glaubte es erst, als ich durch einen telephonischen Anruf in Stockholm die Bestätigung erhielt. Aber meine Verwirrung wurde dadurch nicht behoben. Ich konnte es einfach nicht verstehen, warum ich diesen Preis erhielt, und ich weiß noch, daß ich damals ausrief: »Hätte man den Preis doch lieber Theodore Dreiser gegeben!«

Das war mein aufrichtiger Wunsch, denn ich bewunderte Dreiser als Schriftsteller sehr. Er war für mich viel mehr als ein bloßer Romanschreiber. Er hatte in seiner machtvollen, titanischen Art einen tiefen Griff in das amerikanische Leben getan, und wenn ich vor Zwanzig Charles Dickens las, so las ich nach Zwanzig Dreiser und Sinclair Lewis, der von beiden der glanzvollere zu sein schien, wenn ich auch wußte, daß Dreiser ihn überdauern wird. Und Dreiser wurde alt – wogegen ich noch jung war, jung genug, um auf zukünftige Belohnungen zu warten.

Forest Haunt, Vermont

Unsere Reise endet hier in den »Grünen Bergen« Vermonts. Ich dachte an die großen Entfernungen, die wir durchmessen hatten. Die Größe und Vielfalt unseres Landes sind immer eine Stärkung für mich. Jedesmal komme ich mit neuem Vertrauen zurück. Schon die Größe unseres Landes scheint mir ein Hindernis für jeden, der hier ein Hitler oder Stalin werden möchte. Doch die Größe allein wäre gewiß keine Sicherheit ohne die Vielgestaltigkeit unseres Volkes und ohne die Verschiedenartigkeit jener Geister, von denen jeder mit außergewöhnlicher Vitalität und Unabhängigkeit, innerhalb seiner individuellen Grenzen, etwas anderes denkt. Und Rußland? Obwohl Rußland so groß ist, erlag es dennoch der Bewegung, die jetzt Kommunismus genannt wird. Aber das russische Volk war unwissend und lebte im Elend, und die Intellektuellen wurden verfolgt und eingekerkert.

Ich hatte das alte Rußland noch in lebhafter Erinnerung, obwohl ich noch sehr jung war, als ich durch seine weitläufigen Landstrecken fuhr. Als ich die Bronzeglokken auf unserem Hügel zum letztenmal schlagen hörte, traten wir unsere Reise nach Amerika an. Wir hätten einfach, wenn wir eine gewöhnliche Familie gewesen wären, nach Schanghai und von dort über den Stillen Ozean fahren können. Aber auf dem Schiff litt meine Mutter immer an einer besonders heftigen und unheilbaren Form der Seekrankheit. Und da sich bei ihr im Laufe der Jahre eine Neigung zur Herzschwäche entwickelt hatte, glaubte der Arzt uns von der Reise, die für sie einen ganzen Monat Seekrankheit mit sich gebracht hätte, abraten zu müssen.

Im übrigen sollte ich Europa zu sehen bekommen. Meine Mutter liebte die Schweiz, Frankreich, Italien und England und wollte noch einmal Holland besuchen, woher ihre Vorfahren gekommen waren. Ich glaube auch, sie hatte die Idee, ich sollte, ehe ich auf vier Jahre ins College ging, zuerst Europa sehen, aus dem sich unsere Nation gebildet hatte. Jedenfalls kaufte meine Mutter einen Koffer voller Bücher über Europa, die wir eifrig zu lesen begannen, sobald wir uns in den kleinen Kabinen auf dem Jardine-Matheson-Dampfer eingerichtet hatten. Dieser Dampfer sollte uns den Jangtse aufwärts nach Hankau bringen, von wo wir mit dem Zug nach Peking und nach Charbin in der Mandschurei weiterfahren wollten.

Für Europa konnten wir uns kaum eine bessere Lehrerin wünschen. Die Ansichten meiner Mutter über Kunst, Musik und Geschichte, aber auch ihr warmes Interesse dafür machte ich mir zu eigen. Lange bevor wir Europa erreichten, hatte ich die Unterschiede zwischen seinen Völkern, ihren Eigentümlichkeiten und ihren Leistungen ganz gut begriffen. Dazu beschrieb mir meine Mutter viele Sehenswürdigkeiten, die sie von ihren früheren Besuchen kannte, und ich konnte es kaum mehr erwarten, bis ich sie mit eigenen Augen sah. Deutschland umging sie aus einem mir unbekannten Grunde; aber diese Lücke füllte mein Vater aus, der neben vielen anderen Sprachen auch Deutsch vollendet beherrschte. Seine Religionsstudien hatten ihm eine völlig andere Meinung über Deutschland vermittelt, als sie meine Mutter hatte. Überdies stammten seine Vorfahren aus Süddeutschland.

Wenn ich zurückschaue, finde ich, daß meine Erinnerung an China von jenem Tag ab, an dem wir unser Haus auf dem Hügel verließen, plötzlich verblaßt, und das muß daher kommen, weil mein Geist schon Europa und meinem eigenen Land zugewandt war. Jedenfalls weiß ich erstaunlich wenig von der langen Reise mit der Eisenbahn nach Norden und selbst von unserem Aufenthalt in Peking, einer Stadt, die ich später kennenlernen und sehr liebgewinnen sollte.

Charbin war unser erster Halteplatz in der Mandschurei. Die Stadt schien mir nicht sehr interessant; sie bot den üblichen Anblick eines großen Knotenpunktes mit seiner Mischung von Völkern und Baustilen. Ich sehe nur noch einzelne Bilder, die mir als fremdartig in Erinnerung geblieben sind – vor allem einen mongolischen Kameltreiber, der mit schnellen Schritten seiner Karawane schmutzigbrauner Kamele vorausging und im Gehen mit zwei langen Bambusnadeln strickte. Als Garn benutzte er rohe Wolle, die er von dem Fell des hinter ihm gehenden, sich haarenden Kamels zupfte. Das gestrickte Stück sah wie ein langer, breiter Schal aus. Es konnte wohl nur von jemandem getragen werden, der mit seinen Kamelen schlief und aß, denn der Geruch des Kamels haftet ewig und ist durch noch so fleißiges Waschen nicht zu entfernen.

Von dem Augenblick an, da wir russischen Boden betraten, setzt meine Erinnerung stärker und klarer ein. Der erste Eindruck war das Gefühl endloser Weite. Einen Tag um den anderen fuhren wir durch ein mit Birken und Fichten bestandenes flaches Land – eine ermüdende, eintönige Landschaft, in der es nur ein wenig Abwechslung gab, wenn wir zwei- oder dreimal am Tage auf Bahnhöfen hielten, um Lebensmittel und Wasser aufzunehmen. Ich stieg dann aus, sah mir die fremd und wild aussehenden Leute an, die von den Chinesen ebenso verschieden waren wie von den Europäern, die ich später sehen sollte.

Armut und Hunger hatte ich in China gesehen, und ich sah sie auch später in Amerika, in den Elendsvierteln der Städte und besonders im Süden, aber eine solche Armut wie im vorrevolutionären Rußland hatte ich noch nie erblickt und sollte ich auch nirgends mehr finden. Bald lernte ich aber auch den riesigen Reichtum der Adeligen und Priester kennen. Zuerst glaubte ich, alle Russen seien so wie diese elenden, hungrigen Bauern. Stumpfe Unwissenheit und schreckliche Verzweiflung lag auf ihren Gesichtern, als hätten sie jede Hoffnung verloren und könnten an nichts weiter denken als an die Frage, wo sie einen Bissen zu essen fänden. Erstaunlich schien mir, daß diese armen Wesen freundlicher Gefühle fähig waren. Sie umarmten einander, ein Mann schloß seinen Freund in die Arme und bedeckte seine Wangen mit Küssen. Sie sprachen und lachten laut wie Kinder.

Als mein Vater sie sah, machte er ein ernstes Gesicht und sagte zu meiner Mutter: »Carrie, dies kann nicht so weitergehen. In den nächsten zehn Jahren wird hier eine Revolution ausbrechen. Denk daran, was ich dir sage! So können Menschen nicht leben, ohne daß etwas passiert.«

Als wir Moskau erreichten, sahen wir ein anderes Rußland. Arme Leute sahen wir auch hier genug, aber es gab auch reiche und gutgenährte, die schöne Pelze, Seidensatin und englische Wollstoffe trugen. Sie fuhren in Equipagen oder Droschken und sprachen genauso fließend französisch wie russisch. Viele lebten auch fast das ganze Jahr in Italien oder Frankreich – besonders in Frankreich.

Moskau war eine schöne Stadt, weit interessanter für mich als St. Petersburg. Was mich aber am meisten beeindruckte, doch auch niederdrückte, waren die großen Kathedralen, wahre Paläste, in denen die Priester die regierenden Fürsten waren. Die Lichter, das Gold und Silber, die wuchtigen Kreuzgewölbe, die Kirchenschiffe mit ihren goldstrahlenden Bildern und juwelengeschmückten Ikonen, die Weihrauchschwaden und die

Tausende von Kerzen standen in erschreckendem Gegensatz zu dem unaufhörlichen Strom armer Leute mit ihren finsteren und traurigen Gesichtern, die zum Beten hineinkamen.

Ich wanderte mit meinen Eltern und einem Führer durch die dunklen kleinen Räume der alten Teile des Kremls. Ich erinnere mich noch heute des erdrückenden Gefühls, das auf mir lastete, als der Führer die Foltern der Gefangenen und das Gerichtsverfahren unter den Zaren schilderte, die Despoten gewesen waren. Die jetzige Familie, so sagte der Führer, regiere jedoch weit milder als die früheren. Sowohl der Zar als auch die Zarin widmeten sich ganz ihren Kindern, besonders ihrem Sohn, dem Zarewitsch, der an einer Blutkrankheit leide. Aber diese milde Familie wurde ein Jahrzehnt später von dem wütenden Volk ermordet, das ihre Milde vergaß und nur daran dachte, daß Rußlands Herrscher so wenig getan hatten, das Leben der Massen erträglich zu machen.

So jung ich war, hatte ich doch schon ein schlimmes Vorgefühl drohenden Unheils, bei dem viele Unschuldige der ausbrechenden Volkswut zum Opfer fallen würden. Ich hoffte nur, aber wie immer mit großer Beklemmung, daß wir Amerikaner einer Strafe entgehen möchten, die wir nicht verdienten, und daß die Völker Asiens, wenn sie gegen die Weißen aufstehen würden, unter deren Herrschaft sie gelitten hatten, gerecht gegen die Amerikaner sein würden.

Anschließend besuchten wir Polen, das große, schöne

Warschau, das seitdem so viel Geschichte und so große Zerstörungen über sich ergehen lassen mußte. Dann Berlin, wo ich nicht das geringste Zittern der Fundamente bemerkte – und doch wurde es nur ein paar Jahre später das Sturmzentrum des Ersten Weltkrieges. Paris war in jenem Sommer traumhaft schön, und wenn die Franzosen auch spürten, was ihnen in wenigen Jahren bevorstand, so zeigten sie es nicht.

Nachdem wir das finstere Rußland verlassen hatten, waren die bösen Vorahnungen verschwunden.

Europa war ein Vergnügungsplatz, und England ein Bollwerk. Als Kind hatte mich das Benehmen mancher Engländer in Asien unruhig gemacht. In London sah ich nichts dergleichen, und in den kleinen englischen Städten und Dörfern erschien mir das Leben so fest gegründet wie der Erdball selbst. Als Kind pflegte ich das Ausladen der Dampfer auf dem Jangtse zu beobachten, wenn die chinesischen Hafenarbeiter Säcke voll Zucker von den englischen Schiffen schleppten, die gerade von Java gekommen waren, oder Baumwollballen aus Indien und Kisten mit Konservenbutter aus Australien. Es waren schwere Lasten, und die mageren, sehnigen Gestalten der bis zum Gürtel nackten Kulis erzitterten unter dem Gewicht. Jeder hatte einen Kerbholzstock in der Hand, wenn er das Schiff verließ, und diesen Stock mußte er bei einem Engländer registrieren lassen, der auf der Straße, die an der britischen Konzession entlanglief, in einem bequemen Sessel unter einem Sonnenschirm saß. Ich war zweifellos ein zu nachdenkliches

Kind, denn die traurige Demut der braunen Männer und die kalte, herzlose Gelassenheit des Weißen machten mich unruhig. Die Last war zu schwer, aber den Weißen störte das nicht.

Ich wußte, daß die Arbeiter arm waren und daß ihre Familien auf dem Strom in einem kleinen Sampan hausten. Ich wußte aber auch, wo der Weiße wohnte. Er, seine Frau und sein Sohn lebten in einem schönen weißverputzten Backsteinhaus, das, von kühlen Veranden umgeben, in einem Garten mit Blumen und schattenspendenden Bäumen stand. Der Gegensatz konnte einem zu denken geben – mich hat er mein ganzes Leben lang beunruhigt. Er verfolgte mich in England, das so schön und so selbstsicher war, und ich fragte mich, ob die Leute wohl wüßten, wie es in der Welt da draußen aussah. Natürlich wußten sie es nicht, sie ließen sich nicht träumen, daß die Sicherheit des lieblichsten Landes der Welt von der Stimmung abhing, die zwischen dem fernen braunen Lastträger und dem weißen Manne herrschte, der jenen Kerbholzstock registrierte. Diese Unruhe nahm ich nach Amerika mit, sie hatte sich zwar noch nicht voll entfaltet, aber sie war wie eine geschlossene Knospe in meinem innersten Herzen.

Bevor wir jedoch Europa verließen, fuhren wir noch in die Schweiz, ein Land, das meine Mutter sehr liebte, teils wegen seiner Naturschönheiten, teils, weil in diesem Lande drei verschiedene Völker mit sich selbst und mit der Welt in Frieden leben. Sie hatte dort auch in früheren Jahren, nach dem Verlust ihrer zwei Töchter und ihres Sohnes Trost gefunden. Diese drei Kinder starben alle ganz klein an tödlich wirkenden Tropenkrankheiten schnell nacheinander, so daß sie gar keinen Lebensmut mehr hatte. Nun verbrachten wir dort einige Monate in einer reizenden kleinen Pension bei Neuchâtel. Dort schickte mich meine Mutter zur Verbesserung meiner Aussprache auf eine französische Schule.

Auf dem Schiff, das uns nach Amerika brachte, dachte ich so ernsthaft nach wie vorher noch nie. Mein Geist war erfüllt von all dem, was ich in Rußland und Europa gesehen und gehört hatte. Ich war ein schüchternes junges Mädchen, das nicht an den Umgang mit gleichalterigen Mädchen ihrer eigenen Rasse gewöhnt war, aber meine Neugierde und mehr noch, glaube ich, meine Phantasie ließen mich an den Lebensschicksalen vieler Menschen Anteil nehmen, sie ließen mich die Gefühle und Gedanken anderer verstehen und drängten mich zur Unterhaltung mit anderen. So lernte ich frühzeitig, daß die Menschen immer gern ihre Meinungen, Nöte und Probleme mitteilen, und die erweckten, wo immer ich war, mein tiefstes Interesse.

Meine Erfahrung war, daß die europäischen Völker und vor allem die bewunderten Engländer keine Ahnung davon hatten, daß ihre Vertreter in Asien an der Zerstörung der europäischen Herrschaft arbeiteten. Von diesen Nationen lebte jede in ihrem eigenen schönen Lande, jede in ihrer eigenen Kultur wie in eine Festung eingeschlossen, ohne das geringste Interesse an dem, was ich damals schon als unvermeidlich erkannte – der

Erhebung Asiens gegen Europa. Als ich hierüber eines Abends mit meinem Vater sprach, während wir noch auf dem Schiff waren, sagte er etwas, was ich nie vergessen habe:

»Der Aufstand wird in Rußland beginnen, denn dort wird die Bevölkerung nicht von Fremden, sondern von ihren eigenen Herrschern unterdrückt. Die Russen sind heute das ärmste und elendeste Volk auf der Erde – dort wird die Erhebung, die über die ganze Welt gehen wird, ihren Anfang nehmen. Sie wird in der Heiligen Schrift deutlich prophezeit und ist nicht mehr aufzuhalten. Von Rußland aus wird sie auf andere asiatische Länder übergreifen, und weil Männer der weißen Rasse dort die Unterdrücker sind, muß die ganze weiße Rasse darunter leiden.«

Ich weiß noch, welche Furcht mich damals befiel, und welches Mitleid ich mit den mir liebgewordenen Nationen Europas, besonders mit England, empfand. Ich sagte daher zu meinem Vater:

»Könnten wir sie nicht aufklären? Könnten wir sie nicht warnen?«

Er schüttelte den Kopf. »Sie haben ihre Propheten«, erklärte er.

Er dachte, wie ich wußte, an das biblische Gleichnis von dem Mann, der für seine Sünden in der Hölle büßte und eine Warnung an seine Lieben, die noch auf der Erde weilten, senden wollte, damit sie nicht dasselbe Schicksal zu erleiden hätten wie er – aber Gott antwortete ihm, sie hätten ihre Propheten und hörten nicht auf sie.

Ich sprach nicht oft so mit meinem Vater. In mancher Hinsicht war er ein unbeugsamer Mann. Man mußte in seine geistige Welt eindringen, denn er ging nie aus ihr heraus. Aber an jenem Abend verstanden wir uns, und weil wir unterwegs nach Amerika waren, das ich so wenig kannte und nach dem ich mich doch so sehnte, jetzt, da ich wußte, daß die alte Zeit in China für immer beendet war, konnte ich mich nicht enthalten, ihm die alte Frage zu stellen, obwohl ich die Antwort fürchtete.

»Aber die Amerikaner werden doch nicht darunter leiden müssen? Oder doch? Wir haben keine Kolonien – nicht so wie die Engländer in Indien. Und wir haben doch keine Konzessionen in China. Wir verwenden das Geld, das wir als Entschädigung für die Verluste im Boxeraufstand bekommen, doch für chinesische Studenten ... Und wir haben doch viel Gutes für das chinesische Volk getan. Krankenhäuser und Schulen errichtet und Lebensmittel bei Hungersnöten verteilt ...«

Er hörte mich geduldig an und sagte dann:

»Wir dürfen nie vergessen, daß die Missionare ohne Aufforderung nach China gegangen sind; sie folgten nur ihrem eigenen Willen, dem eigenen Antrieb und dem eigenen Pflichtgefühl. Die Chinesen sind uns daher keinen Dank schuldig. Wir haben zwar getan, was wir konnten, doch wiederum nur jenes eigenen Antriebs willen, so daß wir auch hierfür keinen Dank erwarten dürfen. Und wenn unser Land sich keine Konzessionen hat zuweisen lassen, so haben wir doch schweigend zugesehen, wie andere das taten – und auch wir haben daraus unseren Nutzen gezogen. Ich glaube nicht, daß wir straflos ausgehen werden, wenn der Tag der Abrechnung kommt.

Ich fühlte, wie ein Eishauch mich berührte, als er das sagte, denn ich fürchtete, daß er recht hatte. Wir können zwar heute sagen, daß wir Amerikaner an der schweren Schuld, die der weiße Mann in Asien auf sich geladen hat, wenig Anteil haben – aber von der Schuld, schweigend zugesehen zu haben, kann uns niemand freisprechen. Asiens Last ist auf uns gefallen, und für das, was die Weißen getan haben, müssen auch wir leiden.

Green Hills Farm Pennsylvanien

Im September 1910 kam ich mit begeisterungsfähigem Herzen und mit weit über mein Alter hinaus entwickeltem Verstand nach Amerika. Wir waren so lange in England geblieben, daß uns jetzt keine Zeit mehr übrigblieb, und so fuhren wir direkt zu der Stadt, in der sich mein College befand. Ursprünglich hatte ich gehofft, nach Wellesley zu kommen und hatte auch schon meine Aufnahmeprüfung für dort gemacht, aber meinen Verwandten im Süden saß noch der Krieg mit den Nordstaaten in den Knochen und sie hatten brieflich bei meinen Eltern Einwände erhoben, so daß ein Kompromiß zwischen einem Yankee-College und den Internatsschulen im Süden gefunden werden mußte, gegen die ich mich sträubte. Es wurde daher ein College im Süden, Randolph-Macon, für mich ausgesucht.

Als ich in Lynchburg in Virginia ankam, sah ich, daß mein College aus einer Anzahl roter Backsteingebäude bestand, die noch so neu waren, daß sie – wenigstens meinen Augen, die an die einzigartig schöne und kultivierte Landschaft Chinas gewöhnt waren – gänzlich schmucklos erschienen.

Der Unterricht war gut, und der Lehrplan deutete nicht im geringsten darauf hin, daß wir Mädchen und keine Knaben waren. Wir hörten nichts von Haushalt, Schneidern und Kochen oder ähnlichen weichen Ersatzmitteln für hartes Denken. Wir mußten die naturwissenschaftlichen Fächer mitnehmen, ob wir wollten oder nicht, und auf Mathematik und Latein wurde größter Wert gelegt.

Jedes Jahr machte die Gesamtheit der Schülerinnen eine Eingabe mit der Bitte um Einlegung eines Kurses für Hauswirtschaftslehre, denn damals hielt noch kein Mädchen es für möglich, daß es einmal nicht heiraten würde – und jedes Jahr weigerte sich die Fakultät hartnäckig, diesem Ersuchen stattzugeben. Sie war der Ansicht – und ich halte das für vollkommen richtig –, daß jede gebildete Frau ein Kochbuch lesen oder nach einem Schnittmuster ein Kleid anfertigen kann. Das Gehirn muß trainiert werden, dann werden unter seiner Leitung die Hände schon nachkommen. Ich war stolz auf mein College, als ich kürzlich hörte, daß diese Eingabe immer noch gemacht, aber jedes Jahr nach wie vor abgelehnt wird.

Wenn ich aus dieser Entfernung auf jene vier Collegejahre zurückschaue, sehe ich deutlich, daß auch sie durch meine zwei verschiedenen Welten geteilt waren.

Ich war in Asien aufgewachsen, wohin meine Eltern wieder zurückgekehrt waren – eine Weltgegend, an der meine Studienkameradinnen nicht das geringste Interesse und von der sie sicher nicht die leiseste Ahnung hatten. Das gab mir in ihren Augen etwas Fremdartiges und Absonderliches; ich erschien ihnen als Außenseiter.

Die Auswirkungen dieser Einstellung bekam ich bald zu fühlen. Ich erkannte, daß ich vier einsame und unglückliche Jahre verleben würde, wenn ich nicht etwas dagegen tat. Ich wollte zu meinen Landsleuten gehören, doch dazu war es nötig, wie ich bald erkannte, meine zwei Welten wieder zu trennen. Ich mußte lernen, über dieselben Dinge zu sprechen wie die jungen Amerikanerinnen, und der übliche Gesprächsstoff war: Burschen, Tanzen und die verschiedenen studentischen Vereinigungen. Ich mußte ebenso aussehen wie sie und vor allem die Tatsache verbergen, daß ich innerlich anders war.

Nach reiflicher Überlegung entschloß ich mich, in meiner Collegewelt aufzugehen, soweit ich das konnte, ihre bescheidenen Ansprüche zu erfüllen und alles herrlich zu finden. Vor allem mußte ich mir amerikanische Kleider kaufen. Ich legte die schönen chinesischen Leinen- und Seidengewänder weg, mit denen meine Mutter mich ausgestattet hatte. Sie waren mit liebevoller Sorgfalt von unserem chinesischen Schneider angefertigt worden. Er glaubte, sie getreu nach den Modellen, die meine Mutter ihm im *Delineator* gezeigt hatte, kopiert zu haben. Aber ich erkannte bald, daß der Unterschied zwischen seinen Kleidern und denen meiner amerikanischen Kolleginnen gewaltig war. Äußerlich unterschied ich mich nun nicht mehr von den anderen. Ich lernte den richtigen Jargon und die vorschriftsmäßigen Ausrufe, und am Ende meines ersten Jahres war ich äußerlich von den anderen Mädchen meines Alters und meiner Klasse nicht mehr zu unterscheiden. So trat ich endgültig in die amerikanische Welt ein.

Inzwischen verlor ich jedoch mein Herz an Amerika. Die Reinlichkeit, die es möglich machte, Wasser ungekocht zu trinken, das Fehlen der ständigen Angst, Brechdurchfall oder Cholera zu bekommen, so daß man einen Apfel vom Baum pflücken und essen konnte, ohne ihn schälen zu müssen, die überströmende Fülle von Wasser, die weiten, leeren Strecken Landes, die ausgedehnten Felder und Wiesen, die leuchtenden Farben der herbstlichen Wälder – all das gewann mein Herz.

Aber noch heute begreife ich nicht den völligen Mangel an Interesse oder auch nur an Neugier der Amerikaner gegenüber anderen Ländern und Völkern. Ich war aufs höchste erstaunt, daß die Mädchen in meiner Klasse mir niemals eine Frage über China stellten – ich hatte mir eingebildet, sie würden wissen wollen, was die Menschen dort äßen oder wie sie lebten und ob China sehr viel anders als Amerika wäre. Soweit ich mich erinnern kann, hat sich aber niemand je bei mir nach den vielen Millionen Menschen auf der anderen Seite des Erdballs erkundigt – nicht einmal ein Mitglied meiner Familie.

Viele Jahre später fuhr mein Vater zu einem letzten Besuch bei seiner Familie nach Amerika, nachdem er ein halbes Jahrhundert in China gewesen war. Als er zurückkam, war er tief verletzt, weil ihm von niemand auch nur eine einzige Frage über das Volk gestellt worden war, dem er sein Leben gewidmet hatte.

Dieses mangelnde Interesse zeigte sich nicht nur bei meinen Klassenkameradinnen, sondern auch bei deren Eltern, die ich bei gelegentlichen Besuchen kennenlernte. Aber damals war ich jung und wollte an die verderblichen Folgen, die eine solche Haltung vielleicht haben konnte, nicht denken, so sehr freute ich mich, ein amerikanisches Mädchen geworden zu sein.

In meinem zweiten Collegejahr hatte ich es schon so weit gebracht, daß ich mich wirklich für das Leben und Treiben in der Schule interessierte; nur konnte ich den Sport nie ganz ernst nehmen. Der Wettbewerbsinstinkt war entweder in mir nicht vorhanden, oder meine Kindheit in China hatte ihn nicht zur Entwicklung kommen lassen. Daher war es mir ganz gleichgültig, wer ein Spiel gewann, so daß ich auf sportlichem Gebiet wahrlich nicht glänzte.

Ich verschwendete auch nicht viel Zeit auf Fächer, die mir nicht lagen wie Latein, Mathematik und Physik und verwendete die Zeit lieber darauf, in der Bibliothek zu schmökern und Bücher zu lesen, die ich noch nicht in die Hände bekommen hatte. Ich las zu allen möglichen und unmöglichen Zeiten mit wahrer Gier und verschlang gewaltige Mengen Lesestoff, so daß ich natürlich in manchen Schulfächern nicht gut abschnitt. Auch hinderte mich mein fehlender Wettbewerbsinstinkt daran, nach besseren Noten zu streben.

In meinem dritten Collegejahr war ich genügend amerikanisch, um zur Klassenvorsitzenden gewählt zu werden, und nun mußte ich mich mit den Nöten und

Sorgen meiner Mitschülerinnen eingehend beschäftigen. Das war das beste Jahr meines Collegelebens, und es machte mir viel Spaß. Andere Ehrenämter folgten, ich weiß nicht mehr alle, aber sie trugen zu meinem Glücksgefühl bei. Ich war zu unschuldig, zu jung oder zu sorglos, um zu wissen, daß solche Ehrenämter nicht dazu beitrugen, einen beliebter zu machen. In meinem letzten Jahr kam mir eine solche Erhellung, die mir für die Zukunft nichts Gutes prophezeite. Da ich einen kleinen Zuschuß zu meiner Kasse brauchte, beteiligte ich mich an einem Preisausschreiben für die beste Erzählung und das beste Gedicht des Jahres und gewann in beiden Fällen den ersten Preis. Ich freute mich hauptsächlich über das Geld und war von dem Erfolg nicht besonders beeindruckt, da ich ähnliche Geschichten und Gedichte, die genauso gut oder schlecht waren, seit meiner frühesten Kindheit geschrieben hatte. Aber es erstaunte und verletzte mich, daß ich in den Glückwünschen meiner Mitschülerinen eine gewisse Feindseligkeit bemerkte – und eine versteckte Beschwerde darüber, daß zwei erste Preise ein und derselben Person verliehen worden waren. Bei näherer Überlegung erkannte ich, daß eine solche Klage nicht ganz unberechtigt war – aber was konnte ich dazu sagen?

Mein letztes Collegejahr war, soweit ich mich erinnere, nicht sehr angenehm, und es trug auch wenig zu meiner geistigen Weiterentwicklung bei. Ich wohnte nicht mehr im College, sondern bei meinem Bruder und wurde dort mit der Mitteilung belastet, daß er sich scheiden lassen wollte. Er bat mich, das unseren Eltern mitzuteilen, was ich auch tat. Aber sie schrieben so entsetzt und bestürzt zurück, daß er die ganze Sache auf später verschob.

Unsere Familie, sowohl die meines Vaters als auch die meiner Mutter, war in jeder Hinsicht sehr konservativ. Diese persönliche Krise eines mir nahestehenden Menschen bedeutete für mich, daß mir der Familienanschluß, den ich sonst im Hause meines Bruders hätte haben können, versagt blieb, wenn ich auf diese Weise auch meine Kenntnis der menschlichen Natur und der heiklen und schwierigen Beziehungen zwischen Eheleuten erweitern konnte.

So kam ich an das Ende meiner Collegezeit und nahm meinen Platz in der langen Reihe der Absolventinnen ein, die das Diplom erhielten. Der Aufenthalt im College war für mich nur eine kleine Episode, abseits von der Hauptströmung meines Lebens. Mein Versuch, wie andere amerikanische Mädchen zu sein, gelang nur zeitweise und hatte keinen dauernden Erfolg. Nach Absolvierung des Colleges stand ich wieder meinen zwei Welten gegenüber. Welche von beiden sollte ich wählen? Sollte ich bleiben, um nur noch Amerikanerin zu sein, oder sollte ich zurück nach China gehen?

Während der ganzen Zeit des Packens und des Abschiednehmens beschäftigte mich diese Frage. Ich hatte den Wunsch, in Amerika zu bleiben, das wußte ich. Mein Herz wählte von den beiden Ländern mein eigenes, denn ich begriff, daß ich dieses große Land noch gar nicht kannte, obwohl ich in ihm geboren war. Ich mußte zwar meinen Lebensunterhalt verdienen, aber in dieser Hinsicht fühlte ich mich vollkommen sicher. Ich konnte unter verschiedenen Stellen wählen oder auch im College selbst bei dem Professor, bei dem ich dieses Fach studiert hatte, als Assistentin für Psychologie bleiben. Schon während meines letzten Studienjahres war ich ihm bei der Durchsicht von Aufsätzen und Prüfungsarbeiten der unteren Jahrgänge behilflich gewesen. Aber mein Gewissen drängte mich, zu meinen Eltern zurückzukehren. Missionarin allerdings wollte ich nicht werden, denn ich wußte, ich würde nie predigen oder andere Menschen überreden können, ihre Religion zu wechseln.

Eines Tages kam ein Brief von meinem Vater, in dem er mir mitteilte, daß meine innig geliebte Mutter an perniziöser »Sprue« erkrankt war, einer schlimmen Tropenkrankheit, die damals kein Arzt heilen, ja nicht einmal behandeln konnte. Es war eine langsam zum Tode führende Erkrankung, welche die roten Blutkörperchen aufzehrte, bis das Opfer schließlich an Anämie starb. Ich wußte sofort, was ich zu tun hatte. Ich schrieb an das presbyterianische Konsistorium für ausländische Mission und bat darum, als Lehrerin nach China geschickt zu werden. Ich packte sogleich meine Sachen, denn ich wollte mit dem nächsten Dampfer abreisen. Allerdings wollte ich in China nur bleiben, bis meine Mutter wiederhergestellt wäre, oder, falls sie nicht wieder gesund würde, bis zum – aber dieses Ende konnte ich noch nicht ins Auge fassen.

Kaum hatte ich eine Schiffskarte bekommen, da schrieb mir das Konsistorium, daß in Europa ein Krieg auszubrechen drohe und daß alle Überseereisen zurückgestellt werden müßten, bis Klarheit darüber bestände, ob Amerika in den Krieg hineingezogen werden könnte.

Ich konnte nur an meine Eltern telegraphieren, meine Sachen wieder auspacken und abwarten. Ich nahm die Assistentenstelle im College als die am nächsten liegende Arbeit an, unter der ausdrücklichen Bedingung, daß ich sie jederzeit aufgeben und zu meiner Mutter fahren könnte. So begann ich, für die gerade aus dem ganzen Lande eintreffenden Neulinge psychologische Einführungsvorträge zu halten. Jetzt war es nicht mehr nötig, genauso zu sein wie sie. Ich war ihre Lehrerin, und da ich so jung war, war es um so besser, wenn ich den Kopf hoch trug und mich in geziemender Entfernung hielt.

Im November verschlimmerte sich der Zustand meiner Mutter. Von Unruhe und Angst getrieben, ersuchte ich das Konsistorium dringend, mich auf jeden Fall reisen zu lassen, obschon der Krieg eine immer schrecklichere Gestalt annahm. Eine Studiengenossin und nahe Freundin erklärte sich in großzügiger Weise bereit, meine Stellung zu übernehmen, und so durchfuhr ich allein weite Land- und Meeresstrecken, um zu dem Lande zurückzukehren, das ich besser kannte als jedes andere, das sich aber in den vier Jahren meiner Abwesenheit sehr verändert hatte.

Für mich begann die Wirklichkeit, als ich die große, hagere Gestalt meines Vaters und die kleine Gestalt meiner jüngeren Schwester sah, die mich in Schanghai abholten. Allein schon die Tatsache, daß meine Mutter nicht da war, gab mir einen Stich ins Herz. Ihr gesundheitlicher Zustand war nicht so, daß sie nach Schanghai kommen konnte, aber sie wollte in Tschingkiang an der Bahn sein.

Ich liebte beide Eltern, aber zu verschiedenen Zeiten und auf verschiedene Art. Während meiner Kindheit richtete sich meine ganze Liebe auf meine Mutter. Für meinen Vater hatte ich wenig übrig, das ging sogar so weit, daß ich eines Tages, als ich elf Jahre alt war, erklärte, ihn zu hassen. Meine Mutter tadelte mich scharf wegen dieser Bemerkung, aber es wurde ihr weiter keine große Wichtigkeit beigemessen, und mein Vater sagte nichts, obwohl er meine Worte gehört hatte. Ich wurde nicht als böses und undankbares Kind gebrandmarkt, und so haßte ich meinen Vater mit immer milderem Haß, bis ich alt genug war, ihn zu schätzen, das heißt, bis ich erwachsen war.

Meine Liebe zu meiner Mutter war eigenartig. Sie steckte mir zutiefst im Blut. Ich fühlte jeden Schmerz mit ihr, ich wußte, wann sie sich verletzt fühlte, und das war nur zu leicht der Fall, so daß sie gegen Ende ihres Lebens manchmal glaubte, man wolle ihr absichtlich wehtun. Ich wollte ihr das Leben so angenehm machen wie nur möglich. Dieser Wunsch war vielleicht deshalb so stark, weil ich wußte, daß sie mit zunehmenden Jahren immer größeres Heimweh nach dem Lande bekam, das sie zu früh verlassen hatte, obschon sie das nie zugab. Jetzt konnte sie nicht mehr zurück, sie konnte meinen Vater nicht verlassen und mit ihrem angegriffenen Herzen und geschwächten Körper den Ozean nicht mehr überqueren.

Wie schwach sie war, kam mir erst zum Bewußtsein, als ich sie auf dem Bahnhof in Tschingkiang wiedersah. Statt der starken, aufrechten Frau, die ihr dichtes weißes Haar wie eine Krone trug, deren schwarze Augen blitzten, deren Mund Festigkeit und Entschlossenheit zeigte, sah ich ein schmächtiges Persönchen vor mir. Sie war wie immer hübsch gekleidet, aber so winzig und zusammengeschrumpft, daß ich zu ihr hinlief und sie auf die Arme nahm.

»Mutter, wie klein du bist!« rief ich.

»Tochter, wie groß du bist!« erwiderte sie lachend.

Ihre Gebrechlichkeit ging mir zu Herzen. Sie sah, wie ich mit den Tränen kämpfte, und wies schnell auf die Gruppe meiner alten chinesischen Freunde, die gekommen waren, um mich willkommen zu heißen, ein paar amerikanische Missionare, unsere Diener und Nachbarn. Was für eine herzerfreuende Heimkehr war das! Alle wollten mich gleichzeitig umarmen, faßten meine Hände, hielten Ansprachen, überreichten mir Blumen und kleine Geschenke, chinesische Biskuits und Sesamgebäck. Es war ein herrlicher, milder Nachmittag, obwohl es bereits Ende November war. Wir standen lange beisammen, so daß ich mit jedem einzelnen sprechen konnte, und merkten gar nicht, daß die Stationsbeamten bereits ungeduldig waren, weil wir immer noch nicht gehen wollten.

Ich war wieder daheim! Den Bungalow, in dem ich aufgewachsen war, hatte man allerdings inzwischen abgerissen; an seiner Stelle erhob sich eine moderne zweistöckige Knabenschule. Meine Eltern waren auf einen anderen Hügel gezogen; man hatte für sie ein kleines, bescheidenes Missionshaus errichtet. Aber die Hügel und die Täler waren noch dieselben, und als wir über die vertrauten Feldwege gingen, legten die Bauern ihre Hacken hin und kamen auf uns zu, um mich zu begrüßen. Frauen und Kinder liefen aus den Lehmhäusern. »Gut, daß du wieder da bist!« riefen sie.

Und als wir zu dem neuen Haus kamen, war es mir zwar noch fremd, aber ich entdeckte, daß meine Mutter das schöne obere Zimmer für mich eingerichtet hatte. Von ihm aus überblickte man das große Tal und sah in der Ferne den Fluß. Das Zimmer war zwar sehr spärlich möbliert, kein Teppich bedeckte den Boden, aber auf Schreibtisch und Ankleidetisch standen Vasen mit späten Rosen, vor den Fenstern waren weiße Vorhänge, mein altes Bett war da, und meine Kindheitsbücher waren in einem kleinen Wandschrank untergebracht. Ich war wieder daheim! Ich war froh, daß ich zurückgekommen war, und sicher, daß mein Entschluß, Amerika zu verlassen, richtig gewesen war. Ich war nicht gekommen, um wieder in China zu sein, sondern um meiner Mutter das Leben zu retten.

Mein eigenes Leben zerfiel jetzt wieder in zwei Hälften. Ich mußte Unterricht in der neuen Knabenschule halten und nebenbei noch etwa zwanzig junge Chinesinnen beaufsichtigen, die in anderen Schulen zu verschiedenen Fertigkeiten angelernt wurden. Die übrige Zeit verwandte ich auf die Pflege meiner Mutter. Ich nahm ihr nicht nur den gesamten Haushalt ab, sondern auch ihre Missionsarbeit unter den Frauen. Ich war zu jung, um den Platz meiner Mutter einzunehmen, aber ich konnte die Frauen anhören und ihnen versprechen, ihnen den Rat meiner Mutter bei der nächsten Versammlung mitzuteilen. Es war eine unschätzbare Erfahrung, wie die Chinesinnen ihr Herz ausschütteten, nur weil sie meiner Mutter vertrauten, und es rührte mich tief, daß sie mich als ihre Stellvertreterin annahmen.

Inzwischen machte ich einen entschlossenen Angriff auf die Krankheit, die meine Mutter bedrohte. Ich ließ mir von den Ärzten alles sagen, was sie über diese Krankheit wußten. Außerhalb dieses häuslichen Kampfes gegen die Krankheit lebte ich ein anderes Leben. Der Unterricht interessierte mich außerordentlich, denn meine Schüler waren keine Kinder mehr. Sie hatten bereits Mittelschulbildung, waren aber reifer als Amerikaner in demselben Alter. Viele von ihnen waren bereits verheiratet, und einige hatten sogar schon Kinder. Meine Aufgabe war, sie in Englisch zu vervollkommnen. In dieser Sprache unterhielten wir uns über die ernsten Probleme, die sie interessierten. Ich lernte von ihnen weit mehr als sie von mir. Denn während meiner Abwesenheit hatten sich in China wichtige Dinge zugetragen.

Während ich friedlich im College lebte, war eine wirkliche Revolution in Gang gekommen, die von vielen Feuern genährt wurde, hauptsächlich aber von dem unerschrockenen Sun-Yatsen. Er faßte die große Idee, sein Land zu modernisieren, indem er den Chinesen predigte, den Thron zu stürzen und eine konstitutionelle Republik nach dem Muster der Vereinigten Staaten zu gründen. Er gab seinen Arztberuf auf und reiste als patriotischer Pilger durch die Welt, um in allen Teilen der Erde für seine Idee zu werben und von den Chinesen im Ausland Spenden für die Revolution zu sammeln. Inzwischen hoffte er, die ausländischen Regierungen zu überreden, diesem neuen China ihre Zustimmung zu geben.

Während dieser politisch verwirrten Zeit ging das Leben des chinesischen Volkes wie üblich weiter, ohne daß man die Gärung bemerkte. Die größte Veränderung nach außen war die Abschaffung des Zopfes. Männer und Knaben trugen jetzt das Haar nach europäischer Art geschnitten, da der Zopf ein Zeichen der Unterwerfung unter die Mandschu-Dynastie gewesen war. Es gab viele konservative und gebildete alte Chinesen, die mit Sun-Yatsen, der Revolution und dem Treiben der jungen Leute nicht einverstanden waren und die abgesetzte Dynastie zurückwünschten. Manche von ihnen waren mit meinen Eltern befreundet. Während ich mir tagsüber die Argumente der jungen Leute in meinem Unterricht anhörte, lernte ich die andere Seite durch jene älteren Chinesen kennen. Ich geriet manchmal in Schwierigkeiten, wenn ich die Fragen meiner Schüler beantworten sollte.

So jung ich damals war, und so sehr mich die sich oft

widerstreitenden Probleme der Jugend bedrängten, bemühte ich mich mit allen Kräften, die Vorgänge in meinen beiden Welten zu verstehen. Ich war in mancher Hinsicht einsam. Meine Jahre in Amerika hatten mich den chinesischen Mädchen, mit denen ich ehemals so engen Umgang gepflegt hatte, entfremdet. Sie waren alle verheiratet und hatten in ihrem Haushalt zu tun. Sie hatten nun eine gewisse Scheu vor mir, wahrscheinlich weil ich so lange fortgewesen war. Trotzdem stellten sie mir tausend Fragen. Darin unterschieden sie sich gänzlich von den Amerikanerinnen, denn sie waren neugierig auf andere Völker und machten von dieser Neugier kein Hehl. Ich beantwortete ihre Fragen so gut ich konnte. Die letzte Frage war gewöhnlich eine rein persönliche: »Wann wirst du denn heiraten?«

Ich konnte nur antworten: »Ich weiß noch nicht.«

Ich wußte in meinem Herzen und hatte es immer gewußt, daß ich eines Tages schreiben würde, aber ich fühlte mich noch immer nicht dazu fähig. Ich hatte ein Gefühl der Leere in mir. Jetzt weiß ich natürlich, daß das der normale Zustand junger Menschen ist. Ich wollte andere Teile Chinas kennenlernen – nicht um mehr Stoff für einen Roman, sondern um mehr Leben zu finden. Ich war in zu engen Kreisen gefangen und wollte aus ihnen ausbrechen, wie alle jungen Menschen die Sehnsucht haben, die Umgebung, in der sie aufgewachsen sind, zu verlassen – und das ist auch ganz richtig so. Ich wollte nicht mehr nur das Kind meiner Eltern sein, sondern unter Fremden mein eigenes Leben aufbauen.

Der Gedanke, nach Amerika zurückzukehren, kam mir nicht – aus vielen Gründen und nicht zuletzt auch, weil sich die Krankheit meiner Mutter zwar gebessert hatte, aber nicht geheilt war; insgeheim ahnte ich bereits, daß sie auch nicht mehr geheilt werden konnte. Deshalb durfte ich nur so weit weg, daß ich jederzeit wieder zu ihr zurückkehren konnte. Außerdem war ich wieder ganz in meiner chinesischen Welt eingesponnen. Es war dies jetzt eine neue Welt, die sich von Tag zu Tag veränderte. China war dazu bestimmt, wie ich schon damals sehen konnte, eines der wichtigsten Länder der Zukunft zu werden. In kulturellen Dingen war es schon immer ein Quellgebiet gewesen, eines der Ursprungsländer menschlicher Erkenntnisse – nur Indien, das freilich ganz anders war, konnte es in dieser Hinsicht mit ihm aufnehmen. Ich wollte nun frei sein, um in China nach meiner eigenen Auffassung zu leben.

Aber meine Mutter wurde wieder ernstlich krank. Der Arzt sagte, jemand müsse mit ihr in die Lu-Berge nach Kuling gehen. Es kam niemand anderer in Betracht als ich, denn mein Vater hätte seine Arbeit nicht im Stich gelassen. Ich bat meine Schule um Urlaub und fuhr mit meiner Mutter auf einem der kleinen, sauberen englischen Flußdampfer nach Kiukiang, wo wir zum Aufstieg in die Berge Sänften mieten wollten. Vorerst also war mein Weg vorgezeichnet.

Es gab noch andere Sommerkurorte in den Zentralprovinzen Chinas, aber keiner konnte sich mit Kuling vergleichen. Es war mehr als ein Kurort, es war eine

Lebensrettungsstation, besonders in meinen ersten Kindheitsjahren, als man noch nicht wußte, wie tropische Krankheiten, gegen die Weiße gar keine Widerstandskraft zu besitzen schienen, übertragen wurden. Als Kind nahm ich Kuling als selbstverständlich hin. Jeden Sommer verzichtete ich auf meine Geburtstagsfeier, damit wir frühzeitig dorthin kamen. Meine Mutter ließ meinen Vater nicht gern allein, denn er mußte sich dann, obschon er große berufliche Verpflichtungen hatte, selbst versorgen, aber dieser Kampf endete immer zugunsten der Kinder. Jeden Juni, wenn die Reispflänzchen von den Trockenbeeten in die überfluteten Felder umgesetzt wurden, wußte ich, daß die Zeit für Kuling gekommen war. Gerade zu dieser Zeit wäre ich auch gerne daheimgeblieben – denn wie schön waren gerade dann die Täler! In der Sonne glichen sie grünen Seen und nachts leuchteten sie geheimnisvoll im Mondschein. Die Frösche hatten ihre große Zeit und quakten so laut im Chor, daß man sie sogar oben auf unserem Hügel hören konnte.

Zwischen Pflanz- und Erntezeit wohnten wir also in unserem kleinen Steinhaus in den Bergen. Den ersten weißen Ansiedlern folgten bald andere, Missionare und Geschäftsleute mit ihren Familien, und im Laufe der Jahre entwickelte sich dort oben eine kleine schöne Stadt. Eine Kirche wurde gebaut, und am Rand der Siedlung eröffneten kluge Chinesen Läden. Bauern aus den Tälern brachten Körbe voll Eier und Früchte, Geflügel und Gemüse, so daß es in Hülle und Fülle zu essen gab. In der Nähe unseres Hauses sprudelte ein klarer Quell aus dem Gestein hervor, und dieses Wasser konnte man trinken, ohne es abzukochen, was uns als der größte Luxus vorkam.

Kuling bedeutete in der Tat für verschiedene Leute sehr Verschiedenes. Für meine Mutter war es vor allem ein Ort, wo ihre Kinder ungefährdet waren, und sie selbst in der reinen, gesunden Luft ihre Seele erfrischen konnte. Für mich hatte es eine Schönheit, die ich anderswo nicht fand, die Schönheit klarer Bäche, wilder Farne und blühender Lilien, ein Ort, wo ich ungefährdet weit umherschweifen und nach Herzenslust die Natur beobachten konnte. Jeden Morgen war es meine Aufgabe, den Berg hinter unserem Haus zu erklimmen und mit frischen Farnkräutern und Blumen zurückzukehren. Nie habe ich so viele Blumen wild wachsen gesehen wie dort. Der kleine Kamin in unserem Wohnzimmer war immer mit Farngewächsen verziert. Die ganz zarten Farne, die großen weißen, mit roten Tupfen wurden in Töpfe oder Vasen gesetzt. Gelbe und orangefarbene Taglilien wuchsen überall. Da sie nur einen Tag lang blühten, pflückte ich sie nur für unsere Amah, die die Knospen zu einem delikaten Gericht verkochte. Parnaßgras und Kolbenmoos waren besondere Funde. Meine Mutter liebte auch die langen, reichbelaubten Ranken der wilden Klematis, die mit unzähligen kleinen weißsternigen Blüten besetzt waren; sie schlang sie um das Kamingesims. Das einfache Haus wurde zu einer frischen Laube. Nicht um alles in der Welt hätte ich diese morgendliche Kletterei, mit der ich meiner Mutter eine solche Freude machen konnte, hergegeben. Es gab nur eine einzige Gefahr dabei – und das war eine kleine, dünne, grasgrüne Giftschlange, die sich wie ein schwankender Zweig von den Bäumen herunterhängen ließ. Ihr Biß war tödlich. Ich mußte daher meine Augen immer offenhalten, wenn ich die mit Felsblöcken übersäten schmalen Bergpfade hinauf- oder herunterstieg.

All das war in meiner Kindheit gewesen, und als ich jetzt schon Anfang Juni, ehe noch die Reisfelder überflutet waren, mit meiner Mutter nach Kuling ging, war ich ein erwachsenes Mädchen.

Selbst Kuling hatte sich verändert, wie ich schon aus den Gesprächen meiner Eltern entnommen hatte. Der Ort hatte sich sehr entwickelt, wie ich entdeckte, als ich oben ankam, und das war mir nicht sehr willkommen, obwohl der Aufstieg noch schöner gewesen war, als ich ihn in Erinnerung hatte. Wir hatten das Schiff am Tag zuvor verlassen und waren mit Rikschas zu dem Rasthaus in der Stadt gefahren. Wir breiteten unser eigenes Bettzeug über die chinesischen Matratzen, die auf zwei Holzbänken lagen, und verbrachten so die Nacht.

In aller Frühe wurden wir schon durch die Sänftenträger geweckt, die aufbrechen wollten. Nachdem wir ein von dem Koch des Rasthauses schnell bereitetes Frühstück aus Reis und Eiern eingenommen hatten, kletterten wir in unsere Sänften. Auch die Sänften hatten sich geändert: sie waren nicht mehr aus Bambus, sondern aus Holz und spanischem Rohrgeflecht. So wurden wir über die Ebene und in die Vorberge zu dem zweiten

Rasthaus getragen, vor dem andere Sänften mit berggeübten Trägern warteten, denn die Bauern aus der Ebene trugen niemand mehr in die Berge.

Jetzt begann, wie immer, der große Zauber des Aufstieges. Die ersten Anzeichen waren ein klarer, am Rasthaus vorbeirauschender Bergbach und die Steinhäuser des Dorfes. Jede Sänfte wurde von vier Trägern getragen und hing an Stangen, die den Trägern auf den Schultern lagen. Die Träger gingen in immer gleichem, rhythmischem Schritt. Bald traten an die Stelle der fächerförmigen Bambusbäume Fichten, Eichen und Zwergkastanien. Der Weg wand sich um die felsigen Klippen, unter uns sahen wir Schluchten, Bergbäche und rauschende Wasserfälle. Höher und immer höher schlängelte sich der Weg und machte oft so plötzliche Biegungen, daß unsere Sänften über Abgründen schwankten, denn die vorderen Träger waren schon voraus, während die hinteren die Biegung noch nicht umgangen hatten. Ein einziger Fehltritt und die Sänfte wäre Hunderte von Metern in das brodelnde und zischende Wasser der Schlucht gestürzt. Aber in allen jenen Jahren hörte ich nie von einem Unfall, obgleich die Träger mit erstaunlicher Schnelligkeit gingen, immer in rhythmischer Bewegung.

Kurz bevor man das Plateau erreichte, kam man um eine Ecke, hinter der, wie ich mich erinnerte, immer ein heftiger kalter Bergwind wehte. Bis dahin war die Luft allmählich kühler geworden, aber an dieser Stelle wechselte sie plötzlich, die Träger begrüßten den Wind mit lauten Rufen und einem kleinen Spurt, der die Sänften bedenklich schaukeln ließ. Es war noch genauso aufregend. Als Kind hatte ich jedesmal lachen müssen, und auch jetzt, da ich erwachsen war, spürte ich eine beschwingende Heiterkeit. Die Luft der Ebene war schwer und heiß gewesen, aber hier auf Bergeshöhen war sie frisch, kühl und rein; man atmete sie ein wie lebensspendenden Sauerstoff.

So ereichten wir, meine Mutter und ich, das kleine alte Haus. Winzig in der Tat erschien es mir nach so langer Zeit, aber die Bäume waren groß und die Farngewächse auf der Terrasse üppig geworden.

Durch unsere Rückkehr nach Kuling entfernte ich mich indessen wieder vom Leben. Vom Ersten Weltkrieg, der damals wütete, erfuhr ich nur aus einer englischen Zeitung, die wir wöchentlich einmal aus Schanghai erhielten. Sie brachte nur selten Berichte über den Einsatz amerikanischer Truppen. Wir blieben den ganzen Sommer in Kuling. Unsere alten Freunde und viele neue bezogen ebenfalls wieder ihre Sommerhäuser. Meine Schwester kam von der amerikanischen Schule in Schanghai zu uns, und so führten wir wieder unser Leben wie früher – nur, daß ich kein Kind mehr war.

Ein englischer Arzt, der meine Mutter behandelte, verordnete ihr wiederum eine andere Diät. Sie erholte sich nur langsam. Als mein Vater seinen kurzen Urlaub bei uns beendet hatte und meine Schwester wieder nach Schanghai ging, blieben meine Mutter und ich, bis der Frost die Blätter rot färbte, die Schalen der Zwergkastanien barsten und die süßen Kerne auf den Boden fielen. Es blieben mit uns nur wenige Weiße. Wir mußten tiefer ins Tal ziehen, wo der Arzt meine Mutter leichter besuchen konnte und Lebensmittel und Kohlen leichter heranzuschaffen waren. Wir siedelten in das Haus einer schwedischen Freundin über, in ein weiß- und rosagestrichenes Landhaus, und dort verlebte ich den einsamsten Winter meines Lebens. Ich rang mit der Entscheidung, was nun aus mir werden sollte. Die Schwierigkeit lag in der Vielfalt meiner Interessen, die freilich alle auf eine literarische Tätigkeit zustrebten. Doch dafür war die Zeit noch nicht gekommen.

Im Laufe des Winters besserte sich das Befinden meiner Mutter. Die Schule drängte auf meine Rückkehr. Mit Erlaubnis des Arztes und auf Betreiben meiner Mutter selbst ließ ich sie daher in der Obhut einiger guter Freunde und in der Pflege unserer Diener, und stieg an einem kalten Februartag allein ins Tal.

Es war sonderbar und ein bißchen aufregend, jetzt ganz meine eigene Herrin zu sein. In dem Missionshaus wohnte nur noch mein Vater. Meine Zeit war geteilt zwischen Hausarbeit, Unterricht und dem Studium der chinesischen Literatur. Nur hin und wieder konnte ich ein paar Gäste einladen. Trotz meiner großen Liebe zu meiner Mutter genoß ich meine Unabhängigkeit – aber ich wußte genau, daß dies nicht alles von Dauer war, weder in bezug auf den Ort noch auf die Zeit. Etwas anderes stand mir bevor; aber ich wußte nicht was. Während ich wartete, tat ich meine Arbeit.

Es war damals wundervoll, in China zu leben, und ich war gerade in dem richtigen Alter. Jung, interessiert an allem, was vor sich ging, Chinesisch ebenso gut wie Englisch beherrschend, umgeben von Bekannten, die nicht nur aus dem christlichen Missionskreis stammten, fand ich mich durch viele Ereignisse angeregt und aufgerührt.

Auch die Missionsschulen leisteten einen starken Beitrag zu der Revolution. Die Missionare liebten die Auffassung nicht, daß sie dazu beitrügen, China ins Chaos zu stürzen – aber sie taten das trotzdem. Das lag nicht daran, daß sie darauf hielten, Mädchen mit ungebundenen Füßen in ihrer Schule zu haben, auch nicht daran, daß sie westliche Fächer wie Physik und Mathematik anstelle der klassischen künstlerischen und literarischen Themen der chinesischen Schulen lehrten. Nein, ausschlaggebend war die Tatsache, daß sie die revolutionären und welterschütternden Grundsätze Christi verbreiteten. Es ist erstaunlich, daß keiner von ihnen, wenigstens damals, erkannte, wie revolutionär diese Grundsätze waren.

Inzwischen versuchten junge Chinesen, von denen viele die Männer meiner Freundinnen oder sogar meine Schüler waren, das neue China zu schaffen. Unglücklicherweise erkannten sie nicht, daß sie auf eine in ihrem eigenen Volk vorhandene Grundlage hätten aufbauen müssen, und übertrugen westliche Ideen auf China.

Es war eine phantastische Zeit. Wenn man die Zeitungen las, wurde man an einen Artisten erinnert, der versucht, zwölf Bälle gleichzeitig in der Luft zu halten.

Hier war die nach westlichem Muster erzogene Jugend, die Parlamente, Rechtsordnung und mechanistische Theorien gegen die alte idealistische Philosophie verfocht, dort waren die rohen, unternehmungslustigen, gänzlich selbstsüchtigen »Kriegslords«, von denen jeder seinen eigenen kleinen Staat aufbaute.

Und da war schließlich der verzweifelte Sun-Yatsen, der ohne Geld und Armee tapfer für seine Ideale kämpfte, und dann wieder der alte Juanschikai, der die Monarchie wiederherstellen wollte.

Die Lage wurde etwas klarer, als Juanschikai begriff, daß das Volk ihn nicht haben wollte und daß er seine Ziele zurückstecken oder abtreten und seinen Irrtum eingestehen mußte. Diese Schande überlebte er nicht lange. Als er 1916 starb, fiel allen ein Stein vom Herzen.

Die interessanteste Seite der Revolution war für mich jedoch die literarische. Während das Land sich bemühte, eine der modernen Zeit entsprechende politische Form zu finden, ging eine tiefe Veränderung in der chinesischen Literatur vor sich.

Bevor ich diese Seite der Revolution beschreibe, muß ich, so gut ich kann, erklären, welche Stellung das Buch seit der Zeit des Konfuzius, fünfhundert Jahre vor Christus, in China eingenommen hat. Wenn es je eine Aristokratie in China gegeben hat, war es keine, die sich auf Geburt oder Reichtum gründete, sondern allein eine Aristokratie der Gelehrten. Die kaiserlichen

Prüfungen standen jedem offen, und erfolgreiche Kandidaten konnten sehr wohl die Söhne von Bauern sein. Das war sogar recht oft der Fall, denn wenn ein Dorf entdeckte, daß es einen hochbegabten Jungen unter seinen Einwohnern hatte, half es zusammen und sorgte für seine Ausbildung, in der Hoffnung, er würde später, wenn er die Prüfungen bestanden hatte, seinem Dorf Ehre machen und vielleicht sogar das in ihn investierte Kapital zurückzahlen. Automatisch trat der junge Mann dann in die Elite der Intellektuellen ein und enthielt sich von nun an jeder körperlichen Arbeit. Ob er reich war oder arm – er war ein Gelehrter und lebte wie ein Gelehrter. Auch wenn er keinerlei Ruhm erwarb, verlor er doch nie seine Stellung und konnte sich immer noch seinen Lebensunterhalt durch Eröffnung einer Dorfschule verdienen. Ob er nun aber kaiserlicher Rat oder Dorfschulmeister wurde – als Gelehrter genoß er immer die gleiche Achtung.

Dieser Respekt der Nation vor dem Wissen machte den Unterricht junger Chinesen zu einem reinen Vergnügen, denn anstatt sich mißmutig im Schulzimmer herumzuflegeln oder in kindischer Weise nichts außer Sport im Kopf zu haben, lernten meine Schüler mit dem lebhaftesten Eifer alles, was sie nur lernen konnten, denn die geistige Leistung war in der chinesischen Gesellschaft der Schlüssel zum Erfolg. Die intellektuelle Ausbildung fand immer auch praktischen Lohn.

So lange die Mandschus regierten und besonders so lange die Einrichtung der kaiserlichen Prüfungen bestand, behielten die alten Gelehrten der klassischen Schule, die keine westlichen Diplome anerkannten, ihren Einfluß. Mit dem Zusammenbruch des Thrones und dem Wegfall der Prüfungen war jedoch dieser Schicht der Boden entzogen. Mit ihrer Stellung verlor sie auch ihren Einfluß, und so kamen die im Westen ausgebildeten Studenten mit der politischen Revolution, die sie selbst geschaffen hatten, zur Macht. Charakteristisch für diese jungen Intellektuellen war nun aber, daß sie sich zuerst einmal, statt die praktischen Probleme des Landes anzupacken und sich um Politik und Wirtschaft zu kümmern, mit Leidenschaft in eine literarische Revolution stürzten. Mindestens fünfundachtzig Prozent des chinesischen Volkes konnte nicht lesen.

Am interessantesten war für mich die Tatsache, daß diese modernen Intellektuellen zum erstenmal den chinesischen Roman als echte Literatur ansahen – statt ihn, wie bisher, dem unwissenden Volk und den fahrenden Komödianten zu überlassen. Die meisten Romane liefen unter Pseudonymen, denn, weil sie in der Volkssprache geschrieben waren, gaben die Verfasser nicht gern ihren richtigen Namen preis, besonders dann nicht, wenn sie Gelehrte waren.

Nun veröffentlichte Hu Schi einen anregenden Aufsatz über den chinesischen Roman, ein Thema, das bisher noch nie von einem Gelehrten behandelt worden war – hatte doch selbst ich unter dem Einfluß Herrn Kungs nicht gewagt, mir einzugestehen, wie gern ich Erzählungen und Romane las.

Jetzt sah ich, daß Herr Kung wirklich tot war – denn alle jungen Leute meines Alters begannen nicht nur Romane zu lesen und das ganz in Ordnung zu finden, sondern sie schrieben auch selbst Romane, nicht mehr in dem alten, klassisch-allegorischen Stil, sondern in einer Form, die bemüht war, das Kind beim rechten Namen zu nennen und ihren Gedanken und Gefühlen ohne falsche Scham unmittelbaren Ausdruck zu geben.

Wohl alle, die etwas auszudrücken hatten, wurden dadurch von einem großen Druck befreit. Man brauchte nicht mehr in einer festgelegten, traditionellen Stilmanier zu schreiben. Jahrhundertelang zurückgehaltene Energien wurden frei. Das neue intellektuelle Leben strömte eine solche Kraft und einen solchen Einfluß aus, daß es nicht etwa nur die fünf Prozent der Lese- und Schreibkundigen erfaßte, sondern den Geist des neuen China weit ins Volk hineintrug.

Es war eine wundervolle Zeit, die in dem reinen Glanz eines neuen Anfangs strahlte. Die jungen Chinesen vergaßen eine Zeitlang alle Gegensätze und ihre Vorurteile und durchforschten die Welt nach neuen Ideen, nach neuer Form und neuer geistiger Gemeinsamkeit. So lebensvoll waren sie, daß sie auch mich mit ihrer Begeisterung ansteckten und daß mein Glaube an China wiedergeboren wurde. Es kam mir so vor, daß China bald allen anderen Nationen weit voraus sein müsse, wenn es in diesem Tempo weitermarschierte. Im Vergleich zu dieser um Ausdruck ringenden, brodelnden Welt und zu den lebhaften, gescheiten, an allen geistigen

Fragen interessierten jungen Chinesen und Chinesinnen, mit denen ich umging, erschienen mir meine amerikanischen Mitschülerinnen, wie ich sie auf dem College kennengelernt hatte, wahrhaft kindisch.

Von diesem neuen, faszinierenden Leben wurde ich plötzlich durch meine Verheiratung mit einem jungen Amerikaner entfernt. Im Leben eines jeden Mannes und jeder Frau kommt einmal die Zeit der Eheschließung, und wir entschlossen uns füreinander, ohne zu bedenken, wie begrenzt die Auswahl war – besonders für mich, die ich fern von meinem eigenen Land und Volk aufgewachsen war. Die persönliche Seite dieser Ehe, die recht und schlecht siebzehn Jahre währte, will ich hier nicht streifen, aber ich erinnere mich so deutlich, als wäre es gestern gewesen, an die Welt, in die sie mich versetzte. Diese Welt war von der Umgebung, die ich verließ, so weit entfernt, als lägen Jahrhunderte dazwischen. Es war die Welt des chinesischen Bauern.

Forest Haunt, Vermont

Die Landschaft, die heute morgen vor meinem großen Fenster liegt, ist eine Waldlichtung. Über die Fichten und Ahornbäume an ihrem Rand ragen grüne, rundliche Berggipfel auf. Unser einfaches Haus ist das Ergebnis eines Planes, und dieser Plan entsprang einem Unmut über Verhältnisse, gegen die ich mich auflehnte. Meine amerikanischen Kinder wuchsen auf, ohne daß sie lernten, ihre Hände zu gebrauchen. Auf unserer Farm fuhren die Jungen Traktoren und melkten die Kühe mit einem Melkapparat. Sie saßen auf einer kombinierten Dreschmaschine, ernteten das Getreide und nannten das Landwirtschaft. Ja, es war *amerikanische* Landwirtschaft – aber die gefiel mir nicht. Die Kinder hatten keine wirkliche Berührung mit der Erde. Nach meinem Gefühl ist das aber nötig. Wenn das Leben Festigkeit haben soll, müssen die Hände mit Steinen, Erde und Holz in Berührung kommen. Ich habe mein Leben an vielen Orten verbracht, aber es hat ihm nie an Festigkeit und Beständigkeit gefehlt, weil ich überall Gärten geschaffen, gepflanzt und geerntet und so mit dem unveränderlichen Rhythmus der Jahreszeiten gelebt habe.

Wir gingen im Frühling nach Vermont, um uns die Herstellung von Ahornzucker anzusehen und dabei zu helfen. Dort nahm mein Unmut die Gestalt eines Planes an. Das Waldland in den Bergen war billig, es kostete etwas mehr als zwei Dollar der Morgen. Wir kauften ein paar Morgen, die ziemlich hoch und entfernt von der Straße lagen. Auf einer Lichtung, wo vor hundert Jahren einmal ein Bauernhaus gestanden hatte, begannen im nächsten Sommer die Jungen unter Leitung eines erfahrenen Vermonter Baumeisters mit dem Bau eines Hauses.

Langsam, sehr langsam lernten so meine Jungen ein Haus bauen, doch schließlich wurde es fertig, und jetzt sind wir hier in unserem Bergheim. Wasser muß von unten aus dem Bach geholt werden, Petroleumlampen sind zu reinigen und aufzufüllen, und ein Telefon wird es nie geben. Ich koche unsere Mahlzeiten auf einem natürlichen Herd, was für mich das ideale Kochen ist. Das Waldvolk haben wir zu Nachbarn, Eichhörnchen, Rehe und manchmal sogar Bären. Vor Bruder Stachelschwein müssen wir immer auf der Hut sein, denn er frißt sich durch alles durch; ganz besonders liebt er Gummireifen.

Abgesehen von den Menschen erinnere ich mich an Landschaften. Wenn ich auch in diesem Augenblick die grünen Wälder Vermonts vor mir sehe, so sehe ich doch ebenso klar in der Erinnerung die nordchinesische Stadt, in die ich nach meiner Verheiratung gezogen bin.

Mein erstes eigenes Heim war ein vierzimmeriges

kleines chinesisches Haus aus grauem Backstein mit schwarzen Dachziegeln. Es lag in der umwallten Stadt Nansütschau in der Provinz Anhwei, viele Meilen nördlich der Provinz Kiangsu, in der ich aufgewachsen war. Es war ein vollständiger Szenenwechsel. Ich hatte noch nie in Nordchina gewohnt; sogar die Landschaft war mir fremd. Statt unserer grünen Täler und der lieblichen blauschimmernden Berge, die das weite Jangtsetal einschlossen, sah ich von meinem Fenster auf den hohen Wall der Stadtmauer. Dieser Wall war viereckig, hatte an jeder Ecke einen Backsteinturm und war von einem tiefen Festungsgraben umgeben. Die großen, mit Eisen verstärkten Holztore wurden für die Nacht geschlossen, um Banditen und streunenden Soldaten den Zutritt zu verwehren. Außerhalb der Stadtmauern und des Grabens lag das Land so flach da wie eine Wüste, deren Weite nur durch kleine Erhöhungen unterbrochen wurde. Sie sahen aus wie Lehmhaufen, waren in Wirklichkeit aber Dörfer, deren Häuser aus der sandigbraunen Erde der Gegend erbaut waren – und sogar die Einwohner hatten diese Farbe, denn der feine Sand wurde ihnen durch den unaufhörlichen Wind ins Haar und auf die Haut getrieben. Die Landschaft erschien mir zuerst häßlich, und es kam mir sinnlos vor, einen Spaziergang zu machen, denn man konnte kilometerweit gehen und alles sah noch immer gleich aus.

Aber bald entdeckte ich, daß es mir viel Spaß machte, den Haushalt zu führen, den Garten in Ordnung zu halten, die einfachen Möbel in den vier Zimmern aufzustellen, Vorhänge aus gelber chinesischer Seide vor den Fenstern anzubringen, einige Bilder zu malen, die man an die Wände hängen konnte, Bücherregale zu entwerfen und Blumen zu züchten. Ich freute mich, in einem kleinen chinesischen Haus mit einem schwarzen Ziegeldach zu wohnen statt in einem Missionshaus in ausländischem Stil. Es waren keine Treppen darin; der Garten war ein Teil des Hauses. Das Klima war zu trocken, so daß ich nicht viele Blumen haben konnte wie im Süden, aber im Herbst gab es schöne Chrysanthemen und im Mai und Juni die goldenen Schantung-Rosen.

Im Frühling erhielt die ganze Landschaft plötzlich eine eigenartige Schönheit. Die kahlen Weidenbäume um das Dorf trieben zarte grüne Blätter, die Weizenfelder wurden grün, die Obstbäume blühten rosa und weiß – am schönsten von allem aber waren die Luftspiegelungen. Ich hatte noch nie in einer Gegend gelebt, in der Luftspiegelungen eine häufige Erscheinung sind. Wenn die Erde noch kalt, die Luft aber schon warm, trocken und hell war, sah ich überall zwischen mir und dem Horizont Spiegelbilder von Seen, Bäumen und Bergen. Ich war in einem Feenland und ging wie im Traum umher. Ich sehe auch noch den Zauber des Mondlichts auf der Stadtmauer und dem stillen Wasser des Grabens.

In dieser kleinen nördlichen Stadt fühlte ich zum erstenmal die seltsame Schönheit chinesischer Straßen bei Nacht. Die staubigen Straßen waren breit und ungepflastert wie in allen Städten Nordchinas, an beiden Seiten standen niedrige, einstöckige Gebäude aus Backstein oder Lehm, kleine Läden und Werkstätten, Schmieden, Klempnereien und Bäckereien, Garküchen, Läden mit Kurzwaren und Süßigkeiten. Dort spielte sich das Leben eines Volkes ab, das geographisch und daher auch geistig und seelisch an ein altes, abgelegenes Gebiet gebunden war. Ich ging durch die dunklen Gassen und blickte in die offenen Türen, wo Familien bei der Abendmahlzeit saßen. Auf den Tischen standen dicke Kerzen oder mit Bohnenöl gefüllte Lampen. Noch nie seit meiner Kindheit hatte ich mich dem chinesischen Volk so nahe gefühlt.

Ich führte ein einsames Leben, denn die Befürchtungen meiner Eltern erwiesen sich als richtig. Mein inneres Leben mußte ich allein leben. Es wohnten nur noch zwei Weiße in der Stadt, ein älteres Missionarsehepaar, mit dem ein näherer Verkehr nicht möglich war, schon deshalb, weil beide kränklich und oft sehr lange zur Erholung fort waren. Kurze Zeit hatten wir einmal einen amerikanischen Arzt und seine junge Frau zu Nachbarn; aber diese arme Seele haßte die Chinesen und ging nie aus dem Hause.

Ganz einsam war ich doch nicht. Die Chinesen waren auf eine mir neue Art liebenswürdig zu mir. Sie sprachen glücklicherweise noch Mandarin, und ich brauchte nur meine Aussprache und meinen Ton etwas zu ändern, um zu verstehen und um vollkommen verstanden zu werden. Bald hatte ich viele Bekannte. Wie gewöhnlich waren die Leute entgegenkommend und ungemein neugierig. Da mein kleines Haus leicht zugänglich war, ging ununterbrochen Besuch ein und aus. Ich wurde zu Geburtstagen, Hochzeiten und Familienfestlichkeiten eingeladen. Ich sträubte mich nicht und war bald mit dem Leben meiner Bekannten verflochten. Ich spielte mit ihren Kindern und unterhielt mich mit jungen Frauen meines Alters. Sie erzählten mir von den Schwierigkeiten, die sie mit Schwiegermüttern und anderen Verwandten hatten, so daß ich wieder alle Strömungen des menschlichen Lebens mitfühlte.

Ich beschäftigte mich im Haus und Garten, hielt Bienen wegen des Honigs, experimentierte mit Marmeladen und Gelees, die ich aus den in unserer Gegend häufigen Datteln und den dunkelroten Früchten zubereitete, die eine Kreuzung zwischen Damaszenerpflaumen und wildem Apfel sind. Ich besuchte meine Nachbarn ebenso fleißig wie sie zu mir kamen, und wieder fühlte ich die tiefe Befriedigung, die ein echter freundschaftlicher Verkehr gibt. Mehr als einmal überkam mich das Verlangen, zu schreiben, aber ich unterdrückte es immer wieder. Ich wollte warten, bis ich geistig und seelisch reifer war.

Das Sonderbarste von allem war, daß die heftigen Wellen, die das intellektuelle und politische Leben Chinas warfen, sich in unserer Gegend kaum bemerkbar machten. Wir lebten so ruhig und friedlich dahin, als ob es gar keine Revolution gäbe. Ohne Ausnahme konnte keiner meiner Bekannten lesen und schreiben, und sie fühlten auch kein Bedürfnis dazu. Aber in der Lebenskunst waren sie so erfahren, daß ich ihnen immer gern zuhörte.

Ein altes Volk gibt seine Weisheit von Generation zu Generation weiter, und wenn Familien, Jung und Alt, zusammenleben, versteht jeder den anderen.

Besonders gefiel mir der Humor meiner chinesischen Freunde und ihre willige Offenheit. Sie machten das Leben oft zu einer Komödie, denn niemand wußte, was der Tag bringen würde.

Eines Morgens, zum Beispiel, entdeckten wir, daß bei dem christlichen Lehrer ein Einbruch verübt und die Schulkasse gestohlen worden war.

»Sind Sie nicht aufgestanden?« wollte unser ältester Missionar wissen.

Auf dem feisten, ruhigen Gesicht des Lehrers breitete sich Erstaunen aus.

»Was – ich?« entgegnete er. »Warum denn? Ich bin ein Gelehrter und brauche daher nicht den Mut eines Riesen zu haben. Ich habe meiner Frau gesagt, sie solle aufstehen. Aber bis sie sich vollständig angezogen hatte, waren die Einbrecher fort.«

Wenn meine Gedanken zu den Jahren in dieser kleinen nördlichen Stadt zurückkehren, sehe ich die Menschen nicht als Masse, sondern als geliebte Einzelwesen.

Frau Tschang bleibt mir als eine der größten Frauen, die ich je kennengelernt habe, in Erinnerung. Sie wohnte am Ende unserer Straße als Oberhaupt einer großen Familie, eine große, mächtige Gestalt. Zu einem weiten Rock trug sie eine bis auf die Knie reichende Jacke und sah mit ihrem Haar, das von dem runden Gesicht straff zurückgekämmt war, so altmodisch aus wie ein verblichenes Familienbild. Sie war Christin, jedenfalls gehörte sie einer Kirche an und zwar als eifriges Mitglied, aber selbst unser ältester Missionar sah das nicht als schlüssigen Beweis für ihre völlige Bekehrung an. Sie war vorher eine ebenso eifrige Buddhistin gewesen und hielt auch noch am Buddhismus fest. Sie war, wie sie mir einmal erzählte, zur christlichen Kirche übergetreten, um den wenigen Ausländern in unserer Stadt einen Gefallen zu tun. Sie hatte bemerkt, daß sie allein lebten, und wollte sie ermutigen, weil sie nach ihrer Meinung Gutes taten.

Frau Tschang war eine heitere, gutherzige Person. Jedes gute Werk konnte auf ihre Unterstützung rechnen. Wenn etwas Neues begonnen wurde, war die allgemeine Frage: »Billigt Frau Tschang es?« War das der Fall, so war der Erfolg sicher. Zwischen ihr und anderen Menschen gab es keine Schranken. Manchmal, wenn mir das Herz aus Gründen, die ich nicht enthüllen konnte, wehtat, brauchte ich nur den Kopf auf ihre breite, weiche Schulter zu legen, um mich wohler zu fühlen. Nie fragte sie, was mir fehle, aber bei ihrer Weisheit wußte sie es, das fühlte ich.

Meine Nachbarin zur Linken, Frau Wu, war ganz anders. Sie war eine schlanke, schöne Frau, schon in reiferen Jahren, aber immer noch schön. Sie lenkte ihren großen Haushalt mit absoluter Autorität. Die Leute erzählten von ihr, sie habe ihre älteste Schwiegertochter zum Selbstmord getrieben und zwar aus reiner Eifersucht, weil ihr ältester Sohn, ihr Liebling, nach der

Heirat seine Frau liebgewonnen hatte. Das brachte sie in Wut, denn sie hatte ihn absichtlich mit einem nicht gerade hübschen Mädchen verheiratet, damit ihr Einfluß auf ihn ungeschwächt fortdauere. Sie hatte die junge Frau so zur Verzweiflung gebracht, daß das arme Geschöpf sich eines Tages, als ihr Mann nicht da war, an einem Dachbalken erhängte. Der junge Sohn hatte daraufhin nur noch in seltenen Fällen, wenn es gar nicht anders ging, mit seiner Mutter gesprochen. Wenn sie darunter litt, so ließ sich Frau Wu das jedenfalls nicht anmerken. Sie trug die Nase hoch wie immer und suchte eine andere Frau für ihren Sohn.

Mit mir war sie sehr freundlich; ich lernte von ihr viel über das Leben und die Sitten alter Familien. Sie war immer vornehm gekleidet, trug handgewebte Satin- und Seidenkleider und hatte eine große Zahl verschiedenartiger Pelze. Ein Mantel war sogar mit kostbarem russischem Zobel gefüttert. Dieser hatte schon ihrer Großmutter gehört. Sie hielt mir nicht nur Vorträge über die gesellschaftlichen Gepflogenheiten der Stadt, sondern auch über chinesische Poesie. Auch sie konnte nicht lesen, aber da sie als einzige Tochter ein frühreifes Kind war, hatte ihr Vater sie chinesische Gedichte gelehrt.

Wir hatten viele Bettler in unserer Stadt, zum größten Teil Berufsbettler. Sie lebten nicht so sehr von Mildtätigkeit als von den Buddhisten, die um ihres Seelenheils willen gute Werke taten. Mich ärgerte besonders die große Anzahl junger Leute unter diesen Bettlern. Als ich eines Tages in einer kleinen Seitenstraße eine Bekannte besuchen wollte, trat ein besonders unverschämter Bursche von etwa siebzehn Jahren auf mich zu und verlangte ein Almosen. Ich blieb stehen und musterte ihn.

»Warum bettelst du?« fragte ich ihn.

Diese Frage verdutzte ihn, er senkte den Kopf und murmelte, er habe nichts zu essen.

»Warum arbeitest du nicht?« fragte ich weiter.

»Wer würde mir Arbeit geben?« erwiderte er.

»Ich!« sagte ich bestimmt. »Komm mit in unseren Garten, dort kannst du das Unkraut jäten.«

Es machte mir Spaß, sein langes Gesicht zu beobachten, als er sah, daß ich Ernst machte. Nur zögernd nahm er die Hacke in die Hand.

»Wann bekomme ich meinen Lohn?« erkundigte er sich.

»Arbeite bis Mittag, dann werde ich dir so viel Geld geben, daß du dir zwei Schüsseln Nudeln kaufen kannst. Wenn du bis zum Abend arbeitest, werde ich dir einen ganzen Tageslohn geben. Wenn du morgen noch arbeitest, bekommst du ebenfalls am Abend deinen Lohn.«

Als ich nachmittags wiederkam, sah ich, daß er sich wahrhaftig nicht überanstrengt hatte. Trotzdem gab ich ihm das Geld für seine Nudeln und sagte ihm, er solle nach dem Essen wiederkommen.

Wer nicht kam, war er. Ich sah ihn erst ein halbes Jahr später zufällig in einem anderen Stadtteil wieder, wohin ich selten kam. Er streckte die Hand nach einem

Almosen aus, aber als er sah, wer ich war, erschrak er, machte kehrt und lief davon. Seitdem bekam ich ihn nie mehr zu Gesicht.

In jenen Jahren kam ich weit und breit im Lande herum. Damals war die Sänfte das einzige Reisemittel für eine Frau. Mein Mann studierte nicht gern chinesisch und war froh, wenn er seinen Büchern entrinnen konnte. Diese Gelegenheit benutzte ich, mir das Land anzusehen. Er saß auf einem Fahrrad, und ich in einer Sänfte. Ein Vorhang von dichtem blauem Baumwolltuch schloß mich von der Außenwelt ab. Auf der Landstraße zog ich den Vorhang zurück, aber wenn wir in die Nähe von Städten und Dörfern kamen, mußte ich ihn wieder schließen, um der Neugier der vielen Leute zu entgehen, die noch nie eine weiße Frau gesehen hatten. Ich rechnete aber gewöhnlich nicht mit denjenigen, die uns zu Fuß oder auf einem Esel überholt hatten und vor uns in der Stadt oder in dem Dorf ankamen. Dort erhoben sie dann ein lautes Geschrei, daß man bald etwas ganz Außergewöhnliches zu sehen bekommen werde, und wenn wir das Tor einer ummauerten Stadt erreichten, stand dort schon eine große Menschenmenge, von der einige immer so neugierig waren, daß sie den Vorhang einfach beiseite zogen. Zuerst machte ich, wie es die Chinesinnen taten, den Vorhang fest, aber schließlich ließ ich sie, da sie keine unfreundliche Haltung zeigten, ruhig gaffen. Dicht geschart folgten sie mir dann zum Gasthof, und dort mußte der Wirt schon sehr energisch sein, wenn er sie vertreiben wollte.

»Was gibt's denn da zu gaffen?« brüllte er sie manchmal an. »Habt ihr noch nie einen Mann und eine Frau mit Augen, Armen und Beinen gesehen? Sind nicht alle Menschen unter dem Himmel um die vier Meere eine einzige Familie?«

Er meinte das aber nicht im vollen Ernst, denn in Wirklichkeit war er ebenso neugierig wie sie, und schon bald waren sie alle wieder da. Wenn ich auf mein Zimmer ging und die Holztüre schloß, legten sie sich auf den Flur, denn die Türe reichte nur bis etwa eine Handbreit über den Boden, und besichtigten mich von unten nach oben. Wenn die Fenster Papierscheiben hatten, machten sie ihre Finger feucht, schmolzen Löcher in das feuchte Reispapier und lugten mit einem Auge hindurch, um mich zu sehen.

Auf diesen Fahrten lernte ich aber auch einige vornehme Familien kennen, die in diesem entlegenen ummauerten Städtchen viele Jahrhunderte lang in demselben Haus gewohnt hatten. An eines dieser Häuser erinnere ich mich besonders; es lag in einer schönen, alten Stadt und war von der modernen Zeit gänzlich unberührt. Die Familie trug den Namen Li. Mit der Frau des jüngsten Sohnes, die etwa in meinem Alter stand, freundete ich mich an.

Ich merkte, daß sie schrecklich gerne mit mir gesprochen hätte, aber in Gegenwart ihrer Schwiegermutter und ihrer älteren Schwägerinnen wagte sie nicht den Mund aufzutun und sah mich nur immer mit ihrem feinen, lieben Gesicht lächelnd an. Eines Tages kam sie auf mein Zimmer und lud mich zu sich ein. Wir gingen durch viele enge Gäßchen und Flure, denn offenbar wollte sie nicht, daß die anderen von diesem Besuch erfuhren. Schließlich erreichten wir den kleinen Hof und das Zimmer, in dem sie und ihr Mann wohnten. Es war niemand außer uns da. Sie nahm mich bei der Hand, führte mich in ihr Schlafzimmer und verriegelte die Tür. Solche altmodischen chinesischen Schlafzimmer hatte ich schon oft gesehen. Das riesige Bett mit bestickten roten Satinvorhängen nahm die ganze Breite einer Wand ein. An den anderen Wänden standen Tische und Stühle und die üblichen, mit großen Messingschlössern abgesperrten Schränke, die rot lackiert und aus Schweinsleder waren.

»Setzen wir uns aufs Bett«, schlug sie vor, »dann können wir in Ruhe sprechen.«

Das Bett war so hoch, daß man auf eine Fußbank steigen mußte, um hinaufzukommen. Sie glättete die rote Satinmatratze, und ich setzte mich neben sie. Sofort nahm sie liebevoll meine rechte Hand zwischen ihre beiden Handflächen und begann in großem Ernst mit ihren Fragen.

»Sagen Sie«, fragte sie mit ernsthafter Miene, »ist es wirklich wahr, daß Ihr Mann in Gegenwart anderer mit Ihnen spricht?«

»Ja, natürlich«, sagte ich.

»Ist das nicht ein Verstoß gegen die gute Sitte?« wollte sie wissen.

»Bei uns nicht«, versicherte ich ihr.

»Ach«, seufzte sie neiderfüllt, »ich wage mit meinem

Mann nur hier abends zu sprechen. Wenn ich in der Familie bin und er hereinkommt, muß ich hinausgehen, da ich sonst gegen die gute Sitte verstoße. Was meinen Sie, wie lange ich schon verheiratet bin?«

»Nicht lange«, sagte ich lächelnd. »Sie sehen noch so jung aus.«

»Zwei Jahre«, sagte sie und streckte zwei schlanke Finger empor. »Zwei Jahre bin ich schon hier und habe noch kein einziges Mal mit meinem Schwiegervater gesprochen. Ich verbeuge mich, wenn ich ihn sehe, und dann muß ich das Zimmer verlassen. Er beachtet mich nicht.«

»Ich habe meine Schwiegereltern noch nie gesehen. Sie sind drüben in Amerika.«

Wir sprachen noch lange über die Verschiedenheiten zwischen unseren Völkern. Sie hatte einen sehr aufgeweckten Geist. Ohne die geringste Hilfe hatte sie viel nachgedacht. Offenbar betete sie ihren Mann an, es machte ihr nur Kummer, daß sie so wenig zusammen sein konnten, denn wenn er abends aus dem Geschäft nach Hause kam, zwang ihn die Sitte, noch ganze Stunden bei seinen Eltern zu verbringen, so daß er immer sehr spät ins Bett kam, und sie scheute sich dann, noch lange Gespräche mit ihm zu führen. Und doch war niemand da, mit dem sie sich sonst unterhalten konnte außer der Dienerschaft, die noch weniger wußte als sie, denn die Sitte verbot ihr, mit den älteren Frauen zu sprechen, wenn sie von diesen nicht dazu aufgefordert wurde.

Solch strenge häusliche Sitten gab es natürlich nur in den ältesten, reichsten und konservativsten Familien ...

So ruhig wir bis jetzt in unserer kleinen Stadt im Norden gelebt hatten, schließlich wurden wir doch in die nationalen Wirren hineingezogen.

Die »Kriegslords« hatten jetzt das Land in ihren rohen Händen, und auch in unserer Gegend kämpften sie gegeneinander. Diese Scharmützel wurden aber nie »Krieg« genannt, sondern immer »Bekämpfung der Banditen«. Denn jeder General erhob den Anspruch, der wirkliche Herrscher zu sein – und der andere war immer der »Räuberhauptmann«. Mindestens einige Male im Jahr gab es eine kurze, aber beunruhigende Schießerei vor unserer Stadt. Wir lernten bald, von den Fenstern wegzugehen und uns in die Ecken zu stellen, wenn die Kugeln über die Dächer pfiffen. Bei Sonnenuntergang hörte es gewöhnlich auf. Dann war das kleine Krankenhaus der Stadt mit verwundeten Soldaten beider Seiten gefüllt. Wenn wir Glück hatten, brach ein Gewitter aus – dann schlossen die Soldaten Waffenstillstand und zogen sich in ihr Lager zurück, damit ihre Uniformen nicht naß wurden. Die Stadtväter ließen keine von beiden Parteien in der Stadt kampieren. Wenn eine Schlacht drohte, wurden die Haupttore verriegelt und die Verwundeten durch ein kleines Nebentor hereingebracht.

Diese fast mittelalterlich anmutende Kriegsführung schien häufig mehr unterhaltend als gefährlich – vorausgesetzt, man konnte sich aus der Reichweite der Kugeln halten. Da die Generale selbst gar nicht auf eine entscheidende Schlacht ausgingen, schlossen sie unter jedem möglichen Vorwand einen Waffenstillstand ab. Sie zogen Strategie und vor allem List und Tücke dem offenen Kampf vor. Bei einem Festessen, bei dem über den Abschluß eines Waffenstillstandes verhandelt werden sollte, blieben mitunter die eingeladenen Gäste ermordet liegen, so daß wenigstens für eine gewisse Zeit wieder Ruhe herrschte. Allmählich lernte ich, solche Scharmützel als Bestandteil des Tagesablaufs hinzunehmen und die nötige Vorsicht anzuwenden, ohne besonders ängstlich zu sein.

Eine angenehme Zerstreuung in meinem damaligen Leben war der Bau eines neuen Hauses. Mein kleines vierzimmeriges chinesisches Haus wurde für die Erweiterung der Knabenschule gebraucht. Die Mission kaufte ein vor der Stadt gelegenes Stück Land. Wir sollten den Plan eines bescheidenen Hauses vorlegen und ausführen. Ich wollte ein einstöckiges chinesisches Haus bauen, aber das wurde von der Mission nicht genehmigt. Nein, es mußte ein zweistöckiges Haus nach westlicher Art sein. Es war nichts zu machen, obwohl ein solches Haus in der flachen Landschaft schauderhaft aussah. Ich drückte die Anforderungen auf anderthalb Stockwerke herunter, mit entsprechend niederer Treppe. Als das Haus fertig war, kamen meine Freunde aus der Stadt und die Bauern aus der Umgegend zur Besichtigung. Die Treppe rief Entzücken, aber auch Furcht hervor. Hinauf kam man ziemlich mühelos, aber wie sollte man auf dem steilen Abhang wieder nach unten kommen?

»Ich werde es so machen«, erklärte Frau Tschang. Sie setzte sich auf die oberste Stufe und bumste die Treppe Stufe für Stufe auf dem Hinterteil herunter, wobei ihre wattierten Winterkleider die Stöße dämpften. Das machten ihr alle anderen alten Damen ohne jede falsche Scham nach. Nach meiner Meinung war die reizendste Eigenschaft der Chinesen ihr gänzlicher Mangel an Ziererei. Niemand dachte oder kümmerte sich bei seinem Tun darum, was etwa die Leute dazu sagen könnten. Nur bei Chinesen, die eine westliche Erziehung genossen hatten, waren innere Hemmungen spürbar, wozu noch kam, daß sie sich in schändlicher Weise ihres Volkes schämten – statt stolz auf ein Volk zu sein, das durch eine jahrtausendealte Kultur so große innere Freiheit erlangt hatte. Nur die Mitglieder des englischen Königshauses und außer ihnen vielleicht Sir Winston Churchill können es darin im Westen mit ihnen aufnehmen.

Intra muros, wenn ich so von unseren bescheidenen Baulichkeiten sagen darf, war mein Hauptinteresse die Mädchenschule, für die ich verantwortlich war. Ich bot einer meiner Jugendfreundinnen aus Tschiangkiang die Stelle als Hauptlehrerin an. Sie war eine begeisterte Lehrerin, ich versprach mir viel von ihren Leistungen. Die Aufgabe sagte ihr auch zu, der kleine gesellschaftliche Kreis unserer Stadt gefiel ihr, und besondere Freude hatte sie an ihren fleißigen Schülerinnen – aber wie es so oft in China geht, sie konnte sich an das Essen in unserer nördlichen Gegend nicht gewöhnen.

Die Chinesen halten streng an ihren Essensgewohnheiten fest, wahrscheinlich weil sie dem Essen große Wichtigkeit beimessen. Meiner Freundin behagte die Umstellung von dem in Mittelchina üblichen Reis auf das Weizenbrot und die Hirse des Nordens nicht. Sie magerte ab und verlor immer mehr ihre Lebenslust, nicht etwa, weil sie die Kost nicht vertrug, sondern weil es ihr zu sonderbar erschien, Brot statt Reis zu essen. Schließlich gab ich nach; ich mußte zugeben, daß der Versuch mißlungen war.

Während dieser ganzen Jahre lebte ich tiefverwurzelt und eingeschlossen in dem kleinen Kreis unserer Stadt, in der jahrhundertelanger Friede trotz des in Europa wütenden Weltkrieges noch anhielt. Kleine Wellen schlugen allerdings auch bis in unsere Stadt. Frau Liu, eine große, hagere Frau mit sehr gelbem Gesicht, war in großer Sorge, weil ihr Mann, der »Tunichtgut«, wie sie ihn liebevoll nannte, als Arbeiter nach Frankreich gegangen war und sie durch eine Bekannte, deren Mann ebenfalls dort war, gehört hatte, daß ihr Tunichtgut sich eine französische Frau zugelegt hatte. Frau Liu schwankte zwischen Kummer und Stolz.

»Wenn ich denke«, sagte sie mit tränenüberströmtem Gesicht, »daß mein alter Tunichtgut eine ausländische Frau genommen hat! Das mag schon eine sein! Was will sie wohl mit so einem Trottel anfangen? Als er voriges Jahr von Schanghai zurückkam, war ich von Herzen froh, als er sagte, er wolle Soldat werden. Und nun hat er eine Ausländerin zur Frau genommen! Was soll ich tun, wenn er sie heimbringt? Wie können wir sie durchfüttern? Was essen denn Französinnen?«

Die ruhigen und äußerst interessanten Jahre in meiner kleinen nördlichen Stadt gingen ziemlich plötzlich zu Ende. Eines Tages erklärte der Herr des Hauses, daß die Universität Nanking einen Landwirtschaftslehrer suche und daß er sich um diesen Posten bewerben wolle.

Der Abschied von der kleinen Stadt im Norden, in der ich so viele Freunde erworben hatte, wurde mir zwar schwer, aber andererseits war ich doch froh, mitten in das moderne China zurückzukehren. Ich hatte die Fühlung mit der literarischen Revolution fast verloren; ich wußte nur noch, daß sie in vollem Gange war. Ich konnte damals nicht voraussehen, daß in knapp zehn Jahren Nanking die Hauptstadt der neuen revolutionären Regierung unter Tschiang-Kaischek sein würde.

Als ich hinkam, um dort zu leben, war es noch eine alte, konservative Stadt und durch seine Tradition sogar die Hochburg der altmodischen Gelehrten, die sich der Einführung der Vulgärsprache, der »Rikschakulisprache«, wie Lin Schu sie gerne nannte, widersetzten. Nanking, seit altersher ein geschichtlicher Mittelpunkt Chinas, war lange Zeit die Hauptstadt der berühmten Ming-Dynastie gewesen.

Jetzt hatte es außer der chinesischen Nationaluniversität zwei christliche Hochschulen, eine für Männer und eine für Frauen.

Es gab in der kleinen Stadt einen rührenden Abschied mit Geschenken und viele Tränen, bevor ich endgültig mein neues Haus verließ und mit dem Zug nach Süden fuhr. Ich hatte mich bereits damit abgefunden gehabt, in diesem Haus den Rest meines Lebens zu verbringen.

Island Beach, New Jersey

Unser altes Küstenwachthaus steht grau und vernachlässigt an der Küste von New Jersey.

Früh am Morgen bin ich heute hierhergekommen und habe nur etwas zu essen mitgenommen. Ein paar abgetragene Kleider, Badeanzüge und Sandalen hängen oder liegen von einem Jahr zum anderen im Schrank. Je nach der Jahreszeit ziehe ich ein Kleid oder einen Badeanzug an und gehe ans Meer. An der anderen Seite der schmalen, sandigen Landzunge liegt die weite Bucht, wo meine Kinder, als sie noch klein waren, während der Sommermonate in Sicherheit spielen konnten. Ein altes Ruderboot war mit einem langen Seil an die Pfähle eines Anlegeplatzes gebunden, und von ihm aus konnten sie ihrer Phantasie freien Lauf lassen. Hundertmal am Tag sprangen oder fielen sie von ihm aus in das seichte Wasser oder ruderten, soweit das Seil reichte. Dann genügte ihnen plötzlich die Bucht nicht mehr, und wir verlegten unser Hauptquartier direkt an die Meeresküste. Die Bucht wurde nur noch zur Krabbenfischerei aufgesucht, und später wurde dort der erste Außenbordmotor erprobt.

Dem Meer gegenüber empfinde ich Liebe und Schrekken, denn ich habe Angst vor dem Wasser und ich weiß auch, warum. Ich habe zu oft und in zu jungen Jahren den Stillen Ozean überquert. Mich kann die ruhige, in der Sonne oder im Mondschein glitzernde Fläche nicht täuschen. Verborgen in den Tiefen unbekannter Höhlen lauert der Wahnsinn und ist jederzeit bereit, auszubrechen. Und doch zieht es mich immer wieder ans Meer. Aber ich mag niemals lange bleiben, und es gibt Zeiten im Jahr, in denen ich nicht um alles in der Welt dort sein möchte.

Die Bucht liegt heute leer und verlassen da. Die paar Fischer, die man sieht, drehen nach keinem Vorübergehenden den Kopf. Man könnte glauben, man wäre auf einer einsamen Koralleninsel – weiß ist der Sand, blau der Himmel und das Meer noch blauer. Die Kinder sind zum Segeln gegangen, das Haus ist leer und still, und ungehemmt fließt der Strom der Erinnerung, während ich hier allein am Fenster sitze und aufs Meer blicke ...

Ich war, bevor ich dort längeren Aufenthalt nahm, in meinem Leben nur einmal in Nanking gewesen und zwar als junges Mädchen, zu Besuch bei einer Schulfreundin. Meine Erinnerung an die Stadt war verblaßt und durch spätere Erlebnisse überdeckt. Jetzt sah ich die Stadt mit anderen Augen.

Sie liegt etwa zehn Kilometer vom Jangtse entfernt, eine weite, ummauerte Fläche. Die Stadtmauer ist eine der schönsten in China. Sie ist aus großen Backsteinen gebaut, die so hart sind wie Felsgestein und oben so breit, daß mehrere Autos nebeneinander fahren können. Diese Mauer ist im Umkreis über vierzig Kilometer lang. Aus verschiedenen Gründen sollte ich sie später kennenlernen – einer davon war, daß während der periodisch in Nordchina ausbrechenden Hungersnöte die Flüchtlinge nach Nanking hineinfluteten und in Ermangelung anderer Gelegenheiten auf der Stadtmauer, wo die Winterstürme am heftigsten waren, ihre Mattenhütten bauten.

Mit wenigen Chinesinnen habe ich ein so hitziges Wortgefecht gehabt wie mit einer jungverheirateten Frau aus Nanking, die an der Universität Chicago studiert und sich ausgerechnet auf soziale Fürsorge spezialisiert hatte.

Während meines ersten Winters in Nanking hatten wir eine heftige Hungersnot, und ich half so gut wie möglich, Essen und Kleidung für die vielen auf der Stadtmauer lagernden Flüchtlinge zu beschaffen. So ging ich auch zu Frau Yang – ich will sie so nennen, obwohl sie nicht so hieß. Sie war eine junge und sehr schöne Frau – freilich von einer modernen, harten und kalten Schönheit. Sie trug zwar chinesische Satinkleider, aber von westlichem Schnitt, ihrer schlanken Gestalt eng angepaßt. Sie wohnte in einem zweistöckigen, halb westlich möblierten Hause. Ihr kleines, hübsches Wohnzimmer hatte eine geblümte Tapete, vor den Fenstern hingen Vorhänge und an den Wänden stilisierte Landschaften in Goldrahmen. Ich schilderte ihr das Elend der auf der Stadtmauer kampierenden Flüchtlinge. Sie schenkte meiner Schilderung keinen Glauben. Ich konnte sie nicht überreden, mit mir auf die Stadtmauer zu steigen und sich selbst von den Zuständen zu überzeugen. Die Straße, in der sie wohnte, war die modernste in der alten Stadt, und sie kam selten über ihre Gegend hinaus.

»Solches Elend habe ich zwar in Chicago gesehen«, sagte sie selbstgefällig, »aber hier gibt es das nicht.«

Sie machte sich nicht die Mühe, die Wahrheit herauszufinden. In meiner Erinnerung ist sie als die typische amerikanische Chinesin, welche die tiefere Verbindung mit ihrem Volk verloren hat, lebendig. Sie hatte sich eine kleine, abgeschlossene Welt geschaffen, deren Insassen ihr glichen. Sie wohnten in modernen Backsteinhäusern, ihre Männer hatten Lehrstühle an der Universität inne, und ihre Kinder gingen in einen exklusiven Kindergarten. Vielleicht machten sie absichtlich die Augen zu, denn China hatte tiefe und erschreckende Abgründe.

Wenn im Frühling die Flüchtlinge wieder in ihre Heimat zurückkehrten, wurde die Stadtmauer ein angenehmer Spazierweg, von dem man einen weiten Ausblick ins Land und auf die Berge hatte. Ein Berg stand hoch und klar gegen den Himmel: Tse-tsching Schan, der Purpurberg. Je mehr ich die Stadt kennenlernte, um so häufiger besuchte ich ihn. In den Berg waren Tempel hineingebaut, schöne, schattige Ruheplätze. In der Nähe waren auch die Gräber der Mingkaiser, zu denen Alleen mit großen steinernen Tieren und gemeißelten Wachtposten führten.

Von den Mingkaisern wurden noch immer seltsame Geschichten erzählt. Niemand wußte angeblich, wo sie wirklich begraben waren, denn wenn ein Kaiser begraben wurde, gingen gleichzeitig neun gleiche Prozessionen aus den neun Toren der Stadt. In den Gräbern sollten auch märchenhafte Schätze verborgen sein – aber das bezweifle ich. Zu viele Gräber sind im Laufe der Jahrhunderte geplündert worden; vermutlich gab es dort nichts als eine Schicht Staub, und selbst die war wohl nicht unberührt.

Selbst in dieser zeitlichen und örtlichen Entfernung verweilen meine Gedanken noch immer gern bei dem Purpurberg, wo ich viele meiner glücklichsten Stunden verbrachte. Der Berg hatte einen steilen Gipfel; ich erklomm ihn allein an einem Julitag und blickte über die Felswand nach unten. Dort auf der Nordflanke des Berges breitete sich vor meinen erstaunten Augen ein Feld von wildem tiefblauem Eisenhut. Jedes Jahr erstieg ich daraufhin den Gipfel, um soviel blühende Schönheit zu bewundern, und ich werde den Anblick nie vergessen.

Auf der Südseite des Berges wuchsen Bambus, Fichten und verschiedene andere Baumarten, durch die sich mit Steinplatten belegte Wege schlängelten. Sie waren von den Mönchen für die Pilger angelegt worden. Ich liebte den unsagbaren Frieden der Tempel, und obgleich ich ihre Götter nicht verehrte, saß ich doch gerne in der Stille ihrer Gegenwart oder in der Gegenwart entschwebter Gebete, die noch in dem Duft des Weihrauchs hingen, der unaufhörlich vor den Bildern brannte, ein Sinnbild sehnsuchtsvollen menschlichen Hoffens.

Die Landschaft um Nanking war überaus schön. Wie wohl tat sie mir nach den öden Flächen des Nordens! Ich gehöre zu denen, die sich in einer Stadt eingeschlossen fühlen und den Drang haben, ihr zu entrinnen, obwohl es in Nanking selbst innerhalb der Mauern viel zu sehen gab. Mit Vorliebe verweilte ich an dem Platz, wo die alte Porzellanpagode gestanden hatte, ehemals eines der Wunder des alten China. Man konnte noch Stücke der glänzenden emaillierten Ziegel finden, aus denen sie bestanden hatte; sie hatten verschiedene Farben, hauptsächlich grün. Die Porzellanpagode soll die schönste von allen Pagoden Chinas gewesen sein. Sie wurde in der ersten Hälfte des fünfzehnten Jahrhunderts von dem Mingkaiser Yung-lo zu Ehren seiner Gemahlin gebaut. Von den ursprünglich geplanten dreizehn Stockwerken wurden nur neun vollendet, und selbst daran wurde neunzehn Jahre gebaut.

Auf dem Lotossee außerhalb der Stadtmauer habe ich viele glückliche Nachmittage und Abende verbracht. Am Ende eines langen, heißen Sommertages mietete ich dort mit einer oder einigen Bekannten ein kleines Boot, in dem uns der Bootsmann so lange wie es uns gefiel durch die Wasserstraße der Lotosfelder ruderte. Die großen rosafarbenen Blüten lagen offen auf der Wasserfläche, bis sie sich bei Sonnenuntergang langsam schlossen. Lange war dann noch die Luft von ihrem lieblichen

Duft erfüllt. In der Dämmerung griff der Bootsmann unter die großen, schweren Blätter und pflückte für uns insgeheim Lotosschoten ab, denn das Einsammeln des Samens war verpachtet; bei festlichen Gelegenheiten fand Lotos-Samen als delikates Gericht Verwendung. Im Mondlicht öffneten wir die fleischigen Schoten und nahmen die Samenkörner, die so groß wie Mandeln waren, heraus. Wenn wir hungrig waren, kochte uns die Frau des Bootsmanns Nudeln, und während wir sie aßen, lauschten wir einem über das Wasser klingenden Lied. Eine hübsche Kurtisane oder ein »Blumenmädchen« sang dort ihrem Liebhaber ein Lied zur Laute.

In der Nähe unserer Wohnung stand auch der Trommelturm, ein schönes, altehrwürdiges, rot angestrichenes Gebäude mit einem breiten Etagenturm. Die Hauptstraße zum Jangtse lief in einem großen Tunnel mitten durch dieses Gebäude. In seinen schattigen Tiefen suchten im Winter Bettler Schutz, und im Sommer hatten dort die Melonenverkäufer ihre Stände, damit ihre Früchte kühl blieben.

Wie froh war ich, als ich entdeckte, daß ich von den Fenstern unseres Hauses den Purpurberg sehen konnte. Ich wählte für mein eigenes Zimmer eine Dachstube, von der ich über die Gartenmauer auf Gemüsefelder, eine Reihe Bauernhäuser und einen großen Fischteich sehen konnte. Links davon erhoben sich die Dächer der Universität, hinter ihnen sah man eine Pagode, die Stadtmauer und dann den Berg.

Nanking war eine Gartenstadt. Es war vor vielen

Jahrhunderten als solche angelegt worden. Es sollte innerhalb seiner Mauern genügend freien Raum enthalten, so daß es, wenn es von Feinden angegriffen wurde, die Tore für unbestimmte Zeit schließen konnte, ohne daß die Einwohner Mangel zu leiden hätten, denn sie konnten für lange Zeit auf den freien Flächen genügend Lebensmittel erzeugen.

Unser graues Steinhaus war ebenfalls von einer Mauer umgeben. Sie umschloß eine große Rasenfläche, ein Bambuswäldchen und einen Gemüsegarten. Die Räume für die Dienerschaft befanden sich in einem Teil des Hinterhauses. Ich begann sofort mit der Anlegung eines Blumengartens, in dem ich hauptsächlich Rosen anpflanzte. Die schönen chinesischen Teerosen wollten in dem trockenen Klima des Nordens nicht recht gedeihen. Der Gärtner, der schon vor uns dagewesen war, bat mich, ihn zu behalten, was ich gerne tat. Er führte mich umher, und als wir zu dem Bambushain kamen, sagte er mit einem Seufzer:

»Mit diesem Bambus ist es etwas Sonderbares, gelehrte Mutter.«

»Wieso?« fragte ich interessiert. »Was für Eigenschaften hat er?«

»Er hat nie Sprossen«, erwiderte er betrübt. »In jedem Frühling suche ich nach Sprossen, finde aber keine.«

»Das ist wirklich sonderbar«, stimmte ich zu. »Ich lebe von Kindesbeinen an in China, aber daß ein Bambus im Frühling keine Sprossen hat, habe ich noch nie gehört. Wenn die Zeit wiederkommt, müssen wir früh aufstehen, vielleicht finden wir dann welche. Im Frühling mag ich gern Bambussprossen essen.«

Mit listigem Augenzwinkern nickte er beistimmend, und seitdem gab es mit den Sprossen keine Schwierigkeiten mehr. In jedem Frühling schossen sie dick heraus, und der Koch bereitete herrliche Gerichte aus ihnen. Der Gärtner blieb treu und anhänglich die nächsten Jahre bei uns, bis eine Revolutionsarmee alle Weißen aus der Stadt vertrieb. Da verschwand auch er, und ich sah ihn nie wieder. Mit ihm verschwanden verschiedene Wertgegenstände. Er hatte sich wohl für die Bambussprossen, die anstatt auf seinen auf meinen Tisch kamen, schadlos gehalten. Aber ich hatte ihn trotz allem gern, und er brachte mich oft zum Lachen. Auch mit seiner kleinen, abgerackerten Frau verstand ich mich gut. Sie war älter als er, und weder sie noch ich konnten ihn davon abbringen, daß er seinen Lohn verspielte, so daß ich ihr häufig insgeheim Geld gab, damit ihre Kinder nicht hungern mußten. Sie wohnten in einer Hütte außerhalb der Gartenmauer, denn ihr Vater wollte nicht, daß diese ganze Kinderschar die Blumenbeete zertrampelte.

Auch ich bekam in jenem ersten Jahr in Nanking ein Kind. Nun konnte ich natürlich über meine Zeit nicht mehr so frei verfügen. Doch darüber kam ich schnell hinweg, denn ein Kind zu haben, war ein Wunder für mich. Ich wußte noch nichts von der dunklen Zukunft, die uns beiden bevorstand. Fast vier Jahre lang habe ich in glücklicher Unwissenheit über das Schicksal meines Kindes gelebt.

Im Oktober des Jahres 1921 starb meine Mutter, nicht plötzlich, sondern nach einer letzten langen Krankheit. Es war klar, daß sie nicht sterben wollte. Doch es half alles nichts. Ich war fast ständig bei ihr, konnte mir aber nicht verhehlen, daß sie nicht mehr zu retten war, und ich versuchte mir vorzustellen, wie das Leben ohne sie sein würde. Ich hatte zwar inzwischen gelernt, ein eigenes Leben zu führen, aber es wurzelte doch in der tiefen Beziehung zu ihr. Diese Beziehung war manchmal lästig, gerade weil ich sie so liebte und so gut verstand und in mir gewisse Eigenheiten von ihr wiederentdeckte. Da der Abschied unvermeidlich war, gab es sogar Augenblicke, in denen ich wünschte, es möge alles vorüber sein und in der Vergangenheit liegen.

Das ist die Grausamkeit der Jugend, und es wird niemanden geben, der sich ihrer nicht einmal schuldig gemacht hat. Wenn ich jetzt meine eigenen Kinder betrachte, weiß ich, daß ich sie weder zu sehr lieben noch ihre Liebe zu sehr in Anspruch nehmen darf, sofern ich will, daß sie sich zu meinen Lebzeiten frei fühlen und diese Freiheit nicht erst nach meinem Tode erwarten.

Als die Pflegerin an einem grauen Oktobernachmittag meinem Vater, meiner Schwester und mir sagte, daß meine Mutter in den letzten Zügen liege, war es mir unmöglich, zu ihr hineinzugehen. Wäre sie bei Bewußtsein gewesen, hätte ich mich dazu gezwungen, ja, ich hätte vielleicht sogar den Wunsch gehabt, ihren letzten Blick zu sehen und ihre letzten Worte zu hören. Da sie jedoch bewußtlos war und daher nicht wissen würde, ob ich mitgekommen sei oder nicht, ließ ich die anderen allein gehen und blieb draußen auf dem Flur. Ich blickte aus dem Fenster, aber die Landschaft verschwamm hinter meinen Tränen.

Wenn ich an meine sterbende Mutter denke, sehe ich noch immer diese Landschaft, die vom Wind bewegten Bambuszweige unter dem Fenster, dahinter das Tal, die kleinen Bauernhäuser und die braunen Felder, über die langsam die letzten Ährenleser gingen, Frauen und Kinder in ihrem bäuerlichen Blau, und dahinter wieder, in der Ferne, die Berge.

Am nächsten Tag überredete mich ein Missionar, der in unserer Nähe wohnte, meine Mutter noch einmal anzuschauen, bevor der Sarg geschlossen würde.

»Sie sieht so schön und friedlich aus«, sagte der Missionar teilnahmsvoll. »Sie werden es später bereuen, wenn Sie nicht noch einen letzten Blick auf Ihre Mutter werfen.«

Ich wollte zwar nicht, aber ich tat es trotzdem, blickte auf die wächserne Gestalt, die ich kaum wiedererkennen konnte, und ging schnell wieder fort. Noch heute, nach so vielen Jahren, wünschte ich, ich hätte, wenn ich an meine Mutter denke, nicht diese Wachspuppe vor Augen, die ich als etwas gänzlich Fremdes empfand.

Als ich nach Nanking in mein neues Heim zurückkam, spürte ich das Bedürfnis, meine Mutter am Leben zu erhalten, und so begann ich, über sie zu schreiben. Meine Absicht war, meinen Kindern ein Bild von ihr zu übermitteln, da sie noch so jung waren, daß sie sich an die

Lebende nicht mehr erinnern konnten. Ich ahnte nicht, daß dieses nach meinem noch frischen Gedächtnis gezeichnete Porträt mein erstes Buch werden sollte. Ich kam auch erst viele Jahre später auf den Gedanken, ein Buch daraus zu machen. Es war für meine Kinder bestimmt und als es fertig war, legte ich es in eine Schachtel, versiegelte sie und stellte sie in einen hohen eingebauten Schrank. Dort sollte das Manuskript liegen bleiben, bis die Kinder alt genug waren, um es zu lesen. Ich ließ mir auch nicht träumen, daß es gerade deswegen der über uns hereinbrechenden Revolution entgehen und somit fast der einzige Besitz sein sollte, den wir retten konnten. Es gelangte schließlich mit mir nach Amerika, wo es auf meiner Farm noch länger warten mußte, denn um diese Zeit wußte ich, daß mein ältestes Kind es nie würde lesen können. Ich habe dessen Geschichte in einem kleinen Buch erzählt: *Das Kind, das nicht wachsen wollte*.

Als unsere Familie einige Jahre später in Not geriet, dachte ich an meine Mutter und stellte mir vor, wie gern sie uns wohl geholfen hätte. Als ob sie mir einen Wink gegeben hätte, fiel mir ihr Porträt ein. Ich veröffentlichte es daher als Buch unter dem Titel *Die Verbannte*. Es war das siebente meiner veröffentlichten Bücher, doch in Wirklichkeit das erste, das ich geschrieben habe.

Als ich es damals beendet hatte, bekam ich Lust, weiterzuschreiben. In jenem Sommer, der auf den Tod meiner Mutter folgte, ging ich mit meiner Schwester nach Kuling. Ganz klar erinnere ich mich an einen

Augustnachmittag, an dem ich mir plötzlich sagte: »Noch heute werde ich zu schreiben anfangen. Endlich bin ich so weit.«

Es war die Stundc, die in den halbtropischen Gegenden der Siesta gewidmet ist. Ich hatte sie jedoch immer mit Lesen zugebracht. Ich setzte mich also sofort in meinem blauen chinesischen Seidenkleid hin und machte mich ans Werk.

Ich kann nicht sagen, warum ich mich immer bei wichtigen Anlässen an so unbedeutende Einzelheiten erinnere, aber sie fallen mir jedesmal ein, wenn ich an solche Gelegenheiten denke. Ich schrieb also einen kleinen Aufsatz, in dem ich in feuilletonistischer Weise einige Erlebnisse aus meiner damaligen Welt schilderte. Ich schrieb ihn auf der Maschine ab, so gut ich konnte, und das heißt: schlecht; denn ich habe es nie fertiggebracht, eine Meisterin auf der Schreibmaschine zu werden. Dann schickte ich ihn an die Zeitschrift *Atlantic Monthly*, die wohl jeder bei uns, der zu schreiben beginnt, als erstes Ziel ins Auge faßt. Als der Artikel fort war, fühlte ich mich wunderbar heiter und froh. Ich hatte schon immer vorgehabt, zu schreiben, sobald ich alt genug wäre, um reichlich Erfahrungen gesammelt zu haben. Nun war der Anfang gemacht. Als der Artikel angenommen und veröffentlicht worden war, erhielt ich einen Brief vom *Forum*, in dem man mich um einen Beitrag bat.

Ich machte mir keine Illusionen über die Bedeutung der beiden Aufsätze. Sie waren Kleinigkeiten, aber ihre

Annahme versetzte mich in eine glückliche Stimmung, so daß ich jetzt im Ernst mit einer Arbeit begann, die mein erster großer Roman werden sollte.

Mein Leben in Nanking spielte sich mittlerweile auf verschiedenen Ebenen ab. Zuerst kam mein Haus und mein Garten. Der Garten lieferte mir immer eine Menge Blumen. Hübsche Möbel konnten mit dem billigen, aber schönen chinesischen Material leicht hergestellt werden. Eines Tages fand ich in einem Seidenladen ganze Ballen verblichener Seide zu einem Spottpreis. Ich kaufte sie, färbte sie in verschiedenen Farben und machte mir Vorhänge daraus. Bastmatten auf dem Fußboden nahmen sich gut aus, und die Sonne und die Blumen taten das ihrige. Diese Arbeit machte mir große Freude.

Oft habe ich mir gedacht, wenn ich nicht geschrieben hätte, würde ich Häuser gebaut und eingerichtet haben. Aber ich koche auch gern und ohne meine Vorliebe für Bücherschreiben wäre ich gern Köchin in einer großen Familie, vielleicht in einem Waisenhaus geworden – dann hätte ich für jeden köstliche Gerichte gemacht. Ich hätte noch verschiedenes andere sein mögen – zum Beispiel Bildhauerin. Ich bin jedoch froh, daß ich diesen Entschluß nicht zu fassen brauchte.

In meiner kleinen Stadt im Norden hatte ich im Vergleich zu Nanking sehr einfach gelebt. In Nanking hielt ich Vorlesungen nicht nur an der christlichen Universität, sondern auch an der staatlichen. Ich hatte daher zwei gänzlich verschiedene Gruppen von Studenten. Die jungen Leute in der christlichen Universität waren die

Söhne christlicher Eltern und haten entweder Freistellen oder sie zahlten, wenn sie von reichen Eltern stammten, hohe Kolleggebühren. Englisch verstanden alle recht gut, denn sie kamen zumeist aus Hafenstädten und wohlhabenden konservativen Häusern.

Die Studenten der Staatsuniversität dagegen waren nahezu alle arm, konnten wenig Englisch und zahlten keine Kolleggelder. Die meisten von ihnen hatten kaum etwas zu essen; jeder von ihnen trug ein blaues Baumwollgewand, das später unter dem Namen Sun-Yatsen-Uniform bekannt wurde.

Im Winter litten sie alle sehr unter der Kälte, und mit ihnen litt auch ich, denn die Universität war nicht geheizt, und zerbrochene Fensterscheiben wurden nicht ersetzt, während in der christlichen Universität alles in guter Ordnung war. Dort konnte man sich behaglich fühlen, weil wir Zentralheizung hatten.

Aber meine Arbeit in der Staatsuniversität machte mir viel mehr Freude, denn die Studenten waren geradezu versessen aufs Lernen, sie erwarteten ungeduldig meine Ankunft und wollten mich nachher gar nicht mehr gehen lassen. Ihr Englisch war fast unverständlich, und wenn ich nicht chinesisch gesprochen hätte, wäre kein Unterricht möglich gewesen. Aber sie wollten auf jeden Fall englisch sprechen, und so kam manchmal ein ziemliches Durcheinander zustande.

Alle diese jungen Männer und Mädchen waren sehr wißbegierig, lebendig und eifrig. Ich lernte weit mehr von ihnen als von den satten, zufriedenen Studenten der christlichen Universität. Ich kam mit froststarrem Körper, aber mit warmem Herzen nach Hause, geistig angeregt, weil es zwischen mir und diesen jungen, dünngekleideten und schlechtgenährten Menschen keine Schranken gab. Sie wollten über alles, was in der Welt vorging, sprechen, und so taten wir es. Selbst heute noch bekomme ich Briefe von einigen, die dem Kommunismus entronnen sind, obwohl die meisten in den Kriegen und Revolutionen, die über uns hinwegbrausten, umgekommen sind.

Damals lebte Sun-Yatsen noch und arbeitete daran, die Einheit des Landes zu verwirklichen. Er lebte zurückgezogen im Süden. In Nanking hatten wir den Kriegslord Sun Tschuan-feng über uns, einen temperamentvollen Mann. Er war jünger als die meisten anderen Generale, die das Land zerrissen, und sein Druck war auch in vieler Hinsicht nicht so groß, doch immerhin: er war ein Kriegslord. Unruhe gab es nur, wenn er sich mit benachbarten Kollegen in die Haare geriet. Diese Zeit der Zerstückelung Chinas, eine geschichtliche Periode, schien mir und den Chinesen ganz natürlich. China war zwischen seinen Dynastien zu allen Zeiten in Stücke gegangen. Man wartete dann geduldig, bis die Dinge wieder ins Gleichgewicht kamen.

Mein Interesse richtete sich nicht auf Politik, sondern auf das kulturelle Leben, und so beobachtete ich nach wie vor aufmerksam die literarische Revolution. Um das Jahr 1920 hatte sich die gesprochene Sprache überall als geschriebene Sprache durchgesetzt. Die Frage war:

konnten große Werke der Literatur wirklich in der Volkssprache geschrieben werden? Die ältere Generation der Gebildeten behauptete, daß die Vulgärsprache niemals über die Nuancen des *Wen-li* oder der klassischen Literatursprache verfügen könne. Die jungen, auf westliche Art erzogenen Intellektuellen mußten nun beweisen, ob sie dazu fähig waren. Bis jetzt war sie nur in Zeitungen und Zeitschriften verwendet worden. Auch hier war wieder Hu Schi der Führer der neuen Schule, denn er begann jetzt sein großes Werk *Grundsätze der Geschichte der chinesischen Philosophie* zu schreiben. Es wurde bedauerlicherweise nie beendet. Doch der erste Band bewies, daß auch die Volkssprache schön, prägnant und schmiegsam sein konnte und daß sich in ihr die tiefsten Gedanken ausdrücken ließen.

Die außerordentliche Rolle, welche die Zeitungen bei dieser Revolution spielten, kann ich hier nicht unerwähnt lassen. Als ich noch ein Kind war, hatten wir nur englische Zeitungen, die in Schanghai erschienen. Mein Vater las dazu noch den chinesischen *Kaiserlichen Staatsanzeiger*, wenn er ihn bekommen konnte, aber der enthielt fast nur Hofnachrichten. Wenn er an einem Stadttor vorbei kam, warf er einen Blick auf die Mauerzeitungen; das waren amtliche Anschläge an den Toren. Jetzt jedoch erschienen in jeder größeren Stadt chinesische Zeitungen nach westlichem Muster, und da die Volkssprache nun auch die anerkannte Schriftsprache geworden war, waren sie leicht zu lesen. Es entstand der neue Typ der chinesischen Journalisten, die nicht nur die Zeitungen schrieben, sondern auch ihren Inhalt mündlich verbreiteten. Es wurde jetzt eine übliche Erscheinung, daß in einer Teestube jemand die Zeitungen vor einem Dutzend oder mehr Zuhörern, die nicht lesen konnten, laut vorlas.

Bis zu der literarischen Revolution wurde das Lesen allgemein als Luxus betrachtet, den sich arbeitende Menschen nicht leisten konnten. Jetzt aber, da die Zeitungen in der Volkssprache gedruckt wurden, so daß man das, was man las, auch verstehen konnte, wollte jeder lesen lernen, und dieses Vergnügen erfaßte auch die Frauen. Ich war manchmal zutiefst gerührt, wenn ich alte Mütterchen sah, die sich mit jungen Mädchen um die Wette bemühten, ein paar Schriftzeichen zu lesen, damit sie das stolze Gefühl hatten, lesen zu können.

Im Jahre 1925 starb Sun-Yatsen in Peking an Leberkrebs. Die Geschichte dieses Mannes ist hinlänglich bekannt, und ich brauche sie hier nicht noch einmal zu erzählen. Sun-Yatsen war ein typischer Zögling christlicher Schulen; er war jedoch kein Durchschnittsmensch, wenigstens nicht, was die vitale Energie seines selbstlosen Idealismus betraf.

Sun-Yatsen war sowohl Christ als auch Realist – das heißt, er betete und bekam manchmal, was er sich gewünscht hatte. Wenn er es aber nicht erhielt, machte er sich selbst an die Arbeit. Trotzdem verdankte er der fremden Religion sehr viel. Mit wahrer Inbrunst widmete er sich dem Dienst an seinem Volk durch Einführung von Reformen. Er begann nicht als Rebell, sondern als Christ, der dienen will. Wohin er auch blickte, überall sah er Elend und Ungerechtigkeit, und er wollte ändern, was andere für unabänderlich erklärten. Er wurde Arzt und Chirurg und brachte es zu einer großen Praxis. Dann kam ihm die unerträgliche Langwierigkeit seiner Aufgabe zum Bewußtsein. In einem Leben unausgesetzter Arbeit konnte er letzten Endes nur wenigen unter den vielen Millionen helfen, die der Hilfe bedurft hätten. Nur eine gute und moderne Regierung, so war seine Schlußfolgerung, konnte die Verhältnisse in seinem Lande ändern. Er gab seinen Beruf auf und hatte von nun an das eine Ziel, die Mandschuregierung zu beseitigen und eine bessere an ihre Stelle zu setzen, die China stark machen konnte.

Wenn man jetzt an diesen zielbewußten Mann denkt, fühlt man Mitleid, Trauer und eine unwillkürliche Bewunderung. Alle, die ihn kannten, liebten diesen unerschrockenen und rechtschaffenen Mann, der durch diese beiden Eigenschaften allein schon in einem korrupten Zeitalter bemerkenswert gewesen wäre. Er wird in die Geschichte eingehen als seherischer, einsamer und tragisch erfolgloser Mann. Der Redner und revolutionäre Führer ist selten, ja vielleicht niemals der Organisator, der seine Sache zum Siege führt und seinen Traum verwirklicht.

Während ich diese Worte schreibe, fällt der Herbstregen still auf meine pennsylvanischen Berge. Der See ist grau, an seinem Ufer steht auf seinem gewohnten Platz unter den sich gelb verfärbenden Weiden der

Reiher auf einem Bein. Jahre sind vergangen, aber so klar, als wenn es heute morgen gewesen wäre, erinnere ich mich an den Tag, an dem Sun-Yatsen starb. Er war kein so großer Mann wie Gandhi, und manchmal schien es mir, daß sein Volk ihn vergessen hatte. Aber als er nun starb, erinnerte man sich an ihn und an alles, was er für China erträumt hatte, ohne es verwirklichen zu können. Ein ganzes Volk trauerte um ihn. Wer würde jetzt seinen Platz einnehmen? Es war niemand da. Er wurde der Lenin der chinesischen Revolution.

Die Leute erzählten sich Geschichten, wie arm er ihretwegen geblieben war und wie er gelitten hatte. Sie lasen in den Zeitungen die Schilderung seiner letzten Stunden. Zuletzt hatte er die tragischen Worte gesprochen: »Als ich hierher kam, da dachte ich, ich würde China die nationale Einigkeit und den Frieden bringen. Nun bin ich von dieser nichtswürdigen Krankheit befallen und weiß, daß ich nicht mehr geheilt werden kann. Persönlich macht es mir nichts aus, ob ich lebe oder sterbe, aber daß ich nicht vollenden kann, wofür ich so viele Jahre gekämpft habe, bricht mir das Herz ... Ich wollte ein Bote Gottes sein ... ich wollte meinem Volk helfen, Gleichheit und Freiheit zu gewinnen ... Ihr, die ihr lebt, bemüht euch ... setzt es in die Tat um ...«

In China sind die letzten Worte eines guten Menschen ein heiliges Vermächtnis. Sie werden in Holz geschnitzt und urkundlich niedergelegt. Ein ausländischer Arzt hatte Sun-Yatsen gebeten, sich auszuruhen. Er schlief eine

Weile. Als er am frühen Abend erwachte, waren seine Hände und Füße kalt. Aber er hielt noch die Nacht aus und spann seine Träume fort, denn man hörte ihn murmeln: »Frieden ... Kampf ... mein Land retten ...« Am Morgen starb er. Seine junge Frau war bei ihm, und auf ihr ruhte sein letzter Blick.

Wir lasen diese letzten Worte immer wieder, weinten und vergaßen, daß er nicht alles hatte ausführen können, was er erträumt hatte. Wir wußten, daß er sich selbst ganz hingegeben hatte. Seine Gestalt blieb ein Symbol der Hoffnung. Doch jetzt, während ich auf diese amerikanische Landschaft blicke, denke ich darüber nach, ob sein Einfluß so bedeutend war, wie er uns damals erschien. Seine Güte und Unbescholtenheit stehen außer Zweifel, aber diese Eigenschaften, so wesentlich sie auch sind, genügen nicht. Er kannte sein eigenes Land zuwenig. Obschon er sich für sein Volk opferte, schadete er ihm doch durch seine Unkenntnis. Er wußte zuwenig von der Geschichte und hatte daher auch keinen politischen Weitblick. Als unter allen Ländern der Welt Sowjetrußland als einziges ihm Freundschaft anbot, erklärte er, das chinesische Volk müsse hinfort auf Rußland schauen.

Ich weiß noch, mit welcher Sorge mich diese Nachrichten erfüllten, die ich in chinesischen Zeitungen las. Aus englischen Zeitungen war davon nur sehr wenig zu entnehmen, und die amerikanischen Zeitschriften, die zu uns kamen, schwiegen sich völlig darüber aus. Ich wußte nicht, warum ich mich fürchtete – aber ich hatte immer den mächtigen Schatten Rußlands gefühlt. Ich hatte unseren Besuch in Rußland vor der Revolution nicht vergessen und auch nicht, daß mein Vater prophezeit hatte, aus Rußland werde der »Antichrist« kommen. Ich wußte zwar nicht recht, was ich mir darunter vorstellen sollte, aber schon das Wort erweckte Schrecken. Und nun sollte Rußland und nicht mein eigenes Land, Amerika, Chinas Freund sein –? Wie sehr wünschte ich doch in jener Zeit, eine Stimme zu haben, um meinem eigenen Volk laut verkünden zu können, was vor sich ging – und doch, was hätte ich sagen können?

Interessant ist, daß zu jener Zeit ein gewisser junger Mann, der Sohn eines wohlhabenden Bauern, als Bibliotheksassistent an der Pekinger Universität arbeitete. Er hieß Mao Tse-tung. Tschu En-lai war damals Mitglied der ersten kommunistischen Studentengruppe in Paris. Ein dritter, Tschu Teh, Sohn eines reichen Gutsbesitzers und Offizier im Heer eines Kriegslords, studierte in Deutschland moderne Kriegswissenschaft, und auch er wurde Kommunist. Trotz aller meiner Befürchtungen genossen ich und mein Haus nach dem Tode Sun-Yatsens indessen noch zwei Jahre sonderbaren Frieden.

Ich weiß nicht, warum ich mich damals nicht Hals über Kopf in meine literarischen Arbeiten stürzte. Es war wohl so, daß die Ereignisse mir die leidenschaftslose Haltung verwehrten, die für einen Schriftsteller nötig ist. Nicht nur in der Welt draußen, sondern auch in meiner Häuslichkeit sah es nicht zum besten aus. Nach der Geburt meines Kindes mußte ich eine kurze Reise in die Vereinigten Staaten unternehmen, um mich in ärztliche Behandlung zu begeben. Ich verbrachte einige Wochen im Krankenhaus und war dann für weitere Wochen in der idyllischen Ruhe einer einfachen Farm im Norden des Staates New York zur Erholung, bevor ich wieder nach China zurückeilte. Nach dem Tode meiner Mutter wollte ich meinen damals siebzigjährigen Vater bei mir unterbringen.

Inzwischen häuften sich die Schwierigkeiten, mit denen ich fertig werden mußte, denn nicht nur wurde die Sorge um mein Kind immer schwerer, sondern ich mußte auch dem Vater des Kindes helfen, eine richtige Tätigkeit zu finden. Es war gar nicht so leicht, den Chinesen Landwirtschaft beibringen zu wollen, und es genügte vor allem nicht, aus amerikanischen Fachbüchern Vorträge über amerikanische Landwirtschaftsmethoden zu halten. Aber was sollte er anderes lehren?

Es war mir klar, daß man nur das lehren kann, was man genau weiß, und eines Abends, als wir gar keine Lösung für dieses Problem fanden, machte ich den Vorschlag, sich zuerst über die chinesischen Arbeitsmethoden und die bäuerlichen Verhältnisse in China zu informieren. Darüber waren bis dahin noch keinerlei Untersuchungen angestellt worden – und doch war die landwirtschaftliche Abteilung an der christlichen Universität von zahlreichen Studenten besucht, die etwas über chinesische Landwirtschaft lernen wollten. Bauernsöhne gingen nicht auf die Universität, es waren auch nur wenige

Söhne von Gutsbesitzern da, die meisten waren Söhne reicher Kaufleute und Angehörige freier Berufe.

Die Verachtung der jungen Generation radikaler Studenten für den Mann, der von seiner Hände Arbeit lebte, war weit stärker als zur Zeit ihrer Väter. Ich hatte oft den leidenschaftlichen Wunsch, ihnen zu zeigen, daß die Bauern Achtung verdienten, daß sie durchaus nicht unwissend waren, wenn sie auch nicht lesen und schreiben konnten – denn an Lebensweisheit übertrafen sie jene jungen Intellektuellen und kamen oft sogar den alten Gelehrten gleich.

Dieser Wunsch brachte mich auch dazu, an einem Projekt mitzuarbeiten, das langsam feste Formen annahm. Chinesischen Studenten wurden Fragebogen ausgehändigt über ländliche Verhältnisse, mit denen sie zu den Bauern gingen. Nach der Ausfüllung wurden die Bogen ausgewertet und die Ergebnisse schließlich in einem kleinen Buch über die bäuerliche Wirtschaft Chinas niedergelegt, das von der Universität Chicago veröffentlicht wurde. Das Institut für das Studium des pazifischen Raumes wurde auf das Buch aufmerksam, und so hatte es weitere und gründlichere Nachforschungen über die chinesische Landwirtschaft zur Folge.

Bevor jedoch die Zeit dafür reif war, sollte sich noch viel ereignen. Bei unserem ruhigen Leben in dem schönen alten Nanking hatte ich immer eine düstere, aber unausgesprochene Vorahnung, daß eine so friedvolle Existenz nicht andauern konnte. Von Reisenden, aus Büchern und Zeitschriften war zu entnehmen, daß die westliche

Welt durch die Katastrophe des Ersten Weltkrieges in ihren Grundfesten erschüttert war.

In Amerika war das Leben auch nicht mehr so ruhig und beständig, wie ich es während meiner Collegezeit kennengelernt hatte. Die Amerikaner hatten sich von der ihnen verdächtigen Weltpolitik zurückgezogen und eine verzweifelte Anstrengung gemacht, zu einem Zustand zurückzukehren, der ihnen als das normale Leben erschien. Aber, ach, so normal, wie sie früher gewesen waren, konnten sie nie mehr werden, obschon sie sich aus dem Völkerbund zurückgezogen hatten und ihre Vertreter nur noch in einigen Institutionen beließen, die sich mit technischen und humanitären Fragen befaßten.

Mein Bruder zum Beispiel war die Hälfte des Jahres in Genf, als Berater bei der Planung eines internationalen Gesundheitsdienstes. In Amerika, wo er schon auf diesem Gebiet gearbeitet hatte, war ihm großer Erfolg beschieden gewesen. Von ihm erfuhr ich manches, was im Völkerbund vor sich ging, auch nachdem er durch den Rückzug der Vereinigten Staaten reduziert war. Mein Bruder glaubte mit Woodrow Wilson, daß dieser Rückzug im schlimmsten Falle ein Unheil und im besten nur die Verzögerung einer letztlich doch unumgänglichen Mitarbeit in einem Rat zusammenarbeitender Nationen sein werde. Ich wußte so wenig von meinem Geburtsland, daß ich immer froh über jede Nachricht war und die paar Amerikaner meiner Bekanntschaft, die etwas von der nicht leicht durchschaubaren Politik der Vereinigten Staaten verstanden, rücksichtslos ausquetschte.

Trotzdem erstreckte sich mein Hauptinteresse noch immer auf China. Ich hielt mich über jede politische Bewegung auf dem laufenden und erkannte bald, daß eine neue, heftige Phase der schon lange andauernden Revolution bevorstand.

Ich fuhr nicht mehr nach Kuling, sondern verbrachte die glühenden Sommermonate in Nanking, um den Ereignissen immer nahe zu sein, meine Bekanntschaften zu pflegen und meine Vorträge fortzusetzen. Als die Universitäten schlossen, hielt ich vor jungen Geschäftsleuten und Künstlern Abendvorlesungen über englische Literatur. Auch in ihnen spürte ich diese unbestimmte Angst, und wenn wir draußen saßen, um den ersten kühlen Abendwind nicht zu versäumen, sprachen wir mit gedämpfter Stimme. Wir saßen auf einer hohen Terrasse, von der wir einen Blick über die Umfassungsmauer tun konnten.

Ich denke noch oft an die Sterne dieser weichen, dunklen Sommernächte, die groß und golden und wie trunken leuchteten. Wir lagerten uns im Kreis, es war wie in einem himmlischen Amphitheater. Wir warteten auf den aufgehenden Mond, der dann riesig und langsam über der Pagode erschien, so daß unsere Gespräche verstummten und wir schweigend sein majestätisches Erscheinen beobachteten.

Im Herbst kehrten die anderen Weißen, die während des Sommers fort gewesen waren, wieder und mit ihnen auch die Studenten. Damals kamen sie nicht froh und heiter, sondern sehr ernst zurück. Die schwere Last der Zukunft drückte sie nieder. Suchte man Heiterkeit, so mußte man auf die Straße und auf die Felder gehen, dort war sie jederzeit zu finden. Ich ging gern vor der Stadt spazieren und konnte Stunden und Tage unter den Landleuten verbringen, die keine Furcht vor der Zukunft kannten, weil sie in der Vergangenheit schon so viel mitgemacht hatten. In den Straßen der Stadt, den alten, gewundenen, holperigen Straßen Nankings, erging ich mich am liebsten am Abend. Bis spät in die Nacht waren die kleinen Läden auf, und man konnte drinnen, im Schein der Öllampen, das harmonische Familienleben beobachten.

Im Sommer stellte man nach dem Abendessen Bambussofas und Stühle auf die Straße, dort saß man plaudernd und Tee trinkend zusammen und schlief manchmal sogar unter freiem Himmel. Jeder kleine Laden hielt nur eine Ware feil. Warenhäuser oder Gemischtwarengeschäfte gab es nicht. Jede Familie hatte ihr eigenes Geschäft, und wenn ausländische Waren verkauft wurden, waren sie japanischen Ursprungs. Die wachsende Macht Japans wurde in den verschiedenen industriellen Erzeugnissen sichtbar, die damals den chinesischen Markt überschwemmten.

Inzwischen verlief mein Leben wie gewöhnlich auf verschiedenen Ebenen. In meinem Heim war ich Hausfrau und sonst nichts, wenigstens war das mein Gefühl. Für meinen Vater war ich nur seine Tochter, genau wie zu der Zeit, als ich noch ein kleines Kind gewesen war. Für meine Kinder war ich nichts als Mutter. Mit den weißen Ausländern und besonders mit den Amerikanern hielt ich gute Nachbarschaft, doch spürte ich immer mehr, daß ich viele Jahre von meinem eigenen Volk getrennt gewesen war. Meine Kindheit war nicht die ihrige gewesen, und die ihrige nicht die meinige.

Manchmal erfaßte mich Neid, denn ich fühlte, wie unter der Oberfläche des täglichen Lebens die alte Kluft immer tiefer wurde. Meine Welten trieben auseinander, und die Zeit mußte kommen, da ich zwischen ihnen meine endgültige Wahl zu treffen hätte. Daran änderte auch die Tatsache nichts, daß ich die warme und freundschaftliche Beziehung zwischen Menschen, die allein das Leben ausmacht, mehr auf Seite der Chinesen und insbesondere bei meinen chinesischen Studenten fand. Wenn mir etwas zu schwer auf der Seele lag, ging ich zu Chinesen, um tröstlichen und ermutigenden Zuspruch zu suchen. Es kam dabei zu keinen Herzensergüssen, aber die Chinesen sind klug und begreifen ohne viele Worte, welche Dinge sich nun einmal nicht ändern lassen und daher ertragen werden müssen. Wenn ich zu ihnen ging oder sie zu mir kamen, beruhigte mich schon ihre Gegenwart und jene stille Güte, die ihre natürliche Atmosphäre war.

An eine von meinen chinesischen Freundinnen erinnere ich mich vor allem, da ich sie besonders liebte. Ich wage ihnen nicht mehr zu schreiben, da ein Brief von einer Amerikanerin in dem neuen, sonderbaren kommunistischen China, das ich nicht kenne, vielleicht ihr Leben gefährden würde. Auch von ihnen kommt kein Brief, und so weiß ich nicht, wer von ihnen verheiratet ist und wer von den Verheirateten Kinder hat.

Damals, kurz nach dem Tode Sun-Yatsens, hörte ich an einem Wintermorgen jemand an meiner Tür klopfen. Ich öffnete und draußen stand eine zerlumpte, über und über mit Staub bedeckte Gestalt, die mir unbekannt war. Offenbar eine Bäuerin aus dem Norden, was ich an den halbgebundenen Füßen, den Pluderhosen, der altmodischen, bis zu den Knien reichenden wattierten Jacke und dem rostbraunen ungeordneten Haar sehen konnte.

»Weise Mutter«, sagte sie, »kennen Sie mich nicht mehr?«

»Nein«, sagte ich, »aber kommen Sie bitte herein.«

Sie kam herein, setzte sich auf die Kante eines Stuhles und erzählte mir, wer sie war. Im Norden hatte ich eine Zeitlang einen jungen Tunichtgut von einem Gärtner gehabt. Er verstand nichts und arbeitete so wenig wie möglich, so daß wir uns bald trennten. Er war ihr Mann, wie sie mir jetzt sagte, aber er war fortgelaufen und hatte sie sitzen lassen, als die Hungersnot kam. Es war ein Hungerjahr, wie ich wußte, und wir erwarteten in einigen Monaten Flüchtlinge, aber diese Frau war früher gekommen. Sie war schwanger, wie ich sehen konnte.

»Haben Sie keine Kinder?« erkundigte ich mich.

Sie strich sich über den Leib. »Nur dieses«, sagte sie.

»Die anderen sind alle am Zehntageirrsinn gestorben – fünf an der Zahl.«

Dieser »Zehntageirrsinn« bestand aus Starrkrämpfen, an denen viele chinesische Säuglinge in den ersten vierzehn Tagen ihres Lebens starben. Sie kamen von einer Infektion bei der Geburt, die doch so leicht zu verhindern gewesen wäre.

»Ich bin zu Ihnen gekommen«, sagte die Frau mit rührender und, wie ich sagen muß, beängstigender Naivität, »weil ich sonst niemanden habe. Hinten in Ihrem Garten, weise Mutter, steht ein Häuschen. Ich habe es gesehen, als ich durch das Tor kam. Könnte ich dort nicht wohnen, bis das Kind geboren ist? Ich würde Ihnen keine Ungelegenheiten machen, außer daß ich ab und zu um eine Handvoll Reis bitten würde. Nach der Geburt des Kindes könnte ich sicher Arbeit finden.«

Das Häuschen war ein Hühnerstall und durchaus nicht für einen Menschen geeignet. Ich sagte ihr das auch. Ich hatte aber noch eine kleine Vorratskammer, die ich allenfalls für sie herrichten konnte. »Am besten gehen Sie jedoch ins Krankenhaus«, sagte ich ihr schließlich, »dort haben Sie gute Pflege.«

Frau Lu – ich kann ruhig sagen, wie sie hieß, denn sie ist jetzt tot, die gute Seele, und es gibt so viele Lus in China wie Smiths in Amerika – war aber, wie ich entdecken sollte, eine hartnäckige Person, wenn auch auf sanfte Art. Sie wollte unbedingt ins Hühnerhaus, wo sie allein sein konnte, und auf keinen Fall ins Krankenhaus. Sie habe so viele Kinder gehabt, beteuerte sie, daß sie genau wisse, was sie tun müsse, sie brauche keine Hilfe bei der Geburt. Ich gab schließlich nach, weil mir nichts anderes übrigblieb.

Das Hühnerhaus wurde gereinigt und getüncht, die beiden Fenster wurden von Staub und Spinngeweben freigeschrubbt, und der Boden mit Backsteinen frisch gepflastert. Ich stellte ein Bett, einen Tisch und zwei Stühle in den kleinen Raum, hing Vorhänge vor die Fenster, so daß am Abend keine Männer hineinschauen konnten, und ließ einen starken Riegel an der Tür anbringen. Ich gab ihr ein bißchen Geld, so daß sie sich einen kleinen Holzkohlenofen aus Ton kaufen konnte, der sowohl zum Kochen als auch zum Heizen diente, eine irdene Teekanne, zwei Eßschalen und ein Paar Eßstäbchen, sowie einen kleinen Nahrungsmittelvorrat. Frau Lu gehörte von da ab mit zum Grundstück, aber sie blieb fast unsichtbar, während sie auf das Kind wartete.

Während dieser häuslichen Beschäftigungen hatte ich ein wachsames Auge auf das, was draußen in der Welt vor sich ging. Obschon Sun-Yatsen tot war, war er jetzt mehr denn je ein Führer. Nach seiner Annäherung an Sowjetrußland im Jahre 1921 hatte er einen begabten jungen Soldaten zur militärischen und revolutionären Ausbildung nach Moskau geschickt. Dieser Mann war Tschiang-Kaischek. Nach seiner Rückkehr hatte er die neue Kriegsakademie in Wampoa gegründet. Dort wurden die Offiziere der zukünftigen Armee ausgebildet. Dieser Plan rührte von Sun-Yatsen her, der endlich eingesehen hatte, daß China nur durch militärische Mittel geeinigt werden konnte.

Im Jahre 1925, als Sun-Yatsen starb, fuhr ich meines Kindes wegen in mein Geburtsland. Ich ging mit meiner Tochter von einem Arzt zum anderen, erfuhr aber von allen, daß der Fall hoffnungslos sei. Da hielt ich es für ein Gebot der Klugheit, mich abzulenken und mich in eine Arbeit zu stürzen, die mir keine Zeit lassen würde, an mich selbst zu denken. Auch der Vater des Kindes hatte ein Jahr Urlaub bekommen, das er an der Cornell-Universität verbringen wollte. Dorthin gingen wir also alle drei. Wir fanden ein kleines, sehr billiges Haus, und auch ich beschloß, zu studieren und eine Abschlußprüfung zu machen.

Sobald das Kind im Bett war und sein Vater über seinen Büchern saß, war ich frei. Dann ging ich ein gutes Stück durch den Wald, am Rand einer Schlucht und eines rauschenden Baches entlang, zur Universität und dort geradeswegs in die Bibliothek. Wie schön war es doch nachts in dieser Bibliothek! Ich war mit meinen Regalen allein, konnte so viele Bücher lesen, wie ich wollte, und nach Belieben denken und schreiben. Erst spät in der Nacht ging ich – mit Widerstreben – fort und marschierte bei Mondlicht oder mit der Laterne in der Hand nach Hause. Niemand war zu dieser Stunde zu sehen und zu hören; einsam ging ich an der Schlucht entlang, und feuchter Nebel legte sich auf Gesicht und Haar.

Nach Weihnachten sah ich ein, daß etwas geschehen

mußte, damit wir zu Geld kämen. Vor allem hatte ich keinen warmen Mantel und mußte zudem einige nötige andere Sachen kaufen, wenn ich im Sommer wieder nach China zurückfahren wollte. Da fiel mir eine Geschichte ein, die ich auf der Überfahrt geschrieben hatte. Wir hatten damals die kalte nördliche Route nach Vancouver genommen, weil sie die kürzeste war, und wenn mein Kind schlief, setzte ich mich im Speiseaal in eine Ecke und schrieb. Dort hatte ich meine erste Erzählung begonnen, die noch vor der Ankunft in Vancouver fertig war. Mir kam sie zu sentimental und nicht gut vor, und ich hatte sie bis jetzt noch nicht abgeschickt. Jetzt jedoch, von Angst getrieben, zog ich sie hervor, überarbeitete und kürzte sie und schrieb sie ab. Es war die Geschichte einer chinesischen Familie, deren Sohn eine amerikanische Frau heimbringt, und daher schickte ich sie an das *Asia Magazine* und wartete. Glücklicherweise brauchte ich nicht lange zu warten, was mir unter solchen Umständen beinahe als ein Wunder erschien, denn fast umgehend erhielt ich eine Annahmebestätigung von dem damaligen Redakteur Louis Froelick. Das Honorar betrug hundert Dollar, die für mich so gut wie tausend waren. Ich beschloß, gleich mit einer anderen Geschichte, einer Fortsetzung der ersten, zu beginnen.

Die zweite Erzählung ging nur langsam voran. Ich war mit dem Studium, dem Haushalt und der Pflege des Kindes zu stark belastet, und ich zweifelte daran, sie zu Ende führen zu können. Ich suchte also nach einem anderen Weg, mir Geld zu verschaffen. Da fiel mir ein, daß die Universität Geldpreise für wissenschaftliche Arbeiten ausgeschrieben hatte. Kaltblütig erkundigte ich mich nach dem höchsten Preis und erfuhr, daß er für die beste Arbeit über ein internationales Thema verliehen werde. Mein Professor sagte mir jedoch, daß er immer von einem Doktoranden der Geschichtswissenschaft gewonnen würde, und riet mir ab, die Arbeit zu unternehmen.

Ich sagte ihm nicht, daß ich mich auf jeden Fall an sie heranwagen wollte. Der Preis betrug zweihundert Dollar. Mit dieser Summe konnte ich das Jahr durchhalten und mir sogar noch einen Mantel kaufen. Zwischen zwei Semestern lagen ein paar Wochen, in denen ich an dem Aufsatz arbeiten konnte. Als Thema wählte ich den Einfluß des Westens auf das Leben und die Kultur der Chinesen. Der Aufsatz schwoll zu einem kleinen Buch an, ehe er schließlich beendet wurde. Alle Manuskripte wurden ohne Namen eingereicht, um ein unparteiisches Urteil zu sichern; die Namen der Verfasser wurden in besonderen Umschlägen im Sekretariat verwahrt. Vierzehn Tage vergingen; ich hatte die Hoffnung schon aufgegeben. Dann hörte ich, ein Chinese habe den Preis gewonnen, denn nur ein Chinese könnte die preisgekrönte Arbeit geschrieben haben. Eine schwache Hoffnung stieg in mir auf – aber ich unterdrückte sie, denn es gab mehrere glänzend begabte chinesische Studenten an der Universität. Nach einigen Tagen jedoch erhielt ich die offizielle Mitteilung, daß ich den Preis gewonnen habe. Welch eine Freude war das! Besonders, als ich nach der Vorlesung zu meinem Professor ging, der mir abgeraten hatte, und ihm den Brief zeigte ...

Ach, es geschieht nicht oft, daß einem inneren Bedürfnis so schnell entsprochen wird und gerade dann, wenn ein Mensch schon Hoffnung und Mut verloren hat! Ich erholte mich rasch von meiner Niedergeschlagenheit, beendete meine Erzählung in guter Stimmung und schickte sie an *Asia Magazine* – und wieder wurde sie angenommen.

Ich gewann den Glauben an mich selbst wieder und plante für den Sommer die Rückkehr nach China. Ich würde nicht nur die materiellen Güter mitnehmen können, die ich brauchte, sondern auch mein zweites Kind, meine erste adoptierte Tochter, ein kleines Wesen von drei Monaten, das vom Waisenhaus um so lieber abgegeben wurde, als es seit seiner Geburt kaum ein paar Gramm zugenommen hatte. Angeblich wollte nichts bei ihr anschlagen. »Dann geben Sie es mir«, hatte ich gebeten, und sobald sich die Kleine bei einer Mutter fühlte, begann sie zu essen und wurde dick und gesund. Wie leicht kann man einen Menschen glücklich machen – und was für wunderbare Auswirkungen hat ein solches Glücksgefühl!

Noch etwas anderes tat ich in jenem Jahr in Ithaka. Ich entdeckte, daß die asiatischen Studenten in Cornell meistens einsam und ohne jeden Anschluß waren. Nur wenige, die hervorstechende körperliche oder geistige Vorzüge hatten, fanden amerikanische Freunde. Viele von ihnen, meistens Chinesen, lebten ganz für sich und versenkten sich in ihre Bücher, denn sie waren zu arm, um etwas für Vergnügungen ausgeben zu können. Es war ein großer Nachteil, daß sie das amerikanische Leben gar nicht kennenlernten. Auch den Amerikanern entging auf diese Weise eine vorzügliche Gelegenheit, etwas über die Chinesen zu erfahren, denn schon damals begriff ich, daß der Osten und der Westen in einen schrecklichen Konflikt geraten würden, wenn sie sich nicht gegenseitig verstehen lernten. Ich versuchte daher, die Frauen Ithakas durch ihre Klubs und Organisationen zu veranlassen, ihre Häuser chinesischen Studenten zu öffnen, damit diese jungen Leute, die von so weither gekommen waren, wenigstens etwas von dem gesellschaftlichen Leben einer amerikanischen Stadt erführen. Ich hatte jedoch nicht viel Erfolg mit meinen Bemühungen. Die Frauen hörten mich zwar freundlich an, aber sie waren viel zu sehr mit ihren eigenen Angelegenheiten beschäftigt. Einige sträubten sich sogar mit Nachdruck, ihre Söhne und Töchter mit Chinesen verkehren zu lassen. Sie konnten nicht voraussehen, daß eine Begegnung auf jeden Fall stattfinden würde – wenn nicht im Frieden, dann durch einen Krieg.

Als es Sommer wurde, kehrten wir nach China zurück, das für mich immer noch die Heimat war.

Green Hills Farm, Pennsylvanien

Der lange Spätsommer, in dem ich geschrieben habe, ist über Nacht zu Ende gegangen. Wir haben hier nicht wie in China unter Taifunen zu leiden, aber es gibt plötzliche Orkane, Schneestürme und Nordostwinde. Die Wirkung ist fast, wenn auch nicht ganz, die gleiche. Es gibt nichts Schrecklicheres als einen Taifun, es sei denn ein westlicher Wirbelsturm, ein Schauspiel, das ich nie gesehen habe.

Nach dem Frühstück gehe ich über den Hof in mein Arbeitszimmer – und ein Stück weiter schimmern die Blumen in den Gewächshäusern wie Edelsteine durch die Glastüren, in dem weißen Zwielicht des auf den Dächern liegenden Schnees. Gegen den köstlichen Schatten stehen die roten Nelken, die Rosen und die Blüten des Löwenmauls glühend und glänzend wie Kerzen. Die bronzefarbenen und roten Chrysanthemen leuchten wie glimmende Kohlen. Die Gewächshäuser sind meine Zerstreuung, und wenn ich mit einer Geschichte nicht recht vorwärtskomme und ihre Gestalten zu reden sich weigern, genügt oft eine Stunde Arbeit unter den Pflanzen, daß sich auch der sprödeste Stoff lebendig entfaltet.

Mühelos schweifen heute meine Gedanken zurück zu jenen anderen Tagen. Der Winter nach meiner Rückkehr nach China, das schicksalsschwere Jahr 1926–27, war mild gewesen. Es war jedoch, so erinnere ich mich, ein merkwürdiger, unbehaglicher Winter. Die revolutionären Streitkräfte hatten sich rund um die drei Städte Hankau, Hanyang und Wutschang, über tausend Kilometer oberhalb des Jangtse, eingegraben, und wir wußten, daß sie im Frühling wieder marschieren würden.

Die Missionen wurden überwacht, waren aber bereit, alles, was auch kommen mochte, willkommen zu heißen, solange sie ihre Arbeit ungestört fortsetzen durften. Meine Schwester war verheiratet, und ihre kleine Familie lebte in dem fernen Hunan, wo sich die Kommunisten auf der anderen Seite des Sees, der unweit von ihrem Heim lag, festgesetzt hatten. Niemand wußte genau, was die Kommunisten waren. Banditen und Straßenräuber hatten sich ihren Reihen angeschlossen – aber Räuberbanden waren ein unvermeidlicher Bestandteil des Kriegslord-Regimes. Was wir über die Kommunisten hörten, war dasselbe, was wir schon immer über die Banditen und Räuber gehört hatten. Wo war da der Unterschied? Niemand wußte es.

Der Frühling kam im Jahre 1927 trotz des milden Wetters nur zögernd. Zu Anfang des Frühlings traf die Nachricht von meiner Schwester ein, daß sie und ihre Familie ihr Heim verlassen und in mein Haus in Nanking kommen würden, um Zuflucht zu suchen. Nach ein paar Tagen trafen sie bei uns ein – es war ihnen nichts passiert; sie hatten nur beunruhigende Gerüchte über das fremdenfeindliche Verhalten der Revolutionstruppen gehört, die wieder auf dem Marsch waren und stromabwärts kommen wollten. Ich war froh, daß wir alle – mein Vater, meine Schwester, ich und unsere Familien – beisammen waren, während das seltsame Warten weiterging.

Rufe ich mir den schicksalsschweren Morgen des 29. März 1927 ins Gedächtnis zurück, dann sehe ich ihn wie ein Schauspiel – als habe ich nichts damit zu schaffen. Eine kleine Gruppe Weißer steht unschlüssig und allein auf dem früh ergrünten Rasen eines grauen Backsteinhauses – drei Männer, zwei Frauen und drei kleine Kinder. Der Wind bläst naßkalt über die Einfriedungsmauer. Der Himmel ist dunkel von Wolken. Die Menschen hüllen sich fröstelnd in ihre Mäntel und blicken einander an.

»Wo können wir uns verbergen?« fragen sie flüsternd.

Eine dieser Frauen bin ich, und zwei der Kinder gehören mir. Die andere Frau ist meine Schwester. Die beiden jungen Männer sind unsere Gatten, und der große, würdige alte Herr ist unser Vater. Der Albtraum meines Lebens ist Wirklichkeit geworden. Wir sind in Lebensgefahr, weil wir Weiße in einer chinesischen Stadt sind ... Unser ganzes Leben lang waren wir freundlich zu den Chinesen – doch heute gilt das nichts. Heute leiden wir deretwegen, die wir nie gekannt haben: um der Angreifer, der Imperialisten, der weißen Männer aus Europa und England willen, welche die Kriege begannen, Hand auf die Beute legten, Anspruch auf das Land erhoben, die ungerechten Verträge schlossen und auf exterritorialen Rechten beharrten – die Erbauer des Weltreichs. Die ganze Last der Geschichte fällt jetzt schwer auf uns, auf meinen gütigen alten Vater, der immer nur freundlich zu jedem Chinesen war, auf unsere Kinder, die kein anderes Land kennen als dieses China, wo sie jetzt in Lebensgefahr schweben.

Das Haus, das bis jetzt unser Heim war, kann uns keinen Schutz mehr bieten.

Ich goß gerade den Kaffee ein, als unser Nachbar, der treue Schneider, hereingestürzt kam, um uns zu berichten, daß die Revolutionäre, die in der Nacht die Stadt eingenommen hatten, dabei seien, alle Weißen umzubringen. Er stand an dem Tisch, um den wir alle saßen, rang die Hände und die Tränen liefen ihm beim Sprechen die Wangen herunter.

»Zögern Sie keinen Augenblick, es ist keine Zeit zu verlieren – Lehrer Williams liegt bereits tot vor dem Tor auf der Straße!«

Dr. Williams? Er war der Vizepräsident der christlichen Universität!

Mein Vater hatte zeitig gefrühstückt und war zu seinen Vorlesungen im Seminar aufgebrochen, aber kaum hatte er das Haus verlassen, da rannte sogleich der Hausboy los, um ihn zurückzuholen. Meine Schwester und ich, die wir wissen, daß uns möglicherweise der Tod bevorsteht, stehen eilig auf, holen die Mäntel und Mützen der Kinder und unsere eigenen Mäntel, laufen alle aus dem Haus, das uns keinen Schutz mehr bietet – und hier stehen wir nun in dem kalten, nassen Wind.

Die Dienerschaft drängt sich um uns, in Angst auch um ihr eigenes Schicksal. Sie wisesn, daß vielleicht auch sie getötet werden, wenn man sie bei uns findet. Noch kennt keiner von uns die wilde Grausamkeit der Revolutionäre, obwohl wir genügend solche Geschichten gehört haben.

»Es hat keinen Zweck, sich bei uns zu verbergen«, meint die Amah. »Man wird Sie dort finden.« Sie kniet nieder, legt die Arme um mein Kind und schluchzt laut.

Ach, wohin können wir gehen? Es gibt kein Versteck. Wir hören den Lärm schreiender Stimmen in den fernen Straßen, sehen einander an und umfassen fester die Hände der Kinder. Die Lippen meines alten Vaters bewegen sich, ich weiß, daß er betet. Aber es gibt keinen Schlupfwinkel, wohin wir gehen könnten.

Plötzlich kreischt das hintere Tor in seinen Angeln, das kleine hintere Tor in der Ecke der Einfriedungsmauer, und wir wenden alle den Kopf. Es ist Frau Lu, die in einem Gewirr kleiner Lehmhäuser gleich jenseits der Mauer in der Sackgasse einer Allee wohnt, die vorne am Haus vorbeiführt. Sie kommt auf ihren schlecht umwickelten Füßen auf uns zugehumpelt, ihre weite Hose hängt über ihre Fußknöchel. Ihre Haare sind wie gewöhnlich ungekämmt, rostbraune Locken hängen ihr über die Wangen. Ihr dummgutes Gesicht ist ganz Sorge, Bestürzung und Liebe.

»Weise Mutter«, stößt sie hervor, »komm mit deiner

Familie und verbergt euch in meiner kleinen Kammer! Dort wird niemand euch suchen. Wer würde einer Frau wie mir etwas zuleide tun? Mein Tunichtgut hat mich wieder verlassen, und ich und mein Sohn sind allein. Kommt – kommt – es ist keine Zeit zu verlieren!«

Sie zerrt an mir, und wir folgen ihr, laufend, wobei wir das Tor hinter uns offen stehen lassen. In nächster Nähe gibt es keine Häuser – wir haben auf einer der freien Flächen der Stadt gewohnt – und wir laufen über Wiesen, an alten Gräbern vorbei und zwischen sauber gehaltenen Gemüsegärten hindurch, bis wir an der abgelegenen Seite unserer Mauer die paar Lehmhäuser erreichen, in deren einem Frau Lu wohnt. Die Leute dort erwarten uns – die guten, armen Leute, und sie nehmen uns, ihre Freunde und Nachbarn, bei sich auf und schieben uns hastig in das dunkle, kleine Haus der Frau Lu. Es besteht nur aus einer Kammer, kaum groß genug für das Bett aus Brettern, ein viereckiges Tischchen und zwei Bänke. Es gibt kein Fenster, nur ein Loch unter dem Strohdach. Es ist fast völlig dunkel. In diesen engen Raum drängen wir uns zusammen. Frau Lu schließt die Tür.

»Ich komme bald zurück«, flüstert sie. »Wenn die Kinder weinen, habt keine Angst. Wir haben hier so viele Kinder, daß diese wilden Soldaten nicht wissen werden, ob es euer oder unser Kind ist, das weint.«

Sie geht fort, und wir bleiben in der seltsamen Stille zurück. Unsere Kinder weinen nicht. Keiner von uns spricht ein Wort. Wir versuchen alle, uns bewußt zu machen, was geschieht. Es ging zu schnell. Dann schaut mein Vater durch das kleine Loch unter dem Strohdach hinaus. Wir können einen Lichtschein sehen, das Glühen eines sich rötenden Himmels.

»Sie brennen das Seminar nieder«, sagt mein Vater. Dorthin geht er jeden Tag, um zu unterrichten und das Neue Testament aus dem Griechischen ins Chinesische zu übersetzen. Niemand gibt ihm eine Antwort. Wir sind wieder still.

Das sehe ich noch vor mir, daran erinnere ich mich.

Und dennoch, seltsam und unerwartet wie es war, kam es mir doch vertraut vor. Während ich neben meiner Schwester auf dem Bettrand saß und jede von uns beiden ein Kind hielt, sagte ich mir, daß ich es ja immer gewußt hatte. Ich hatte es kommen sehen. Die wilden Winde wurden gesät, und die Wirbelstürme sammelten sich. Es war nur ein Zufall, daß ich im Zeitalter der Wirbelstürme zur Welt gekommen war, nur ein Zufall, daß ich erntete, was ich nicht gesät hatte. Es war auch nur Zufall, daß ich durch Geburt der weißen Rasse zugehörte – aber auch dem konnte ich nicht entrinnen.

Schweigend saß ich da und grübelte über diese Dinge nach, und ich wußte, daß jeder von uns in seiner Art über sie nachgrübelte: mein alter Vater, der sich alle seine Jahre so gemüht hatte und sie nun vergeudet sah; meine junge Schwester und ihr kleiner Junge, ich mit meinem eigenen Kind und der kleinen Tochter, die ich an Kindesstatt angenommen und aus Amerika herübergebracht hatte; die zwei Amerikaner, die meine Schwester und ich geheiratet hatten. Keiner von uns konnte der Geschichte der Jahrhunderte entrinnen, die in eine Zeit zurückreichte, als noch keiner von uns geboren war, und mit der wir nichts zu tun hatten. Wir hatten den Chinesen zuliebe oft Partei gegen unsere eigene Rasse ergriffen, waren immer empfindlich gegen Ungerechtigkeiten gewesen, die andere begangen hatten oder noch begingen. Aber heute zählte nichts von alledem – weder Güte noch Grausamkeit. Wir hielten uns versteckt, um unser Leben zu retten, weil wir Weiße waren.

Ich erinnere mich, nach zwei Seiten gedacht zu haben. Eine galt der Welt und den Jahrhunderten der Geschichte – und ich fühlte nichts als Sympathie für die Chinesen, die nur das Schlechte und nichts von den guten Seiten der Weißen erfahren hatten. Wäre ich ein junger Chinese gewesen und nur das gelehrt worden, was der Weiße meinem Lande angetan hatte, so hätte auch ich ihn für immer los sein wollen. Ich konnte ihnen keinen Vorwurf machen. Aber andererseits dachte ich an den Augenblick und an die Kinder.

Mein Vater würde sein Schicksal in Ruhe und Frieden auf sich nehmen. Um ihn hatte ich keine Angst. Er hatte sein Leben gelebt.

Die beiden jungen Amerikaner mußten ihren Mann stehen, so gut sie konnten, wenn der letzte Augenblick gekommen war.

Meine Schwester und ich waren stark genug, um Haltung zu bewahren und keine Furcht zu zeigen.

Was aber war mit den kleinen Kindern? Mein hilfloses Kind war erst sieben Jahre alt, mein angenommenes Töchterchen erst drei, der kleine Junge meiner Schwester gleichfalls drei. Man konnte sie nicht allein zurücklassen. Irgendwie mußten wir Mütter es einrichten, sie tot zu sehen, ehe wir selbst sterben mußten.

Denn jetzt hatte der Pöbel sich erhoben und draußen vor der kleinen Hütte vernahmen wir Gewehrfeuer und das Geschrei der Menge. Immer, in jeder Stadt, in jedem Land, sammelt sich der Mob, wenn die Ordnung zerbricht. Da sind die Diebe, die Plünderer, die Brandstifter und die Menschen, die sich scheuen, in Friedenszeiten zu töten, jetzt aber ihrem Blutdurst die Zügel schießen lassen, wenn kein Friede mehr herrscht. Wir hörten Gekreisch und lautes Gelächter, gellende Aufschreie und das Geräusch von Schlägen. Wir hörten, wie die schwere Vordertür unseres Hauses eingeschlagen wurde, und dann das gierige Freudengebrüll, als die Menge in die Diele eindrang.

Ich konnte es so deutlich vor mir sehen, als wäre ich dort. Ich sah die Zimmer, wie wir sie verlassen hatten – die Zimmer, die ich eingerichtet hatte und die mir liebvertraut waren. Mein Heim, ein so behaglicher und hübscher Ort, wie ich ihn mir nur vorstellen konnte, die gelbseidenen Vorhänge, die mattblauen chinesischen Teppiche, die chinesischen Möbel, die bequemen Sessel und die Blumen auf den Tischen. Wochenlang hatte ich die Zwiebeln der weißen Madonnenlilien gepflegt – sie standen in voller Blüte und erfüllten das Haus mit ihrem Duft. Auf dem Rost unter dem Kaminsims brannte ein

Kohlenfeuer im Wohnzimmer. Oben waren die Schlafzimmer und die Kinderstube, und in der Mansarde war mein eigener besonderer Arbeitsplatz. Ich erinnerte mich, daß in diesem Zimmer unterm Dach auf dem Schreibtisch das fertige Manuskript meines ersten Romans lag.

Stunde um Stunde verging. Lange Zeit kam niemand zu uns herein, und wir gaben keinen Laut von uns. Sogar die Kinder verhielten sich still, sie weinten nicht und flüsterten nicht, sondern klammerten sich einfach an uns. Es war seltsam, so allein gelassen zu sein, denn wir waren seit Tagen nie allein gewesen ...

Als die Revolutionsarmeen bis an die Stadt heranrückten und ein Kampf unvermeidlich wurde, hatte unser Kriegslord erklärt, daß er kämpfen werde. Er hatte die Stadttore schließen lassen und seine Truppen formiert. Ich hatte eine Belagerung vorausgesehen und daher wie in anderen Notzeiten einen Vorrat an Konserven, getrockneten chinesischen Nahrungsmitteln, Früchten und Korn angelegt. Wir hatten einen kleinen Hühnerhof, und die Kinder würden Eier haben. Auch hatte ich ein paar Kisten amerikanische Büchsenmilch und australische Butter in Dosen gekauft.

Der Kampf hatte vor drei Tagen begonnen, und nur die Kinder hatten seit dem ersten Kanonendonner längere Zeit geschlafen, denn wir alle wußten, daß diese Schlacht anders war als die früheren. Die Kommunisten hatten ihre Streitkräfte organisiert und die Führung übernommen. Sogar Tschiang-Kaischek stehe auf Seite der Kommunisten, so versicherte man uns. Sie waren also nicht einfach nur Chinesen. Ein neues und gefährliches Moment war hinzugekommen. Die Kommunisten bauten auf den Haß – auf den Haß gegen die Fremden und auf die Ungerechtigkeit der Vergangenheit. Nie zuvor waren jene alten Haßgefühle organisiert worden. Ich erinnerte mich klar des entscheidenden Tages.

Wie gewöhnlich in Kriegszeiten, waren die Chinesen der Stadt in unserem Haus zusammengeströmt. Ich weiß nicht, ob auch andere Häuser wie das meinige voll von ihnen waren. In unserem Haus aber war jedes Zimmer zum Bersten voll von Chinesen, unseren Freunden, ihren Familien und ihren Freunden. Schließlich waren wir nach oben zu Bett gegangen und warteten sehnsüchtig auf den Morgen, denn es hieß, die Schlacht würde vor Morgengrauen entschieden sein.

In jener Nacht schlief ich aus Erschöpfung und wurde früh nicht durch Lärm, sondern durch eine so tiefe Stille geweckt, daß ich zuerst verwirrt war. Es herrschte noch kaum ein Dämmerlicht, ich konnte nur die Umrisse vertrauter Möbel und das graue Rechteck des Fensters sehen. Das Gewehrfeuer war verstummt; das dumpfe Dröhnen der altmodischen Kanone hatte aufgehört. Eine völlige Stille erfüllte das Zimmer. Aber was für eine Stille –? Nirgends war ein menschlicher Laut zu hören. Kein Kind weinte, und das Stimmengewirr aus dem Keller war erstorben.

Ich stand auf, zog mich an und ging nach unten. Die Zimmer, in denen sich unsere Freunde und deren

Freunde gedrängt hatten, waren leer. Keine Spur von einer Bettrolle oder einem Kleidungsstück. Ich öffnete die Kellertür und ging hinunter. Niemand war da. Der Raum war sauber aufgeräumt, nichts war zurückgelassen. Nur in der Küche hantierte der Koch unschlüssig mit geröteten Augen und bleichen Wangen herum.

»Was ist geschehen?« fragte ich.

»Sie sind alle fort«, gab er zur Antwort.

»Warum?« wollte ich wissen.

»Sie haben Angst«, erklärte er.

Aber sogar jetzt kam mir nicht in den Sinn, daß sie Angst hatten, bei uns angetroffen zu werden. Ich ließ mir nicht träumen, daß die Weißen niemandem mehr Schutz bieten konnten, nicht einmal sich selbst ...

Wir saßen Stunden hindurch in der überfüllten Hütte, während draußen der Lärm zunahm. Eines nach dem anderen gingen die Häuser der Fremden in Flammen auf. Wir sagten nichts. Schließlich öffnete sich die Tür, und Frau Lu schlich mit einer Teekanne und einigen Trinkschalen herein.

»Ihr Haus wurde nicht niedergebrannt«, flüsterte sie mir zu, während sie den Tee eingoß. »Das wilde Volk plündert, aber es hat Ihr Haus nicht niedergebrannt.«

»Das ist jetzt gleich –«, flüsterte ich zurück.

Sie umarmte mein Kind. »Kleiner Schatz«, flüsterte sie zärtlich und ging wieder fort.

Der Tag schleppte sich hin, und der Wahnsinn ging unvermindert weiter. Wieder öffnete sich die Tür. Diesmal war es der Mann einer lieben Freundin.

»Fassen Sie Mut!« sagte er. »Wir versuchen, Sie zu retten.« Er zögerte und fügte dann hinzu: »Ich habe lange gebraucht, Sie zu finden, denn Frau Lu traut niemandem. Sie wollte sogar mir bis vor ein paar Augenblicken nicht sagen, wo Sie sich aufhielten. Man weiß jetzt nicht mehr, wer Freund ist und wer Feind. Ach, diese Kommunisten!«

Er ging fort und die Stunden verstrichen. Wieder öffnete sich die Tür und ein gutmütiges Chinesengesicht spähte herein, eine ältere Frau, die in dem Hüttengewirr wohnte, damals noch eine Fremde für mich. Sie kam mit Näpfen voll heißer Suppe und Nudeln herein und stellte sie auf den Tisch.

»Eßt!« forderte sie uns auf. »Eßt, gute fremde Teufel, und seid guten Mutes. Man wird euch nicht finden. Niemand hier wird verraten, wo ihr seid. Wir sind alle zuverlässig. Sogar unsere Kinder werden schweigen. Und wenn eure Kinder weinen, dann laßt sie nur. Wenn ich euer Kind weinen höre, werde ich mein Enkelkind prügeln und es vor der Tür weinen lassen, so daß niemand weiß, wer da weint. Alle Kinder weinen gleich ...«

Irgendwann am Nachmittag vor Einbruch der Dämmerung ging noch einmal die Tür auf. Wieder war es der junge Chinese, der am Vormittag gekommen war. Er trat ein, fiel sofort auf die Knie und machte den althergebrachten Kotau vor uns.

»Wir können nichts machen«, berichtete er uns mit Tränenspuren im Gesicht. »Wir sind machtlos. Man sagte uns, alle würden vor Einbruch der Nacht umgebracht.

Vergeben Sie uns bitte, vergeben Sie uns, wir haben Ihnen großes Leid angetan, wir versündigen uns an Ihnen.«

In diesem seltsamen, schweigenden Warten verging der Nachmittag, ohne daß der schreckliche Lärm abnahm. Es wurde dunkel in der Hütte. Es war fünf Uhr nachmittags, als wir zum letztenmal unsere Uhren erkennen konnten. Dann nahm ich meine kleine goldene Uhr ab und schob sie unter das Kopfkissen von Frau Lus Bett. So bekam wenigstens sie die Uhr.

Laute Schritte kamen und gingen an der Tür vorüber, und wir erwarteten jeden Augenblick, daß sie aufspränge – und das würde dann das Ende sein. Mitten in diesem verzweifelten Warten hörten wir plötzlich ein fürchterliches Donnern direkt über dem Dach. Was war das? Dieses Dröhnen kam immer wieder. Es konnte nur Geschützdonner sein. Aber von welchem Geschütz? Die Chinesen hatten keine derartigen Geschütze. Es machte einen fast taub und übertönte die menschlichen Rufe und Schreie. Es kam immer wieder – immer wieder.

Ausländische Geschütze – Kriegsschiffe auf dem Fluß! Plötzlich dachte jeder dasselbe. Natürlich, was sollte es sonst sein? Wir hatten nicht an eine solche Möglichkeit gedacht. Der Fluß war elf Kilometer entfernt, aber die Geschosse der schweren Waffen schlugen nicht weit von unserem Versteck ein.

Das Dröhnen schien lange Zeit zu dauern; in Wirklichkeit dauerte es wohl nur ein paar Minuten. Als es zu Ende war, herrschte Ruhe. Das Geschrei hatte aufgehört, die Schritte waren verklungen. Nur das Herunterfallen eines brennenden Balkens oder das Einstürzen einer Mauer unterbrach die plötzliche Stille.

Was jetzt, so fragten wir uns. Wie sehr wünschte ich doch, Frau Lu würde hereinkommen! Aber niemand kam. Wir blieben über zwei Stunden allein in der Stille, so glaubten wir wenigstens, denn in der Dunkelheit war es schwer abzuschätzen, wie langsam die Zeit verstrich. Und was hatte die Stille zu bedeuten?

Endlich ging die Türe auf und beim Schein einer im Nachtwind flackernden Fackel sahen wir wieder unseren chinesischen Freund. Er war von Soldaten – Kommunisten, wie wir an ihren Uniformen erkennen konnten – umgeben. Er trat über die Schwelle und stand im Türrahmen. Er verbeugte sich nicht und grüßte uns nicht.

»Sie haben sich alle zum Universitätsgebäude zu begeben«, befahl er barsch. »Alle Weißen haben sich dort auf Befehl des neuen Generals zu versammeln.«

Beim Schein der Fackel sah ich seine Lippen sich bewegen und seine Augenbrauen sich heben. Seine Barschheit bedeutete nichts anderes als Schutz. Verzeiht mir! – baten seine Lippen stumm.

Ich verstand und erhob mich sofort, nahm an jede Hand ein Kind und ging voran aus der Hütte. Draußen im Dunkel sah ich Frau Lu unter der zuschauenden Menge. Sie weinte, und das Fackellicht leuchtete auf ihren nassen Wangen. Aber alle anderen gaben kein Zeichen des Erkennens, und wir sprachen zu niemand, um die Freunde nicht verdächtig zu machen und später, wenn wir fort waren, Leid über sie zu bringen. Wir ließen das Gewirr der kleinen Hütten hinter uns und wanderten den schmalen Pfaden entlang zwischen den Gemüsefeldern, deren Krautköpfe und Zwiebelpflanzen von den Füßen des Pöbels zertrampelt worden waren, und dann, vorbei an den grasbewachsenen Grabhügeln zu der Straße, die zur Universität führte. In der Dunkelheit wurde mein hilfloses Kind ungeduldig und stieß gegen den vorangehenden jungen Soldaten. Er wandte sich mit einem schrecklichen Knurren um, das Seitengewehr gezückt.

»Bitte«, rief ich, wie einmal meine Mutter für mich gerufen hatte. »Sie ist ja noch ein Kind. Ich bitte um Verzeihung für sie.«

Wir gingen dann niedergeschlagen weiter und kamen zu dem Universitätsgelände, wo bereits andere Weiße warteten. Aber beim Vorbeigehen fiel das Licht der flammenden Fackeln auf die Gesichter, und ich gab acht, um zu sehen, was für eine Sorte Menschen die Revolutionäre waren. Sie waren alle noch jung, jedes Gesicht war jung, und ich entdeckte kein einziges mir bekanntes darunter. Es waren unwissende, betrunkene Gesichter, gerötet und mit wild flackernden Augen – vielleicht waren sie trunken vom Wein, vielleicht auch von Triumph und Haß. Die Winde waren gesät worden und das hier waren die so lange vorausgesehenen, unvermeidlichen und unentrinnbaren Wirbelstürme. Es war nur ein Zufall, daß ich von ihnen betroffen wurde.

Wir gingen hinauf in ein großes Zimmer, und dort fanden wir die anderen Weißen – Männer, Frauen und

Kinder. Einige waren durch Gewehrschüsse verwundet, andere durch Herumstoßen und rohe Behandlung verletzt, und nach der Begrüßung hörten wir viele Geschichten vom tragischen Ende der Opfer.

Alle diese Überlebenden waren von heldenmütigen Chinesen gerettet worden, die sich beharrlich für uns eingesetzt hatten, ohne Rücksicht auf die eigene Gefährdung und auf künftige Bestrafung dafür, daß sie Partei für die Weißen ergriffen hatten. Es war eine wundervolle und freudige Begegnung; nie zuvor hatte ich mich meinem eigenen Volk verbundener gefühlt – aber nie zuvor auch hatte ich die Chinesen so geliebt und verehrt. Ich war überzeugt, daß meine beiden großen Völker sich irgendwo und irgendwann einmal verständnisvoll und in dauernder Freundschaft zusammenfinden würden, und so endete dieser schreckensvolle Tag in geistiger Heiterkeit.

Wir betteten die Kinder in die von den Chinesen gesammelten Mäntel und Steppdecken und legten uns schließlich schlafen.

Noch immer wußten wir nicht, was geschehen würde, wenn wir auch gerüchtweise hörten, die Kommandanten der fremden Kriegsschiffe verhandelten wegen unserer Freilassung. Am Spätnachmittag des zweiten Tages wurde uns befohlen, uns zu sammeln und aus dem Gebäude herauszukommen. Wir sollten auf die Kriegsschiffe gebracht werden. Mein ganzes Leben lang hatte ich diese Kanonenboote auf dem Fluß gesehen und gewünscht, sie wären nicht da. Ich hatte das Gefühl gehabt, sie dürften nicht da sein – fremde Kriegsschiffe auf chinesischen Gewässern. Jetzt rettete ein solches Schiff mich und die Meinen und brachte uns in Sicherheit. Ich war froh, nicht sterben zu müssen, wünschte aber, ich hätte nicht gegen meinen Willen etwas gutheißen brauchen, von dem ich wußte, daß es unrecht war. Es hatte jedoch keinen Sinn, jetzt Haarspalterei zu treiben, und ich wandte mich meinen Landsleuten zu.

In einem merkwürdigen Gefühl vergnügter Unbekümmertheit ging ich in Schanghai von Bord. Es hat etwas für sich, seinen Besitz loszuwerden, wenn es sich nicht ändern läßt. Ich hatte mein Nankinger Heim mit seinen kleinen Schätzen, dem von mir angelegten Garten und mein Leben mit Freunden und Studenten sehr liebgewonnen – aber das war nun vorbei. Ich besaß jetzt nichts mehr außer den alten Kleidern, die ich am Leib trug. Ich hätte traurig sein sollen und war entsetzt, als ich merkte, daß ich durchaus nicht traurig war. Im Gegenteil, mich überkam ein lebhaftes Abenteuergefühl, allein schon, weil ich am Leben und frei war – sogar frei von Besitz.

Ich sagte deshalb zu meiner Familie: »Gehen wir fort! Gehen wir nach Japan, in die Berge bei Nagasaki und dem Meer. Wir könnten dort ein kleines japanisches Haus mieten.«

Ich kann mich nicht mehr erinnern, wie es eigentlich bewerkstelligt wurde, außer daß uns der Missionsvorstand Gehaltsvorschuß als Betriebskapital gab; ebensowenig erinnere ich mich, wie wir das Haus bekamen, noch mit welchen Mitteln ich schließlich das angestrebte Ziel erreichte. Wir fanden jedoch Platz in einem überfüllten kleinen japanischen Schiff und fuhren übers Meer nach dem auf der Insel Kiuschiu gelegenen Nagasaki. Damals war Nagasaki ein sauberer und hübscher Ort, der mir vertraut war, denn wir hatten ihn bei unseren Reisen über den Stillen Ozean oft besucht. Dort war meine älteste Schwester im Alter von sechs Monaten auf dem Schiff erkrankt und gestorben, als meine Eltern sie lange vor meiner Geburt nach einem Urlaub zurück nach China brachten.

In Nagasaki fuhr uns ein japanischer Kutscher die gewundenen Straßen in die Berge hinauf. Wir nahmen in einem Gasthaus Zimmer, bis wir ein Haus für uns finden und beziehen konnten. Ich erinnere mich an diesen Gasthof wegen der heißen Quellen in den Bädern mit ihrem wundervoll klaren Wasser, das warm, heilkräftig und beruhigend war. Es gab in jener Gebirgslandschaft viele solche Quellen – Dampfwölkchen, die von den Felsen aufstiegen. Japanische Holzfäller und Touristen kochten Eier in dem Dampf und wärmten darin ihren Reis und das mitgebrachte Gemüse. Ich packte Picknickkörbe und machte es wie sie.

Meine Schwester und ihre Familie fuhren weiter nach Kobe, denn sie erwartete ein Kind und brauchte einen Arzt. Mein Vater, belebt durch sein ungewohntes Freisein von Arbeit, beschloß von sich aus, nach Korea zu gehen, so daß nur wir vier in Unzen blieben. Ein paar

Tage später übersiedelten wir in ein japanisches Häuschen, das jenseits des Tales auf einem anderen Berg gelegen war. Wie alle diese Häuser war es aus Holz gebaut und tief in einem Föhrenwald versteckt. Das Haus selbst hatte einen großen Raum, dessen Vorderfront aus Bretterwänden bestand, die nach beiden Seiten zurückgeschoben werden konnten. Dahinter lagen drei kleine behagliche Schlafzimmer und ein winziger Raum mit einer großen ovalen Holzwanne, die als Bad diente. Die schmale hintere Veranda stellte die Küche dar. Hier stand ein derber Tisch mit einem Holzkohlenherd darauf, der nur aus einem gebrannten irdenen Gefäß bestand, das auf einem Rost stand. Dort bereitete ich meine Mahlzeiten.

In dieser einfachen Umgebung fand ich Heilung. Der Duft der Föhren erfüllte balsamisch die Luft, und die Stille des Waldes war der Friede selbst. Ich wollte keinen Dienstboten oder sonst einen Fremden im Haus haben. Tatsächlich gab es nichts zu tun, außer die Mahlzeiten zu kochen, die Fußböden mit einem Bambusbesen zu fegen und unsere wenigen Kleidungsstücke in dem kleinen Bach zu waschen.

Die Nächte waren lang und still, und am Morgen wurde ich von dem leisen Rascheln und Flüstern der Krabbenverkäuferinnen geweckt. Wenn ich mich gewaschen und angezogen hatte, ging ich hinaus und fand sechs alte Weiblein in abgetragenen, sehr sauberen Baumwollkimonos in einer Reihe am Rande des Fußbodens in unserem Wohnzimmer sitzen, wo es unmittelbar ins

Freie hinausging. Sie waren zu rücksichtsvoll, um mich zu wecken. Doch sobald sie mich erblickten, hielten sie ihre Körbe mit frischen Krabben und Fischen empor, damit ich für den Tag meine Wahl treffen konnte. Ich versuchte, abwechselnd von jeweils einer anderen zu kaufen, um allen gerecht zu werden. Sie machten keinen Einwand, kamen und gingen aber stets zusammen, wobei sie mich zum Schluß mit einer Grasschnur voll zappelnder Krabben oder nach Luft schnappender Fische in Händen zurückließen. Trocken und flockig zubereiteter Reis und etwas Gemüse genügten für eine Mahlzeit, und wir wurden gesund und bekamen klare Augen von dieser Kost.

Manchmal machte ich Sandwiches von selbstgebackenem Brot. Wir gingen dann für den Tag aus dem Haus, um einen Berg zu besteigen oder ein Tal auszukundschaften, und oft waren wir mitten unter einer Prozession von Touristen und Ausflüglern, denn die Japaner lieben ihre Berge und schönen Landschaftsplätze und können an Landpartien nie genug bekommen.

Ich muß sehr glücklich und faul gewesen sein, denn ich kann mich an nur wenige Ereignisse in den Monaten, die wir in den japanischen Bergen verbrachten, erinnern. Einmal, bei meinem täglichen Bad in der hölzernen Wanne, fiel mein Blick zufällig auf ein Astloch in der Holzwand. Da sah ich durch das Loch nicht wie sonst das Grün des Waldes, sondern ein unbewegliches schwarzes Auge. Einen Augenblick lang starrte ich dieses Auge an, dann steckte ich den Finger in das Astloch, woraufhin das Auge verschwand. Ich fragte mich, welchem Geschlecht wohl der Besitzer dieses Auges angehören mochte, konnte aber zu keinem Schluß kommen. Als ich mich nach dem Bad angezogen hatte und wieder herausgekommen war, entdeckte ich, daß das Auge einer Frau gehörte, die sechs Eier verkaufen wollte. Sie hatte das Plätschern des Wassers in der Wanne gehört und lediglich wissen wollen, ob ich zu Hause sei.

Es machte mir Spaß, selbst meine Hausarbeit zu tun – oder wenigstens glaubte ich das.

Aber eines Morgens hörte ich vor dem Aufstehen eine laute, mir bekannte Frauenstimme von der rückwärtigen Veranda, schlüpfte in einen Kimono, ging hinaus und fand eine unserer treuen Dienerinnen aus Nanking. Diese unerschrockene und durch nichts zu erschütternde Frau war zu dem Schluß gekommen, es sei ihre Pflicht, mich zu finden, da sie, wie sie sagte, sicher war, daß ich sie brauchte. Sie war nach Schanghai gegangen, hatte bei Freunden nach meinem Aufenthaltsort geforscht, dann mit ihrem eigenen Geld eine Zwischendeckkarte gelöst und – ohne eine Wort Japanisch zu können – den Weg auf unseren Berggipfel gefunden. Ich habe keine Ahnung, wie sie das alles bewerkstelligte, aber als ich sie dort auf der rückwärtigen Veranda in ihrer blauen Baumwolljacke dastehen sah, ihre Habseligkeiten in ein geblümtes Taschentuch zusammengebündelt und ihr rundes, frisches Gesicht ein einziges Lächeln, da wußte ich plötzlich, daß ich sie brauchte und mich freute, sie wiederzusehen. Wir fielen einander in die Arme, und ein paar Minuten später hatte sie wie gewöhnlich die gesamte Wirtschaft in die Hand genommen.

Eines schönen Morgens brachen meine Kinder und ich zu einer Vergnügungsreise auf. Wir nahmen den nächstbesten Zug, und die ganzen lieblichen Herbsttage hindurch saßen wir mit japanischen Reisegefährten zusammen, die liebenswürdig, höflich, interessiert und interessant waren. Wenn wir Hunger verspürten, kauften wir an einer Station kleine Eßpakete – kalten Reis, Eingepökeltes und ein Stückchen Fisch, das verlockend mit zwei neuen Bambuseßstäbchen in ein sauberes Holzschächtelchen verpackt war, pasteurisierte Milch für die Kinder und Persimonen, Birnen und kleine rote Äpfel zum Nachtisch. Irgendwann vor Dunkelwerden stiegen wir aus, gleichgültig wo, und suchten ein sauberes und freundliches japanisches Gasthaus auf, wo wir über Nacht blieben, um nach einem heißen Bad zu schlafen, wie ich seit meiner Kindheit nicht mehr geschlafen hatte.

Es war wie ein Traum, nachts aufzuwachen, unter der weichen Steppdecke auf den *Tatami-Matten* zu liegen und in das blasse Mondlicht des Gartens hinauszuschauen. Stets gab es einen Garten, und wir schoben immer die papierbespannten Schiebetüren auf, so daß die weiche, feuchte Luft von draußen das kleine Zimmer, in dem wir schliefen, erfüllen konnte. Eine Weile auf die nebelverhangenen Zweige der Bäume und die verschwommenen Umrisse der Felsen zu blicken, auf das Plätschern eines kleinen Wasserfalls zu lauschen und dann wieder einzuschlafen, war reiner Friede.

Am Morgen erwachten wir von den leisen Geräuschen der Magd, die das Tablett mit dem Abschiedsgericht aus Reis, Fleisch und gesalzenem Rettich brachte. In all den Wochen unserer Reise widerfuhr uns nicht ein einziges Mißgeschick oder eine einzige Unfreundlichkeit.

Green Hills Farm

Als ich über die Monate schrieb, die ich in den Bergen bei Nagasaki verlebte, huschte in den Zimmern unseres alten Landhauses in Pennsylvanien eine kleine Gestalt umher, die taubengraue oder zart pflaumenblaue Kimonos mit reichbestickten stumpfblauen oder goldenen Schärpen trug. Das ist eine Freundin aus Japan, die nach siebenundzwanzigjähriger Abwesenheit wieder unser Land besucht. Wir haben ihr an langen Abenden am Kamin gelauscht und versucht, das von ihr geschilderte Japan der Nachkriegszeit zu sehen. Wir sahen es schließlich in ihrer zierlichen, feinfühligen Person und in ihrem traurigen, schönen Gesicht, in das die Furchen einer schrecklichen und tragischen Geduld eingegraben sind, die auch zu Japan gehört.

Wir konnten jedoch nicht in Japan bleiben, um dieses Schicksal weiterzuverfolgen. Wir faßten wieder Hoffnung, daß die Weißen in Sicherheit nach China zurückkehren könnten, denn die Nationalisten bildeten unter der neuen Führung des Generals Tschiang-Kaischek in Nanking, meiner Heimatstadt, eine Regierung. Es sei nur eine Frage von Monaten, so versicherte man uns, bis die wiederhergestellte Ordnung uns die Rückkehr erlauben würde. Denn bekanntlich trennte sich Tschiang-Kaischek im Jahre 1927 von den Kommunisten.

Das war eine gute Nachricht, und doch tat es mir leid, Japan zu verlassen, wo ich eine Zuflucht, Frieden und Freundlichkeit gefunden hatte. Gern würde ich hier dem japanischen Volk ein Denkmal setzen, ein bescheidenes Monument, denn mehr vermag ich nicht. Nie vermochte ich mir vorzustellen, daß das japanische Volk und ich Feinde sein könnten. Der Krieg war eine Seelenqual, die nur ertragbar war, wenn man sich daran erinnerte, daß dieser Krieg ja nicht vom japanischen Volk angezettelt worden war und daß die Verbrechen und Grausamkeiten nicht vom ganzen Volk begangen wurden, sondern von denen, die es irreführten.

Ich erinnere mich, daß ich am Tag nach den Bombenabwürfen auf Pearl Harbor in meinem New Yorker Büro saß, als Yasuo Kuniyoshi, der große japanische Künstler, gemeldet wurde. Er kam herein, und ich stand sofort zu seinem Empfang auf.

»Bitte, setzen Sie sich«, bat ich ihn.

Er nahm stumm mir gegenüber in einem Sessel Platz, wobei ihm Tränen über das Gesicht liefen. Er wischte sie nicht weg, sondern saß einfach da und blickte mich an. »Unsere zwei Länder ...«, flüsterte er schließlich, konnte aber nicht fortfahren.

»Ich weiß«, sagte ich. »Aber wir wollen nicht vergessen, daß unsere beiden Völker keine Feinde sind, gleichviel, was geschieht.«

Mehr Worte wurden nicht gewechselt. Nach ein paar Augenblicken trocknete er sich die Augen, wir gaben uns die Hand und er verabschiedete sich. Wir trennten uns als Freunde, die einander verstanden, welche Nachrichten der Tag auch bringen mochte.

Ich hatte eine von Zärtlichkeit und Schönheit erfüllte Erinnerung nötig, als ich im nächsten Winter nach China zurückkehrte. Wir durften am Ende doch nicht nach Nanking und mußten daher eine Wohnung in Schanghai suchen, das in diesem Jahr ganz besonders abstoßend war. Obwohl es von Flüchtlingen aller Art voll war, lebten die Kriegslords und die Reichen mit ihren Familien in Pracht und Herrlichkeit in den französischen und britischen Konzessionen. Sie fuhren in riesigen, von traurig dreinblickenden Weißrussen gelenkten Autos durch die Straßen, und wenn sie ausstiegen, um in teure englische und französische Läden zu gehen, wurden sie von großen jungen Weißrussen in Uniform bewacht. Das waren die Söhne der aus Sowjetrußland vertriebenen Adeligen und Intellektuellen. Es war nichts Gesundes und Gutes an dem Schanghaier Leben. Seine Chinesenstadt war schmutzig und übervölkert. Die ausländischen Konzessionen waren hinter ihren Fassaden von Wohlstand und Prachtentfaltung Schlupfwinkel für Verbrecher aus aller Herren Länder. Auf den Straßen drängten sich die Bettler und hastete das notleidende Volk.

Was mein eigenes Heim in der Stadt betrifft, so bestand es aus einer kleinen Wohnung im dritten Stock eines recht komfortablen Hauses, das ich gemeinsam mit zwei anderen amerikanischen Familien bewohnte.

Tschiang-Kaischek festigte in Nanking seine Regierung. Das war recht befriedigend, wenigstens für die Weißen, die fühlten, daß Tschiang-Kaischek der beste Mann war, der zur Verfügung stand, und daß er jedenfalls nicht zuviel von ihnen verlangen würde. Sie wollten ihr Teil beitragen und gaben daher einige ihrer geringeren Vorteile auf. Die Konzessionen in Hankau und die kleineren Vertragshäfen wurden den Chinesen zurückgegeben, obgleich die wichtigeren sowie auch die exterritorialen Rechte beibehalten wurden. Das war ein Kompromiß, und beide Seiten faßten es als solchen auf.

Die Kommunisten waren jedoch nicht so leicht zu überwinden. Ein Teil der Vierten Armee unter der Führung von Tschu Teh meuterte in Kiangsi gegen Tschiang-Kaischek und wurde sofort als Rote Armee organisiert. Sie war gefährlich, da sie einen Mittelpunkt darstellte, um den sich alle unzufriedenen Elemente sammeln konnten. Noch gefährlicher war die Tatsache, daß, obzwar die meisten Intellektuellen und im Westen Gebildeten den Roten den Rücken kehrten und Tschiang-Kaischek zuströmten, der ihnen Regierungsposten versprach, die Bauern jedoch nicht wußten, nach welcher Seite sie sich wenden sollten. Diejenigen, die zum erstenmal von den Kommunisten organisiert worden waren, blieben zum größten Teil bei ihnen, denn den Bauern hatte Tschiang-Kaischek keine Zusagen gemacht. Diese Trennung zwischen Bauern und Intellektuellen war die erste Bedrohung für die neue Regierung.

Niemals in der Geschichte Chinas hat eine Regierung Erfolg gehabt, unter der es eine Spaltung zwischen Bauern und Intellektuellen gab. Aber das erfaßte ich nicht sofort. Der amerikanische Konsul hatte uns erlaubt, nach Nanking zurückzukehren, und ich mußte daran denken, wieder eine Heimstätte zu schaffen.

Wir kehrten als erste amerikanische Familie zurück, nachdem mein nicht unterzukriegender alter Vater bereits vor einigen Monaten allein zurückgegangen war und still bei einer chinesischen Familie in der Innenstadt gelebt hatte.

Nichts schien sich verändert zu haben – und doch war der Wagen noch nicht durch die Stadttore hindurch, als ich eine Veränderung fühlte. Sie betraf das Volk. Die Stadt war voll von neuen Menschen, die uns mit neugierigen und unfreundlichen Blicken musterten. Ich sah auch bekannte Gesichter: der Erdnußverkäufer, der immer an der Ecke des Paukenturmes gestanden hatte, war noch dort; der Pförtner an den Gärten der Familie Li, ein uns zufällig begegnender Rikschakuli oder Straßenpassanten. Aber sie lächelten nicht, und auch ich tat nicht dergleichen. Noch wußte man nicht, ob man alte Freunde wiedererkennen durfte.

Wir blieben einige Zeit bei dem chinesischen Freund, der uns am Tag des Aufstandes in Nanking geholfen hatte. Inzwischen verbrachte ich jeden Tag in meinem eigenen Haus, um die Reparaturen zu überwachen. Wenn ich mit der Arbeit nicht zufrieden war, kniete ich selbst auf den Fußboden nieder, um jede Ritze zwischen den Dielenbrettern zu schrubben, mit Sand zu reinigen und zu desinfizieren. Alle Wände mußten neu getüncht und alles, was aus Holz oder Stein war, mußte mit Lysol abgewaschen werden. Das Haus roch abscheulich, aber schließlich war es wieder sauber und bewohnbar, und ich machte mich daran, einige Möbel zusammenzutragen und neue Vorhänge aufzumachen.

Einige der Haushaltsgegenstände, die unsere freundlichen Bediensteten für uns gerettet hatten, wurden aus ihren Verstecken in den Häusern von Freunden zurückgebracht – sie genügten da und dort als Erinnerungsstücke.

In diesem Zusammenhang muß ich das Manuskript *Die Verbannte* erwähnen, das ich in einen Wandschrank gelegt hatte. Dort war es vom Mob übersehen, später aber von einigen meiner Studenten entdeckt worden, als sie meine Bücher in Sicherheit brachten. Sie retteten viele Bücher, die heute hier in den Regalen der Bibliothek meines amerikanischen Hauses stehen. Ihre Seiten sind zum Teil zerrissen und ihre Rücken beschmutzt, aber sie sind mir lieb und wert. Ich besitze sogar noch zehn von den alten Dickens-Bänden, in denen ich so oft als Kind las. Als sie mir zurückgegeben wurden, fand ich unter diesen Büchern ganz unversehrt und noch in der Schachtel, in der ich es zurückgelassen hatte, mein Manuskript; nicht eine einzige Seite fehlte.

Bevor ich nach den Ereignissen draußen in der Welt

Umschau halten konnte, mußte ich, wie gesagt, mein Haus herrichten und den Haushalt in Gang bringen. Mein Vater übernahm wieder seine früheren Zimmer, die Kinder waren glücklich in ihrer alten Kinderstube, die Küche war in Ordnung und die Dienstboten waren alle wieder eingestellt, außer dem unverbesserlichen Gärtner, der mit den Kommunisten gegangen war. Mein Leben war scheinbar wieder ganz so, wie es früher gewesen war – aber es war eben doch nicht mehr das gleiche und konnte es nie wieder sein. Wir lebten jetzt in einer anderen Welt – nicht mehr in der alten Welt unseres Kriegslords und unserer Stadt von ehedem. Sobald ich mich dazu aufraffte, aus dem Haus zu gehen, sah ich, daß hier eine Regierung am Ruder war, die sich von allen anderen unterschied, die ich bislang gekannt hatte. Es war die chinesische Nationalregierung und an ihrer Spitze stand Tschiang-Kaischek, dessen streng aufrechte Gestalt wir freilich nur selten zu Gesicht bekamen. Er war bereits ein Faktor in der Stadt, eine Kraft und eine Persönlichkeit.

Tschiang-Kaischek war bereits zur Legende geworden. Jeden Tag entstanden weitere Legenden und Geschichten, nicht nur über ihn, sondern auch über seine neue junge Frau, Sung Mei-ling. Die Leute von Nanking waren wie andere Chinesen – humorvoll, neugierig und sich wohl der Probleme bewußt, vor die ein chinesischer Militär, der nie den Westen besucht hatte und der im Grunde altmodisch in seiner Weltanschauung war, von einer geistvollen und schönen jungen Frau gestellt werden mußte, die von ihren Landsleuten als Ausländerin angesehen wurde, weil sie seit ihrem neunten Lebensjahr in Amerika gelebt hatte. Sie sprach Chinesisch nicht gut und wußte nicht Bescheid in der chinesischen Geschichte. Sie war westlich in ihren Lebensgewohnheiten und in ihrem Aussehen und Benehmen. Am schlimmsten aber war nach chinesischer Auffassung, daß sie herrisch war und ihre Meinung offen zum Ausdruck brachte. Die Sympathie des Volkes war deshalb auf Seiten ihres Mannes. Dienstboten, die im Präsidenten-Palais beschäftigt waren, berichteten von aufregenden und belustigenden Szenen, und die ganze Stadt genoß mit Behagen die Lage eines energischen, altmodischen Mannes, der mit einer ebenso energischen, aber neumodischen Frau verheiratet war.

Wir hatten viel von der neuen Großstadt reden gehört, die aus unserer alten südlichen Hauptstadt gemacht werden sollte. Wir waren stolz, daß Nanking trotz des Murrens der ausländischen Gesandtschaften, die so lange und bequem in Peking, dem Zentrum des Reiches, installiert gewesen waren, zur Hauptstadt der neuen Regierung gewählt worden war. Ein deutlicher Bruch mit der Vergangenheit schien uns gut und richtig. Inzwischen sollte Nanking, so versicherte man uns, in eine moderne Großstadt mit breiten Straßen, Elektrizität, Telephon, Autos und großen Warenhäusern umgewandelt werden. Neue öffentliche Bauten, Kinos und Regierungsgebäude würden errichtet werden, und es sollte sogar moderne sanitäre Einrichtungen und eine städtische Wasserleitung geben. Wir hörten und staunten. Unsere Stadt war so altmodisch wie das alte Jerusalem. Ihre Straßen mit Kopfsteinpflaster waren eng und gewunden. Wenn eine Rikscha oder eine Sänfte hindurch wollte, mußten sich die Menschen an die Hausmauern quetschen. Auf beiden Seiten des Pflasters verliefen Gossen, und in sie leerten die Hausfrauen das Schmutzwasser aus Küchenschüsseln und Waschzubern.

Ich hörte Gerüchte – aber in einer chinesischen Stadt ohne Tageszeitungen und reguläre Berichterstatter konnte man immer Gerüchte hören. Ich konnte mir nicht vorstellen, wie aus unserer alten Stadt eine neuzeitliche Großstadt gemacht werden sollte. Dann, eines Tages, verstand ich es. Unser Schneider – jener Mann, der damals als erster gekommen war, um uns vom Einzug der Kommunisten zu berichten – sagte mir, daß »sie« die Häuser der Leute mit einer ungeheueren Maschine abrissen. »Sie« bedeutete damals die neue Regierung.

»Erklären Sie mir das bitte«, sagte ich ungläubig.

»Ich kann es nicht erklären«, erwiderte er. »Aber es geschieht.«

Ich zog meine Jacke an und ging selbst, um nachzusehen. Wir wohnten nicht weit von der Hauptstraße, die in die Stadt führte, und ein Spaziergang von wenigen Minuten brachte mich an Ort und Stelle. Dort sah ich das Monstrum von Maschine – etwas, das ich nie zuvor gesehen und von dem ich nie gehört hatte, und das ich deshalb nicht benennen könnte. Ein Mann saß darauf, ein junger Chinese, kein Arbeiter, sondern ersichtlich ein westlich erzogener Mensch, und lenkte die Maschine langsam erst die eine und dann die andere Straßenseite entlang. Was machte er da? Er walzte die Häuser einfach nieder. Diese alten einstöckigen Häuser aus handgefertigten, mit Kalk vermörtelten Ziegeln hatten schon Hunderte von Jahren als Behausungen gedient, waren aber schließlich lange, bevor der Geist des Westens eine solche Maschine erdacht hatte, gebaut worden. Sie konnten diesem Angriff nicht standhalten und fielen in Trümmer.

Wäre das in meiner früheren Welt geschehen, so hätte ich den Mann angehalten und ihn gefragt, was er denn da mache und warum. Aber dies war eine andere Welt, und ich fragte nicht. Ich war eine Ausländerin, das wußte ich jetzt, und ich wagte nicht zu fragen. Ich stand inmitten des chinesischen Volkes und sah stumm und staunend zu.

Der junge Mann sagte kein Wort, nicht einmal, als eine alte Großmutter, die von Kindesbeinen an in einem dieser Häuser gewohnt hatte, heftig und laut zu jammern anfing. Flüsternd fragte ich ihren Sohn, ob die Familien für den Verlust ihrer Wohnungen entschädigt würden, und er flüsterte zurück, es sei ihnen eine Entschädigung versprochen worden, aber keiner von ihnen traue Versprechungen der Regierung.

Ich habe nie erfahren, ob sie entschädigt wurden. Ich halte es für wahrscheinlich, daß einige etwas bekamen und andere nicht, je nach der persönlichen Rechtschaffenheit der Beamten, durch welche die Regierung mit den jeweiligen Hausbesitzern verhandelte. Aber kein Geld konnte die Heimstätten ersetzen, die mit allen ihren Überlieferungen und Erinnerungen nun endgültig dahin waren.

Ich ging in mein eigenes wiedererstandenes Heim zurück, mit schwerem Herzen, denn ich wußte, daß von diesem Tag an die neue Regierung dazu verurteilt war, zu scheitern.

In diesen Tagen fand auch eine merkwürdige Veränderung an der Flanke unseres schönen Purpurberges statt. Von meinem fernen Dachfenster aus konnte ich zwischen den Föhren und dem Bambus etwas wie eine täglich breiter werdende weiße Narbe sehen. Es war das Grabmal für Sun-Yatsen, denn die neue Regierung hatte beschlossen, Sun-Yatsens einbalsamierte Leiche aus dem Norden herbringen zu lassen und sie in der südlichen Hauptstadt beizusetzen.

Meine eigenen Erinnerungen an die Beisetzung sind die einer bescheidenen Zuschauerin, doch sind sie vielleicht gerade deshalb interessant. Ich stand unter der Menge, die sich kilometerweit an der Straße versammelt hatte, auf welcher der Trauerzug vorüberkommen sollte. Ich war eingekeilt zwischen einem zweifelhaft duftenden Bettler und einer stämmigen, lebhaften Frau vom Lande. Ich versuchte, zwischen den dichtgedrängten Köpfen vor mir hindurchzuspähen und wurde von Unbekannten von hinten geschoben, während der imposante Zug vorbeimarschierte.

Wir hatten stundenlang gestanden und nahmen jetzt

das nächstbeste Beförderungsmittel, das wir bekommen konnten, um aus der Stadt hinauszufahren und während der Beisetzungsfeierlichkeiten wieder dabei zu sein. Das ziemlich kleine Mausoleum war gedrängt voll von Würdenträgern, und wieder wählte ich meinen Platz am Fuß der Marmortreppe unter der riesigen Volksmenge.

Ich erinnere mich nicht mehr an das Programm, außer daß Reden in verschiedenen Sprachen gehalten, Kränze niedergelegt und Lieder gesungen wurden, was man alles durch Lautsprecher übertrug. Ich hörte damals den ersten Lautsprecher meines Lebens. Ich erinnere mich aber, daß das Programm ungefähr in der Mitte der Feier abbrach und daß wir warteten und warteten. Ich fragte mich, was wohl passiert sei, verfiel trotz allem in meine alte Gewohnheit, mich mit den Chinesen zu identifizieren und machte mir Sorgen, ein Regiefehler könnte die Feier in den Augen der Fremden herabsetzen. Als hätte jemand meine Gedanken erraten, kam über den Lautsprecher eindringlich und deutlich vernehmbar ein Flüstern in chinesischer Sprache: »Mach schnell, mach schnell ... Die Ausländer sollen nicht über uns lachen!«

Wer es auch war, der die Dinge verzögerte, er beeilte sich jetzt und kurz darauf nahm das Programm seinen Fortgang. In der Zwischenzeit sah ich keinen Chinesen an und tat so, als habe ich das Flüstern nicht verstanden.

Als das Programm zu Ende war und die Menge sich verlaufen hatte, stieg ich die Marmorstufen hinauf und ging in die Vorhalle des Grabmals. In diesem Augenblick kam Tschiang-Kaischek aus einem inneren Gemach heraus. In der Uniform der Nationalarmee, auf der Brust eine Reihe von Auszeichnungen und Orden, die Augen geradeaus gerichtet, schritt er über den Marmorboden und stand in dem weiten Türeingang, um über das Tal hinwegzublicken. Er stand lange Zeit in dem flammenden Licht des Nachmittags, und ich stand dicht daneben im Schatten und rührte mich nicht. An was, so fragte ich mich, mochte er denken – und an was mag er sich jetzt erinnern, verbannt auf jene Insel Formosa, deren Bewohner sich bis zum heutigen Tag nicht als zu China oder den Chinesen gehörig betrachten?

Ich habe keine Erinnerungen an den Frieden unter Tschiang-Kaischek. Er stand schwierigen Problemen gegenüber und war durch seinen Werdegang nicht vorbereitet, sie zu lösen. Er war Soldat, hatte die Denkweise eines Soldaten und war weder von Natur noch durch Erfahrung zum zivilen Staatsmann einer Republik geeignet.

Ich lese, daß heute der »alte Tiger« früh aufsteht und betet. Es heißt, er gehe gerne langsam mit seiner Frau in den Straßen von Formosa spazieren. Nun, er wird alt. Ich höre, daß er sogar Gedichte liest und meditiert. Wenn das wahr ist, folgt er der Tradition der Kriegslords. Der alte Wu Pei-fu, ein Erzkriegslord, wie es nur jemals einen gab, pflegte an seinem Lebensabend nicht nur Gedichte zu lesen, sondern versuchte auch welche zu schreiben. Er sehnte sich in der kontemplativen Art vieler alternder chinesischer Militärs danach, der Nachwelt nicht als Mann der Schlachten und Kriege in Erinnerung zu bleiben, sondern als weiser und gütiger Mensch ...

Ich erinnere mich an keinen Frieden, denn das waren die Jahre, als Tschiang-Kaischeks Armee die Kommunisten durch das ganze Land bis in den fernen Nordwesten verfolgte. Die Verfolgung erstreckte sich auf weite Gebiete, aber sie nahm in unserer Stadt ihren Anfang, und ich sah sie sogar in meinen Klassen. Häufiger, als mir lieb war, gab es leere Plätze im Unterrichtszimmer, und wenn ich fragte, wo die fehlenden Schüler seien, machten die anderen vielsagende Gesichter und Gesten, aus denen ich entnehmen konnte, daß die Unglücklichen als Kommunisten in Haft waren. Manchmal versuchte ich, sie – wenn schon nicht vor dem Gefängnis – dann wenigstens vor dem Tode zu retten. Zuweilen gelang mir das auch – meistens aber nicht.

Ich nehme an, daß es auch Kommunisten unter den Verfolgten gab – aber die waren meist sehr jung und wahrscheinlich hätte man sie wieder zurückführen können. Doch man gab ihnen gar nicht die Möglichkeit dazu – es war eben einfacher, sie umzubringen. Viele von ihnen aber waren keine Kommunisten, wie ich sehr genau wußte. Sie wurden verhaftet, weil sie liberale Zeitschriften lasen, oder weil sie sich vielleicht zufällig oder ahnungslos einem Klassenkameraden angeschlossen hatten, der Kommunist war, oder weil sie Kritik an der neuen Regierung übten. Tausende von jungen Menschen, die keine Kommunisten waren, wurden in ganz China unter dem Vorwand, sie seien Bolschewisten, ohne

Umstände getötet. Wir waren alle hilflos – es sei denn, wir erfuhren den Namen des betroffenen Studenten rechtzeitig genug, um uns für ihn einsetzen zu können.

Ich will nicht länger bei dieser Schreckenszeit verweilen. Die Gebeine dieser jungen Menschen sind längst zu Staub und Asche zerfallen ... Das waren keine Kommunisten – aber sie waren gegen das Unrecht und sie wußten, daß eine auf Unrecht aufgebaute Regierung keinen Bestand haben kann, ob sie nun kommunistisch oder nationalistisch ist.

Gerade damals machte ich einen kurzen Abstecher nach Amerika, um mein kränkliches Kind für dauernd in einem Heim unterzubringen. Der Entschluß war zur eiligen Ausführung gekommen, weil ich in China eine so unsichere Zukunft mit Kriegen und Revolutionen voraussah, daß mir für dieses hilflose Kind ein sicherer Zufluchtsort fürs Leben unbedingt nötig schien. Während dieser Monate in den Vereinigten Staaten im Jahre 1929 erfuhr ich, daß mein erster Roman *Ostwind-Westwind* zur Veröffentlichung angenommen worden war. Ich hatte dieses dünne Manuskript ein Jahr zuvor an David Lloyd nach New York geschickt, und dann hatte sich so viel ereignet, daß ich es fast vergessen hatte. Ich war im Haus einer Freundin in Buffalo zu Besuch, als mich ein Telegramm von David Lloyd erreichte, das von China nachgesandt worden war. Danach war der Roman von dem Verlag John Day angenommen worden, und ich sollte in das Verlagsbüro kommen, um einige Änderungen zu besprechen. Agentur und Verlag sollen sich gewundert haben, wie ruhig ich antwortete und daß ich erst Wochen später nach New York kam. Ich nehme an, meine gewohnte Nachlässigkeit, was Zeitbegriffe angeht, ist damit zu erklären, daß ich solange in einem Land gelebt habe, in dem Zeit keine Rolle spielt.

Nach Wochen also reiste ich nach New York, kam dort mit David Lloyd zusammen, den ich noch nie vorher gesehen hatte, und ging mit ihm zum Verlag John Day. Hier wartete ich geduldig auf einer langen Bank im pennsylvanisch-deutschen Stil, die im Vestibül stand – und die übrigens heute als Andenken in unserem Eßzimmer steht.

Der Leiter des Verlages kam an jenem Tag erst spät nach dem Mittagessen zur Arbeit zurück. Mit Interesse hörte ich, daß er es gewesen war, der sich für die Veröffentlichung meines kleinen Buches eingesetzt hatte. Sein Lektorat war zu gleichen Teilen dafür und dagegen gewesen, und er hatte die entscheidende Stimme abgegeben – nicht, wie er mir offen sagte, weil er das Buch für besonders gut hielt, sondern weil er darin Anzeichen zu sehen glaubte, daß seine Verfasserin sich weiterentwickeln werde. Der Agent David Lloyd hatte mir bereits gesagt, daß mein Manuskript an jeden Verlag in New York gesandt worden war, der dafür in Frage kam, und daß er es zurückgezogen hätte, wenn es auch der Verlag John Day nicht angenommen hätte. Ich war daher in gebührend demütiger Gemütsverfassung – aber dafür hatte schon vor langer Zeit Herr Kung gesorgt.

So war ich also weder niedergeschlagen, noch jubelte ich. Fast sofort kehrte ich nach China zurück.

Das Haus in Nanking war ohne meine kleine ältere Tochter leer, und alle Freunde und Verwandten konnten es nicht füllen. Jetzt schien mir die Zeit gekommen, richtig mit dem Schreiben anzufangen. Ich brachte also eines Morgens mein Dachzimmer in Ordnung und stellte meinen großen chinesischen Schreibtisch so, daß der Blick auf den Berg fiel. Dort setzte ich mich jeden Morgen, wenn der Haushalt für den Tag in Ordnung gebracht war, an meine Schreibmaschine und begann, *Die gute Erde* zu schreiben. Die Handlung hatte ich seit langem klar im Kopf. Die Geschichte hatte sich festumrissen und rasch aus den Ereignissen meines Lebens geformt. Ihre treibende Kraft war mein Unwille über die Lage der Bauern und der einfachen Menschen Chinas und meine Liebe und Bewunderung für sie, die ich auch heute noch empfinde. Als Schauplatz meines Buches wählte ich Nordchina und die reiche südliche Stadt Nanking. Mein Material hatte ich also nahe bei der Hand. Ich kannte diese Menschen wie mich selbst.

Wie lange waren doch die Tage, die ich von meinem Kind getrennt war, wenn ich sie auch noch so voll ausfüllte! Am Nachmittag unterrichtete ich meine College-Studenten in der neuen Regierungs-Universität. Wenn ich um vier Uhr heimkam, waren immer Teegäste da – junge chinesische Intellektuelle, alte chinesische Freunde, junge Amerikaner und Engländer von der Nankinger Missions-Sprachschule. Dennoch waren die Tage lang –

denn da waren die Abende und das Wochenende und die langen, heißen Sommerferientage, in denen ich nicht mehr nach Kuling gehen mochte.

Im Sommer hatte ich sogar noch mehr Zeit, denn mein Vater verbrachte die zwei heißesten Hochsommermonate immer bei der Familie meiner Schwester in den Bergen. Unser Haus war dann leerer denn je. Damals beschloß ich, die Übersetzung des großen chinesischen Romans *Schui Hu Tschüan* zu beginnen, den ich später *Alle Menschen sind Brüder* nannte.

Der chinesische Titel besagt in einer anderen Sprache nichts, obwohl er auch im Chinesischen eine recht deutliche Anspielung auf die Zusammenrottung von Räubern und Piraten an den Wasserwegen von Flüssen und Seen ist. Darauf beziehen sich die chinesischen Worte. Vier Jahre arbeitete ich an der Übertragung dieses gewaltigen Werkes – in den Stunden, in denen ich nicht an meinen eigenen Büchern schrieb und keinen Unterricht gab. Es war ein tiefes Erlebnis, denn obgleich das Buch vor fünfhundert Jahren geschrieben wurde, bot doch das Leben in China noch immer dasselbe Bild ...

Inzwischen schrieb ich *Die gute Erde*. Ich brauchte drei Monate dazu und schrieb in dieser Zeit das Manuskript zweimal neu. Als es fertig war, kamen mir große Zweifel an seinem Wert – aber an wen konnte ich mich um eine Beurteilung wenden? Mein Bruder war in jenem Jahr in China, im Auftrag des New Yorker Milbank-Gedächtnisfonds, um Einblick in die von James Yen geleitete Bewegung zur Erziehung der Massen zu nehmen, und in der Absicht, diesem bewundernswerten Unternehmen eine Unterstützung zukommen zu lassen. Er konnte nur ein paar Tage mit mir verbringen, und während dieser Zeit erwähnte ich zaghaft, daß ich einen Roman geschrieben hätte. Er war verständnisvoll wie immer und drückte sein Interesse aus, aber das ermutigte mich noch nicht zu der Bitte, er möge seine kostbare Zeit zur Lektüre des Manuskriptes verwenden und mir sagen, ob es etwas tauge. Mein alter Vater konnte mir das auch nicht sagen, und sonst war niemand da. Also verschnürte ich die Blätter, gab sie selbst nach New York auf und richtete mich aufs Warten ein, während ich mich mit anderer Arbeit beschäftigte.

Mein Geist kam nicht zur Ruhe, nachdem ich *Die gute Erde* beendet hatte. Fast sofort begann ich einen anderen Roman, *Die Mutter*, zu schreiben, in dem ich das Leben einer chinesischen Bäuerin schilderte. Aber darüber hinaus sollte es das Leben irgendeiner Frau sein, der keine Erfüllung außerhalb ihres eigenen Erlebens und Verstehens zuteil geworden war. Überall in der Welt gibt es Millionen solcher Frauen. Ich hatte damals geglaubt, daß es sie in meinem Heimatland nicht gebe. Aber als ich nach Amerika kam, fand ich sie auch dort in so manchem Farmhaus, besonders im tiefen Süden und in der Einsamkeit der Berge Neu-Englands ...

Das Jahr 1931 war in vieler Hinsicht denkwürdig für mich. In jenem Jahr starb mein verehrter alter Vater in seinem achtzigsten Lebensjahr. Damals schwoll der Jangtsefluß durch anhaltende Regenfälle an und überschwemmte unsere ganze Gegend – ein Anblick, den kein Lebender je zuvor gesehen hatte. Und in eben diesem Jahr ergriffen die japanischen Imperialisten Besitz von der Mandschurei. Alle denkenden Chinesen und einige Weiße begriffen die schlimme Vorbedeutung dieses Aggressionsaktes. Herr Lung, der alte chinesische Gelehrte, der mit mir an der Übertragung von *Schui Hu Tschüan* arbeitete, sagte voll Besorgnis zu mir: »Ist es möglich, daß die Amerikaner und Engländer nicht begreifen, was es bedeutet, daß Japan die Mandschurei besetzt hat? Es wird einen zweiten Weltkrieg geben.«

Ich erwiderte, daß weder die Engländer noch die Amerikaner das verstehen könnten.

Für mich stand freilich der Tod meines Vaters ganz im Vordergrund. Seine Geschichte habe ich an anderer Stelle erzählt und will sie daher hier nicht wiederholen. Während der letzten zwei Jahre war seine hochgewachsene, asketische Gestalt immer gebrechlicher und sein Wesen dem eines Heiligen immer ähnlicher geworden. Ich fürchtete, als ich diese Veränderungen beobachtete, daß er nicht mehr lange leben werde. In jenem Sommer jedoch ging er wie gewöhnlich zu meiner Schwester nach Kuling und verbrachte zwei heitere Monate bei seinen alten Freunden und ihrer kleinen Familie. Als er sich anschickte, wieder zu mir zurückzukehren, wurde er plötzlich von seiner alten Feindin, der Ruhr, überfallen. Seine Kräfte nahmen rasch ab und ein paar Tage später starb er. Ich konnte nicht einmal zu seiner Beerdigung kommen, denn der Strom brauste mit erschreckender

Geschwindigkeit dahin, und alle Schiffe trafen verspätet ein. Mit dem Tode meines Vaters war alles entschwunden, was mich mit meiner Kindheit verband – und ich lebte hinfort in der neuen Welt des Kampfes und der Verwirrung. Sein unerschütterlicher Glaube, alle Dinge wirkten sich zum Guten aus, war aus meinem Haus genommen.

Ungeheuerlich war die Überschwemmung des Jahres 1931 – und es war seltsam zu sehen, wie die gelben Fluten über die Mauern der elf Kilometer entfernten Dämme stiegen, sich durch die Straßen wälzten und sich dann über die fruchtbaren Felder außerhalb der Stadtmauer ergossen. Die Straße zum Berg war so hoch über den Feldern erbaut, daß sie nicht vom Wasser überspült wurde, und ich ritt oft hinaus zum Purpurberg, um die Landschaft zu betrachten, die nun ein schlammiges Meer geworden war. Unsere eigenen Leute waren jetzt zu Flüchtlingen geworden, und wir mußten uns der örtlichen Hilfeleistung widmen – einer schweren Aufgabe, bis die Wasser schließlich zurückgingen. Landbewohner wurden zu Bootsleuten, und Bauern, die ihren Lebensunterhalt immer aus der Erde gezogen hatten, lebten von Fischen und Krabben, und zwar mit der größten Ruhe und Gutwilligkeit, ohne irgend jemand für die Katastrophe verantwortlich zu machen.

Trotz der gewaltigen Ausmaße der Überschwemmung und des riesigen Schadens, den sie anrichtete, konnte ich nicht umhin, mich an der wilden Schönheit des Schauspiels zu freuen. Die Wasserfläche warf die Farben des

Himmels zurück, und wenn man, wie ich es manchmal tat, auf dem Gipfel des Purpurberges saß und das Schauspiel betrachtete, fühlte man sich zu seltsamen Höhen erhoben. Zur Rechten spiegelte das Wasser den edlen Umriß der riesigen Stadtmauer wider. Der Lotossee, auf dem wir oft in einem Vergnügungsboot unsere Sommerabende verbracht hatten, war nun ein Nebenarm des neuen Meeres, und wenn die Sonne hinter den fernen Bergen versank, erstrahlte das Meer im Abendglanz, und seine Schlammflut war verwandelt in Rosenfarben und Gold.

In diesem Jahr der Überschwemmung kamen Charles und Anne Lindbergh in ihrem Flugzeug aus den Vereinigten Staaten, um Notstandshilfe zu leisten. Was war das für ein Ereignis, und wie drängten sich die Menschen auf den Straßen und Wegen, um das mutige junge Paar zu sehen, das von so weit hergekommen war! Wie gewöhnlich stand ich als aufmerksame Zuschauerin unter der Menge, beobachtete die Gesichter der Chinesen und hörte mir an, was sie sagten, als die beiden Amerikaner vorbeikamen – Lindbergh, der sehr groß wirkte, und seine kleine, freundliche und liebenswürdige Frau.

Während der Überschwemmung bekam ich Nachricht von einem anderen Amerikaner, Will Rogers. Er telegrafierte aus Schanghai, daß er mich gerne besuchen wolle, und wenn ich auch damals noch keine Ahnung hatte, welche bedeutende Rolle er in Amerika spielte, wußte ich doch genug von ihm, um seinem Kommen mit Spannung entgegenzusehen. Leider konnte er wegen der

Überschwemmung nicht kommen, so daß ich ihn damals nicht sah. Als ich jedoch zwei Jahre später in New York war, tranken er und seine Frau mit mir im alten Murray-Hill-Hotel Tee; sie blieben längere Zeit, und ich genoß es, mit ihnen allein zu sein. Denn inzwischen hatte ich erfahren, wer er eigentlich war und wieviel er für mich durch seine lobende Besprechung meines Romans *Die gute Erde* getan hatte. Ich muß bei dem Gedanken an alles Lobende, was er damals und nachher über mich geschrieben und gesagt hat, noch immer erröten, denn er war viel zu gütig. Ehrlichkeit, Schlichtheit und ein steter Scharfsinn kennzeichneten Will Rogers, so daß man ihm instinktiv nicht nur seiner Offenheit, sondern auch seines gesunden Menschenverstandes willen vertraute. Sein Andenken sei gesegnet!

Ich erinnere mich auch an den Besuch eines anderen Amerikaners in diesem Jahr. Das war schon früher gewesen, ehe die Überschwemmung ihren Höhepunkt erreicht hatte und als der Verkehr zwischen unserer Stadt und der Küste noch unterbrochen war. Dieser Amerikaner war Lewis Gannett. Ich erinnere mich, welche Gedanken ich mir machte, als ich zum erstenmal einem Kritiker persönlich gegenübertrat. Er sah freundlich, sympathisch und sehr amerikanisch aus, und ich bin immer froh gewesen, daß er auch meinen Vater kennenlernte, denn später, als er mein Buch *Der kämpfende Engel* in der *New York Herald Tribune* besprach, erinnerte er sich an ihn und konnte ihn als »jene Lincolnsche Gestalt« beschreiben, die er auch wirklich war.

Im Frühjahr eben dieses Jahres 1931 und zwar am 2. März, bevor mein Vater starb und die Überschwemmung einsetzte, erschien *Die gute Erde.* Ich erinnere mich noch, wie mich das erste Exemplar des Buches erreichte und in Verlegenheit setzte, weil niemand etwas von seiner Existenz wußte oder sie, wenn er einmal davon gewußt haben sollte, wieder vergessen hatte. Ich ging in das Zimmer meines Vaters und zeigte ihm das Buch, ohne freilich viel zu erwarten, denn er las keine Romane. Er war sehr gütig, beglückwünschte mich zum Erscheinen des Buches und wollte wissen, wann ich denn die Zeit gefunden hätte, es zu schreiben. Einige Tage später gab er es mir zurück und meinte freundlich, er habe einen Blick hineingeworfen, sich aber nicht der Aufgabe gewachsen gefühlt, es zu lesen.

»Ich glaube nicht, daß ich das fertig bringe«, sagte er. Soviel über dieses Buch ...

Die Überschwemmung trug nicht dazu bei, die neue Regierung beim Volk beliebter zu machen. Die Leute waren zu vernünftig, um Tschiang-Kaischek zum Vorwurf zu machen, was der Himmel verhängt hatte. Doch zürnten sie nach Menschenart ganz allgemein den harten Zeiten und murrten ungeduldig, es könne und müsse etwas getan werden, um das Leben erträglicher zu machen. Die Japaner nahmen praktisch ganz Nordchina in Besitz. Sie machten Schanghai zum Stützpunkt ihrer Angriffe. Große Teile der Stadt wurden dabei eingeäschert und in Trümmer gelegt. Niemand wußte, ob und wann sie den Jangtse hinauf vorrücken würden.

Der amerikanische Konsul riet jetzt allen amerikanischen Familien in Nanking, ihre Frauen und Kinder fortzuschicken, und in Anbetracht des wieder aufflammenden und sich ständig steigernden Fremdenhasses ging ich mit meiner kleinen jüngeren Tochter nach Peking. Schon immer hatte ich eine Zeitlang dort bleiben wollen, auch hoffte ich, einige Nachforschungen in alten Ausgaben des *Schui Hu Tschüan* anstellen und vielleicht alte Illustrationen dazu finden zu können, von denen ich gehört hatte. Jene Monate scheinen aus der Entfernung nur eine Episode, eine der angenehmen Zwischenpausen, die ich in der Unermeßlichkeit des chinesischen Lebens immer wieder zu finden vermochte. Ich war damals vollkommen glücklich, vollauf beschäftigt mit geschichtlichen Studien, der Besichtigung von Sehenswürdigkeiten und der Begegnung mit ungewöhnlichen Menschen vieler Nationen.

Nach zwei Jahren meines Pekinger Aufenthalts im Jahre 1932 wurde es mir klar, daß ich mein Land und mit ihm meine Welt würde wechseln müssen, wenn ich mein Leben nicht in ewiger Unruhe verbringen wollte. Ich fürchtete die Veränderung, denn ich liebte China, und sein Volk war für mich wie mein eigenes. Ich erinnere mich, wie lange ich in diesen Pekinger Frühlingstagen hin und her überlegte. Die Staubstürme aus den Wüsten im Norden fegten über die Stadt, und die Winde waren kalt und trocken. Und doch verbrachte ich meine Nachmittage, wenn meine Morgenarbeit in der ausgezeichneten Nationalbibliothek getan war, mit Wanderungen durch die Stadt und der Auffrischung meiner historischen Kenntnisse. Es war gut, die Entscheidung, ob ich China verlassen sollte, in Peking zu fällen, denn nirgendwo ist China großartiger und nirgends tritt seine Schönheit deutlicher zutage als dort. Ich sah den Adel der königlichen, breiten Straßen. Noch standen Paläste und Grabmäler als prächtige Denkmäler, aber sie begannen bereits zu zerfallen.

An diesem Tage war ich lange in der »Verbotenen Stadt« umhergeschlendert, von den müßigen Soldaten neugierig angestarrt. Schließlich forderte mich einer von ihnen durch Zeichen auf, ihm um die Ecke eines Palastes zu folgen. Da ich glaubte, er wolle mir etwas zeigen, was ich noch nicht gesehen hatte, folgte ich ihm. Als ich aber zu ihm hingekommen war, zog er einen prachtvollen Fayence-Ziegel mit dem alten kaiserlichen Gelb und dem Drachenstempel aus der Umrandung eines niedrigen Daches.

»Einen Silberdollar«, sagte er auf chinesisch.

Ich schüttelte den Kopf und versuchte mir schlüssig zu werden, ob ich ihn anzeigen oder schweigen und weggehen sollte. Ich ging weg. Welchen Zweck hätte eine Anzeige gehabt? Er empfand nicht den Idealismus, der ihn an seine Pflicht hätte mahnen müssen. Idealismus? Das war der schwache Punkt. Die neue Regierung stellte ihrem Volk nie Ideale vor Augen, nach denen es leben konnte – und die Chinesen leben wie wir alle nicht vom Brot allein ...

Einen meiner glücklichsten Tage in Peking verbrachte

ich mit dem großen chinesischen Schauspieler und Frauendarsteller Mei Lan-fang in seinem schönen Haus. Er sprach von vielen Dingen, sang und spielte auf seiner Laute für mich und zeigte mir seine unschätzbare Sammlung alter Musikinstrumente. Sein Koch, einer der berühmtesten in Peking, bereitete für uns köstliche mongolische Süßigkeiten und chinesische Pasteten, die Mei Lan-fang mit Genuß, wenn auch nicht ohne Gewissensbisse verzehrte – denn er wurde bereits beleibt, und die gertenschlanken Heldinnen, die er zu verkörpern hatte, waren die Hauptpersonen der altchinesischen Oper.

Ach, wenn ich an Peking denke, wird mir noch immer das Herz schwer, denn dort war die wirkliche Seele des chinesischen Volkes fühlbar. Es ist kein Wunder, daß so mancher Ausländer, der als Besucher kam, für immer dort blieb. Mich interessierte das kosmopolitische Leben der Ausländer, so liebenswürdig sie auch zu mir waren, freilich weniger – meine Freude war es, allein durch die Straßen zu wandern, in den Palästen und Gärten zu verweilen und manchmal aus der Stadt hinaus durch die kahlen Berge zu reiten und auf den leeren, verlassenen Sommerpalast zu blicken. Meine Freude war es auch, den Reden des Volkes in reinem Mandarin-Chinesisch, dieser adeligen Sprache, zuzuhören und die stolzeste Rasse der Erde zu beobachten.

Ich konnte mich alles andere als schnell und leicht entschließen, China zu verlassen. Tatsächlich war der Entschluß zwei Jahre lang nicht endgültig. 1932 hatten wir ein Jahr der Ruhe, das wir in den Vereinigten Staaten verlebten. Diese Monate, davon war ich überzeugt, würden mir genügend Zeit lassen, mir über meine Zukunft klar zu werden. Von der Abreise ist mir nicht viel im Gedächtnis geblieben. Zunächst kehrte ich von Peking in das Haus in Nanking zurück. Es war während meiner Abwesenheit in Ordnung gebracht worden. Ich nahm von allen chinesischen Freunden und den treuen Dienstboten Abschied. Ich war hinreichend losgelöst, um mich nicht allzusehr zu grämen, wie ich es vielleicht in früheren Jahren getan hätte. Außerdem beglückte mich die freudige Erwartung, mein älteres Töchterchen wiederzusehen, von dem ich fast drei Jahre getrennt gewesen war.

Mein amerikanischer Verleger erwartete mich am Zug in Montreal mit einem Wagen und einer Liste von Fragen, die entschieden werden mußten. Schon bald war es mir klar, daß ich das Jahr nicht untätig und ungebunden würde verleben können, wie ich mir das vorgestellt hatte. Aber es ist nicht sehr interessant, die Ereignisse ins Gedächtnis zurückzurufen, die für Bestseller-Autoren – und als solcher hatte sich *Die gute Erde* erwiesen – ziemlich festliegen: die Galadiners, die Cocktail-parties, die Einladungen, auf denen man sehen und gesehen werden muß, die Reden, das Ansinnen, über alles seine Ansichten zu äußern ...

All das war an sich einigermaßen aufregend, erfüllte aber nicht, was ich so sehnlich suchte. Vor allem wollte ich mein eigenes Volk kennenlernen, denn ich war mir bewußt, daß ich vorher nicht in Amerika Wurzel schlagen konnte. Schließlich hoffte ich, einen Kreis geistesverwandter Freunde zu finden.

Die Länder zu wechseln ist ein überwältigendes, kann aber auch ein zermürbendes Erlebnis sein. Ich war für diesen Wechsel schlecht vorbereitet. Meine Eltern hatten ihre Heimat im Jahre 1880, lange Zeit vor meiner Geburt, verlassen und nie wieder lange genug in den Vereinigten Staaten gelebt, um die dortige Entwicklung ganz zu verstehen. Meine Mutter pflegte über den amerikanischen Zeitungen und Zeitschriften, die wir zugesandt erhielten, zu grübeln. Sie war beunruhigt über die Wellen von Einwanderern, die nach Amerika kamen, und die Frage, wie sie sich wohl auf das amerikanische Leben auswirken würden. Aber sie konnte mir auch nicht mehr sagen, als was wir lasen.

Während meiner Zeit im College hatte ich kein Zuhause gehabt und daher nie am amerikanischen Leben teilgenommen. Ich erkannte bald, daß es nicht schwer sein würde, als Heimatlose in den Vereinigten Staaten zu leben; in einem so riesigen Land würde es mir leicht fallen, einen ansprechenden Ort als Wohnsitz zu wählen und dort mein Leben ganz für mich und eingesponnen in meine privaten Interessen zu verbringen. Aber das wollte ich nicht. Ich wollte eine Amerikanerin im wahrsten Sinne des Wortes sein.

Während ich also mein erstes Jahr mit literarischen und gesellschaftlichen Dingen hauptsächlich in New York verbrachte, gehörte mein wirkliches Interesse den verschiedenartigen Menschen, die ich sah, denen ich begegnete und die ich kennenlernte. Ich merkte bald, daß es hier keine literarischen Kreise im europäischen oder chinesischen Sinne gab. Die glanzvolle junge Gruppe literarischer Revolutionäre, an deren Spitze Hu Schi und andere standen, hatte jedenfalls in Amerika kein Gegenstück.

Das Jahr meiner Rückkehr, 1932, war das Jahr der großen Wirtschaftsdepression in den Vereinigten Staaten – und es ist sehr bezeichnend, daß ich das gar nicht merkte. Zum erstenmal ging mir ein gewisses Verständnis für die Depression auf, als der neue Präsident Franklin Roosevelt die Banken schließen ließ, um die Finanzen der Nation zu sanieren, und als ich Ansammlungen ängstlich erschrockener Menschen sah. Aber Banken hatten in meinem Leben nie eine Rolle gespielt, und ich begriff nicht ihre grundlegende Bedeutung in unserer Wirtschaftsstruktur.

An diesem Tag, so erinnere ich mich noch, war der Morgen hell und klar, und reine Luft wehte vom Meer herüber, wie das manchmal in New York der Fall sein kann. Ich war gut gelaunt aufgestanden, um die vor mir liegenden Stunden mit interessanten Verabredungen und angenehmen Zerstreuungen auszufüllen. Nach dem Frühstück schlenderte ich, wie ich es gerne tue, durch die Straßen und stieß bald auf eine große Menschenmenge, die sich vor einem geschlossenen Gebäude angesammelt hatte. Warum, so überlegte ich, hatten sie sich gerade hier versammelt, und warum waren sie alle so still und angstvoll? Ich mischte mich unter die Menge, wie ich das auch in China oft getan hatte, und erfuhr bald, daß die Leute fürchteten, ihre Ersparnisse könnten verloren sein – das bißchen Geld, das sie durch harte Arbeit zusammengespart hatten. Denn es handelte sich um arbeitende Menschen, wie ich an ihrer Kleidung und ihren Händen sehen konnte. Ihre Sicherheit, so entdeckte ich, hing nicht von der Familie oder von menschlichen Beziehungen ab, sondern von etwas so Unpersönlichem wie einer Bank – und eine Bank konnte ihnen und ihrem Besitz ihre Türen verschließen. Es war eine große Erleichterung, als unser Finanzsystem später verbessert wurde; es ist somit zu hoffen, daß ein solches nationales Unglück nicht wieder passieren wird.

Wenn ich an Volksmengen denke, erinnere ich mich an meinen ersten Film und das palastartige Lichtspieltheater, in dem ich ihn sah – jedenfalls kam es mir wie ein Palast vor. Ich hatte zwar in Nanking seit der Revolution mit großem Vergnügen einige Filme gesehen, hauptsächlich Lustspiele mit Charlie Chaplin und Harold Lloyd, aber stets auf einer harten Holzbank ohne Lehne und in einem großen, aus Matten errichteten Schuppen. Um mich herum saßen dicht gedrängt die chinesischen Zuschauer und mein Vergnügen bestand nicht zuletzt in ihren oft recht kritischen Bemerkungen, ihrem schallenden Gelächter über gelungene Späße und in ihrem ehrlichen Entsetzen über das Küssen, bei dem die alten Damen sittsam ihre Ärmel vor die Augen hoben und dahinter hervorlugten, während andere mit entzücktem Abscheu bei dem gräßlichen Anblick von

Mund auf Mund laut aufschrien. So also benahmen sich die Ausländer! Wie angenehm war es doch, so ließen die Zuschauer durchblicken, ein Chinese und ein höherstehender Mensch zu sein!

Feste, Festmähler, Vergnügungen und Ehrungen – alles das gab es in Überfülle, aber nicht daran erinnere ich mich. An erster Stelle erinnere ich mich an eine Einladung in New York zu einer Ausstellung von Bildern, die Neger gemalt hatten. Ich ging aus Neugier hin, und was ich sah, war bestürzend. Die Bilder stellten unvorstellbare Greuel dar. Ich sah traurige schwarze Gestalten, an Bäumen baumelnde Leichen, verkohlte Reste von Häusern und erschütternde Kindergesichter. Ich sah enge Gassen in Elendsvierteln und gebeugte armselige Menschen, geduldig und unwissend. Und unter den Anwesenden, die mich begrüßten, sah ich die sensiblen, intelligenten Gesichter gebildeter Neger und Negerinnen. Ich bat sie um eine Erklärung der Bilder, und sie gaben sie mir. Es waren ihre Erlebnisse. Ich hörte von Vorurteil und Verfemung – und daß diesen Bürgern der Vereinigten Staaten jede Möglichkeit versperrt war, nur weil sie schwarzhäutig waren. Ich hörte vom Lynchen.

Es war ein Schlag für mich, den ich nicht so leicht überwinden konnte. Für mich war Amerika immer das gesegnete Land gewesen – das Land, in dem alles sauber, gut und frei war. Aber nicht, daß ich solche Dinge erlitten hatte, brach mir nun fast das Herz, sondern daß die Menschen meines eigenen Volkes solche

Kränkungen anderen Menschen zufügten und daß diese anderen ihre Mitbürger waren. Daß Amerikaner so etwas fertig brachten!

Ich stand an jenem Tag vor diesen grauenhaften Bildern, blickte sie an und lauschte den Erklärungen, und das Herz wurde mir schwer. Ich mußte sprechen oder weinen, und ich glaube, ich tat beides. Ich kann mich nicht erinnern, was ich sagte, doch plötzlich sprach ich zu einer Gruppe weißer und farbiger Menschen, die mir fremd und doch alle Angehörige meines eigenen Volkes waren und schüttete ihnen mein Herz aus. Als ich zu Ende gesprochen hatte, ging ich sofort weg und blieb mehrere Tage allein, ohne jemanden sehen oder hören zu wollen, bis ich die ganze Bedeutung dieser ungeheuerlichen Lage in meinem Heimatland begriffen hatte – eine Lage, die uns in die schwere Gefährdung der weißen Menschheit in Asien, auf der andern Seite des Erdballs, verwickelte. Danach las ich alles Erreichbare über dieses Thema, lernte viele Neger – Männer und Frauen – kennen und beschloß, wenn ich jemals in meine Heimat für immer zurückkehren sollte, um dort zu leben, ihr Problem zu dem meinen zu machen.

Ich weiß jetzt, daß hauptsächlich diese Enttäuschung meinen Entschluß beschleunigte, nach China zurückzukehren und die endgültige Frage, ob ich Asien verlassen sollte, noch hinauszuschieben ...

In diesem Jahr kehrte ich über Europa nach China zurück, wobei ich in England und dem herrlichen schottischen Hochland mit seinen Seen Station machte. Ein lieblicher Nebel hängt über der Erinnerung an dieses Vorkriegsengland, eine lange Kette von Sehenswürdigkeiten und Erlebnissen. In den stillen Städten und alten Dörfern schien jetzt der zweite Weltkrieg ebenso unwahrscheinlich wie vordem schon der erste. Die Landschaft war in eine unvergeßliche Schönheit getaucht.

Nach dem Aufenthalt auf dem englischen Land ging ich noch einmal nach London, in der Absicht, seine Dickenssche Vergangenheit wiederzufinden, die ich zum erstenmal vor langer Zeit auf der breiten Südveranda unseres chinesischen Landhauses entdeckt hatte.

Ich erinnere mich, wie ich eines Tages beim Umherschlendern in der Altstadt zu dem *Alten Raritätenladen* kam, der genauso aussah, wie ich ihn mir vorgestellt hatte; ich stand lange Zeit davor und betrachtete ihn in einem traumhaften Behagen, wobei ich den Gehsteig versperrte und einen Menschenstrudel verursachte, da die Fußgänger sich auf einer Seite von mir trennen mußten, um auf der anderen sich wieder zu vereinigen, was sie mit verbissener englischer Geduld taten. In der gleichen Weise wurde auch Charles Lambe in den düsteren, schmalen Straßen des Inner Temple wieder lebendig für mich.

Von London fuhr ich zunächst nach Schweden und fand dort ein so hochmodernes Land, daß es mich in vieler Hinsicht an die Vereinigten Staaten erinnerte, nur daß es kleiner und daher besser organisiert und regiert war. Als ich es verließ, machte ich meine erste Reise im

Flugzeug, mit dem Ziel Amsterdam, und entdeckte, daß mir in der Luft schlecht wurde, was unabänderlich so geblieben ist und beweist, daß ich ein erdgebundener Mensch ohne himmlische Aspirationen bin.

In Holland machte ich erneut Station, da die Vorfahren meiner Mutter aus Utrecht stammten, und reiste dann durch Belgien nach Frankreich. Dort erinnerte ich mich noch an die Soldatenfriedhöfe mit den kleinen weißen Kreuzen für die amerikanischen Gefallenen und an die Gedenkhallen, an deren Wänden Tausende von Namen der gefallenen Jugend unseres Landes eingemeißelt sind. Und schon damals kam mir der Gedanke, wie wohl unsere Verluste im Fall eines Krieges mit Asien aussehen würden, wenn Amerika schon die Beteiligung an einem europäischen Krieg so teuer zu stehen kam.

Die Anzeichen ließen sich nicht übersehen, denn die Ähnlichkeit der Lebensbedingungen der Neger in meinem Heimatland und der Völker im kolonialen Asien verfolgte mich jetzt. So viele Geschichten, die ich damals in New York beim Betrachten der Negerbilder gehört hatte, deckten sich mit meinen Erfahrungen auf der anderen Seite der Erde – und ich sah, wie die in den Bildern offenbarten Gedanken der Neger von den gleichen tiefen Ungerechtigkeiten und Grausamkeiten besessen waren, die im Denken und im Herzen der chinesischen Revolutionäre ihr unauslöschliches Dasein fristeten.

Ich beschloß, bevor ich endgültig nach Amerika

zurückkehrte, falls ich das überhaupt je tun sollte, nach Indien, Indochina und Indonesien zu reisen und mich selbst von den Gefühlen der dortigen Völker zu überzeugen, um einen Einblick in die Beziehungen zwischen den Menschenrassen zu gewinnen. Meine Europareise endete in Italien, denn nach einem Aufenthalt in Venedig nahm ich das Schiff, um über das Rote Meer nach China zurückzukehren ...

Das graue Haus in Nanking stand da, wie ich es verlassen hatte, und ich muß zugeben, daß es mir leer vorkam, als ich durch die Haustüre eintrat. Die Dienstboten hatten ihr Bestes getan, und alles sah ordentlich und sauber aus, aber irgendwie war es kein Heim mehr. Ich hatte mich mehr geändert als ich wußte. Nun, ich mußte es eben wieder wohnlich machen – neue Teppiche auflegen, die ich in Schanghai gekauft hatte, die Türen auf eine Terrasse öffnen und sogar – in einer Verschwenderlaune – eine Zentralheizung legen lassen.

Wenn ich mich allzuleicht an die Annehmlichkeiten des amerikanischen Lebens gewöhnt hatte, würde ich wenigstens einige dieser Annehmlichkeiten doch auch hier haben, so daß meine Entscheidung darüber, ob ich aus China fortgehen sollte, unbeeinflußt von dem Gedanken bleiben konnte, daß das Leben in Amerika für das leibliche Wohlbefinden vielleicht angenehmer wäre.

Die nächsten Monate beschränkte ich mich darauf, das Haus umzugestalten, meinen Garten wieder zu seinem alten üppigen Wachstum zu bringen, die Freundschaft mit meinen Nachbarn zu erneuern und allen Neuigkeiten aus Stadt und Land zu lauschen, die mir zu Ohren kamen.

Die Lage sah nicht gut aus. Ich fand eine immer tiefer werdende Kluft zwischen den Weißen und den Chinesen. Beide Gruppen der Weißen, Geschäftsleute und Missionare, waren gleich unglücklich. Die neue Regierung hatte eine Herrschaftsform angenommen, welche – so gerechtfertigt auch viele Verordnungen sein mochten – sogar die weißen Freunde der Regierung allmählich zu ihren Gegnern machte und diejenigen, die ihr ohnehin unfreundlich gesonnen waren, empörte.

Dennoch fuhr die Nationalregierung fort, immer wieder die Aggressionen der Vergangenheit in den Vordergrund zu rücken und die neuen, weit gefährlicheren Aggressionen der Japaner völlig unbeachtet zu lassen, obwohl Japan offensichtlich die Regierungsgewalt in China übernehmen und das Land annektieren wollte, wie es auch Korea annektiert hatte. Hätte die Nationalpartei oder die Kuomintang damals die wahre Lage des bereits gewandelten Westens und die wirkliche Gefahr des aufstrebenden Japan erkannt, so wäre meiner Ansicht nach der Krieg mit Japan vermieden worden, denn indem sie sich auf die Seite des Westens und gegen Japan stellte, hätte die Nationalregierung die Versuche zur Errichtung eines von den militärischen und wirtschaftlichen Interessen Japans geprägten asiatischen Reiches verhindern können.

Daher trifft die Nationalregierung an erster Stelle die Schuld an den späteren Ereignissen.

Es hätte unverkennbar sein müssen, daß das Ende westlicher Aggression in China – und sogar in ganz Asien – bereits in Sicht war. Großbritannien gab seine Konzessionen auf, eine Änderung der Sonderrechte stand zur Diskussion, und es war nur eine Frage der Einsetzung entsprechender chinesischer Gerichte, daß auch die exterritorialen Rechte aufgehoben wurden.

Sowjetrußland hatte jedoch schon früher die chinesischen Führer durch einen freiwilligen Verzicht auf seine Sonderrechte in Verwirrung gesetzt, und die Tatsache, daß die Deutschen nach dem ersten Weltkrieg alle Sonderrechte aufgeben mußten, trug weiter dazu bei, die Chinesen zu beeinflussen.

Tschiang-Kaischek wollte nichts von Sowjetrußland wissen, legte aber Deutschland gegenüber eine besondere Freundschaft an den Tag. Die neue und wachsende chinesische Armee wurde deutschen militärischen Beratern unterstellt, und wir sahen, wie den Deutschen der Vorrang vor uns anderen Weißen eingeräumt wurde. Das brachte eine Entfremdung der anderen Westmächte mit sich, die sich abseits hielten, als Japan immer weiter auf chinesischem Boden vordrang. Sollen nur die Japaner das große chinesische Problem lösen, sagten sie sich. So hatte China, als der Krieg dann wirklich ausbrach, keinen einzigen westlichen Verbündeten, und Deutschland stand auf der Seite Japans! Die Nationalchinesen hatten auf die falsche Karte gesetzt.

Zu Beginn des Jahres 1934 wurde es offensichtlich, daß die Nationalregierung, die noch immer die »neue

Regierung« genannt wurde, keinen Bestand haben konnte. Sie hatte nie die grundlegenden Probleme der Nation berücksichtigt. Die Bauern litten nach wir vor unter den alten Übeln und den gegen früher noch erhöhten Steuern. Tausende von Klagen wurden mir vorgetragen, und ich mußte den Schluß ziehen, daß die neuen Machthaber tatsächlich versagt und kein Verständnis für die Bedürfnisse des Volkes aufgebracht hatten. Ja, es war wirklich Zeit für mich, China für immer zu verlassen, denn früher oder später würden es alle Weißen verlassen müssen.

Es gab auch private Gründe, warum ich nach Amerika zurückkehren wollte. Mein unglückliches Kind war nach meinem Fortgehen krank geworden, und es war klar, daß ich ihm zuliebe in seiner Nähe sein mußte, um es von Zeit zu Zeit zu sehen. Auch das graue Haus war trotz meiner Bemühungen kein Heim mehr für ein Familienleben, denn die Entfremdung zwischen dem Mann und der Frau darin war seit langem unüberwindlich geworden.

Ich hatte jedoch beschlossen, vor meiner endgültigen Übersiedlung die asiatischen Länder nach Möglichkeit zu bereisen, um wenigstens einen flüchtigen Überblick über die Lage der Kolonialvölker in diesem kritischen Augenblick der Geschichte zu gewinnen.

Ich besuchte daher erst Teile des chinesichen Reiches, die ich noch nicht kannte, und dann reiste ich weiter nach Indochina und Siam, Indonesien und Indien.

Eigentlich hatte ich eine Entdeckungsreise ins Empire

geplant, um zu sehen, wie die Völker unter dem Kolonialsystem lebten, und, wenn möglich, zu entdecken, was für die Zukunft, wenn auch nicht im Hinblick auf die Ereignisse, so doch wenigstens auf den Zeitpunkt zu erwarten war. Wann zum Beispiel und wie würde Indien seine Freiheit erringen?

Mein Leben war so erfüllt von Reisen und vielen Menschen, daß ich es nicht in einem einzigen Buch schildern könnte – und tatsächlich haben alle meine Bücher nicht genügt, um die Dinge zu erzählen, die ich gern erzählen möchte.

Mit allem, was ich an Wissen und Einsichten gesammelt hatte, kehrte ich nach China zurück und blieb dort eine Weile, um diese Schätze zu ordnen und über meine Zukunft nachzusinnen.

Wieder in Nanking und im unmittelbaren Bereich der Nationalregierung sah ich noch immer keine Änderung zum Besseren; keinen Ausblick, kein Verständnis für die wirklich zur Lösung drängenden Probleme. Das Volk wurde in zunehmendem Maße unwillig. Ich würde China verlassen, zwar nicht für immer, aber doch lange ... China, das Land meines jugendlichen Herzens und meiner Kindheit. Ich würde in das Land meiner Vorfahren zurückkehren und dort ein neues Leben beginnen. Wer konnte wissen, ob es jemals möglich sein würde, auch nur besuchsweise zurückzukehren? Ein Krieg war gewiß – ein Krieg mit Japan oder sogar ein Weltkrieg zeichnete sich drohend wie eine Gewitterwolke am Horizont ab. In diesem Krieg würde Japan, das wußte ich, nicht auf unserer Seite stehen, sondern auf der des Feindes. Als jedoch der letzte Augenblick, die endgültige Trennung von Haus und Garten kam, nahm ich nichts mit. Ich konnte nichts mitnehmen. Ich fühlte mich getrieben, alles genauso zu lassen wie es war, so als könnte ich jederzeit zurückkommen, wenn der Sommer vergangen war – so, wie ich das in anderen Jahren getan hatte. Und so reiste ich im Frühjahr 1934 in meine Heimat.

Green Hills Farm

Für mich war Amerika neu, obwohl ich von Geburt und Abstammung Amerikanerin bin. Die erste Hälfte meines Lebens lag hinter mir, aber die bessere und längere – denn in den Jahren der Kindheit treibt man Vergeudung – war noch vor mir. Ich war eine reife Frau, gesund und jedem Anblick, jedem Klang und jedem Erlebnis aufgeschlossen.

Meinen ersten Sommer verlebte ich in New York und lernte dabei, daß ich mein Heimatland erst verstehen konnte, wenn ich in ihm aufging und nicht nur eine Besucherin war. Das bedeutete, daß ich ein Heim brauchte, und ein Heim bedeutete ein Haus – und wo sollte ich leben, da mir ein riesiges Land zur Verfügung stand, in dem ich meine Wahl treffen konnte?

Wie wählt man sein Haus?

Zuerst baut man es in der Phantasie. Ich sah meines sehr deutlich vor Augen: rauher Naturstein, braun mit goldenem und rotem Schimmer, ein großer Schornstein. Es war kein hohes, schmales Haus, sondern geräumig und wenigstens hundert Jahre alt, niedrig in die Landschaft gestellt, mit einem Wohngebäude, an das sich ein

Seitenflügel lehnte, mit vielen Fenstern und einem freundlichen Blick auf die Wälder, die Hügel und den Bach.

So sah es aus ... Es galt nur noch, es zu finden. Eines Tages sah ich in einer verkehrsreichen Straße in einem New Yorker Geschäftsviertel das Schild einer Immobilienvermittlung und ging hinein.

»Haben Sie eine kleine Farm in Pennsylvanien zu verkaufen?« erkundigte ich mich, ganz so, als ob ich in einem Warenhaus ein Paar Handschuhe kaufen wollte.

Ein gähnender Angestellter deutete mit dem Daumen auf einen Stoß Listen, die auf dem Tisch lagen. Ich nahm die oberste und sah in der unteren rechten Ecke eine Abbildung von meinem Haus, nicht viel größer als eine Briefmarke – doch genau, wie ich es mir vorgestellt hatte: ein großes Hauptgebäude und ein Seitenflügel, alles aus Stein, mit großen Schornsteinen ... freundlich stand es auf einem Hügelhang, es gab einen Bach, es gab Bäume und sogar eine alte dreibogige Brücke über den Bach. Achtundvierzig Morgen Land. Der Preis war viertausendeinhundert Dollar.

»Danke«, sagte ich. Dann hielt ich den Atem an und deutete auf mein Haus: »Ist das hier schon verkauft?«

Der träge Angestellte sah in einem Verzeichnis nach. »Nein«, erwiderte er gleichgültig.

Voll Ungeduld ging ich fort, weil es für diesen Tag schon zu spät war, den Kauf in die Wege zu leiten. Aber am nächsten Tag fuhr ich im Morgengrauen los, frühstückte unterwegs und hatte ein paar Stunden später mein Reiseziel erreicht, nicht ohne mehrmals vom Weg abgekommen zu sein. Es war ein Sommertag, grün und still, der Himmel war leicht bewölkt. Ich suchte den örtlichen Agenten der Immobilien-Gesellschaft auf, einen Pennsylvanien-Deutschen, und unter seiner Führung fuhren wir eine Landstraße entlang, die so staubig wie ein chinesischer Feldweg war, und kamen bald über die dreibogige Brücke.

»Da steht es«, erklärte er in seinem komischen Dialekt.

Er deutete auf den flachen Hügel. Es war genauso wie ich es auf dem Briefmarkenbild gesehen hatte. Drei Tage später gehörte mir das Haus.

Etwas an diesem Haus, das ich kaufte und in dem ich seitdem ständig gewohnt habe, paßt zu mir. Ich weiß nicht, welcher Instinkt mich in jene Gegend Pennsylvaniens geführt hat. Meine Vorfahren väterlicherseits kamen vor zweihundert Jahren dorthin; sie verließen diese Gegend freilich wieder nach dem Unabhängigkeitskrieg und kauften Land im Shenandoahtal in Virginia. Doch daß die Familie meines Vaters hier ihren Anfang in Amerika gemacht hatte, war für mich ein Rückhalt. Ich glaube an Familie und an Vorfahren. Ohne sie ist der Einzelne einsam in dieser wandelbaren Welt.

Ich freute mich über die Entdeckung, Land gekauft zu haben, das einmal Richard Penn, dem Bruder von William, gehört hatte. Und es war interessant, daß wir zweimal, als wir einen großen abgestorbenen Baum ausgruben, alte Münzen von geringem Wert in der Erde fanden – einmal eine spanische, ein anderes Mal eine englische. Dieser Beweis, daß Menschen einer früheren Zeit hier vor mir gelebt hatten, war mir angenehm.

Es machte sogar Spaß, ein Hausgespenst zu entdecken. In China sind Gespenster fast immer Frauen: die nebelhaften Seelen schöner Mädchen, halb Füchsin, halb Fee, die sich in einen lebendigen Frauenleib inkarnieren. Unser Gespenst jedoch ist ein Pennsylvanien-Deutscher, höflich der alte Harry, zumeist aber Teufels-Harry genannt, dessen sterbliche Überreste in dem lutherischen Friedhof des nächsten Dorfes ruhen. Ich habe unser Gespenst niemals gesehen, aber unser Taglöhner behauptete steif und fest, Teufels-Harry wandle an jedem Heiligen Abend um Mitternacht von der Scheune zur Brücke und wieder zurück, und jeder könne ihn dann deutlich sehen. Unser Mädchen, das der Mennonitensekte angehörte, glaubte gleichfalls daran, und wenn ein Teller von der Anrichte fiel und zerbrach oder wenn sie den Finger in eine Türe klemmte, rief sie aus: »Das ist wieder der alte Teufels-Harry!«

Meine Wurzeln waren tief in China verwachsen, und als sie ausgerissen werden mußten, galt es, sie so rasch wie möglich wieder in die Erde zu senken, wenn das lebendige Wachstum weitergehen sollte. Ich habe gelernt, daß jeder Baum verpflanzt werden und weiterleben kann, wenn die Wurzeln nicht zu lange ungeschützt der trocknenden Luft ausgesetzt sind. Wurzeln gehören ins Erdreich; man pflanze sie raschestens ein, häufe Erde um sie, stampfe sie fest und gieße sie – und das Leben geht weiter. Aber läßt man einen Baum zu lange uneingepflanzt, dann faßt er niemals mehr Wurzel. Er macht einen zaghaften Versuch, treibt ein paar Blätter, doch unerbittlich beginnt die Krone abzusterben, und nach ihr sterben die Zweige – und dann, in einem Frühling, sproßt kein Grün mehr. Die Gesetze des Lebens sind überall die gleichen.

Mein amerikanisches Heim war somit der Ort, wo mein amerikanisches Leben verwurzelt war, und ich wandte Jahre an seinen Aufbau. Sich ein Heim zu schaffen, ist ein erzieherisches Erlebnis. Auf diese Weise lernte ich meine Dorfgemeinschaft kennen, wie ich sie nie hätte kennen lernen können, wenn wir nicht zusammen gebaut hätten. Die Arbeiter, der Maurer, der Installateur, der Zimmermann, der Brunnenleger, der Krämer und der Garagenbesitzer – sie alle haben mich mehr gelehrt, als sie sich vorstellen können. Ich hatte die große menschliche Erfahrung der Chinesen hinter mir, und mit diesem Rüstzeug konnte ich jede Ähnlichkeit und jede Verschiedenheit zwischen diesen Bürgern meiner neuen Welt und denen meiner alten deutlich erkennen.

Green Hills Farm

Hier zeigt sich unser Volk von seiner besten Seite. Es ist zwei Wochen vor Weihnachten, und das Wetter ist plötzlich kalt geworden. Ich weiß, wie kalt es ist, denn beim Aufstehen am Morgen blicke ich immer aus meinem offenen Fenster in den steingepflasterten Hof hinaus, um nach den Rhododendron-Büschen zu sehen. Heute morgen um sechs Uhr waren die Blätter eng zusammengerollt, und der Rauhreif darauf sah aus wie Schnee.

Als ich zum Frühstück hinunterkam, erzählte mir meine gute Freundin in der Küche, daß in der Nacht das kleine Holzhaus auf der andern Seite unseres Berges, das Mann, Frau und neun Kinder bewohnten, von denen das jüngste erst sieben Monate und das älteste achtzehn Jahre alt war, bis auf die Grundmauern mit allem, was darin war, samt den Weihnachtsgeschenken, abgebrannt sei. Was werden die armen Leute jetzt tun? Nachbarn haben sie bei sich aufgenommen und wollen sie behalten, bis das Haus wieder aufgebaut werden kann. Aber wann wird das sein? Sofort! Alle Bauunternehmer unserer Gegend und ihre Arbeiter fangen sofort mit dem

Bau des Hauses an und wollen es vor Weihnachten unter Dach und Fach bringen und so weit hergerichtet haben, daß es bewohnbar ist.

Unsere Gemeinde, die bei gewissen Fragen so uneins sein kann wie nur irgendeine in der Welt, hat sich in der Zeit der Not augenblicklich für eine ihrer Familien zusammengeschlossen. Ich denke gern an diesem kalten Morgen, mit Weihnachten vor der Tür, an das neue Haus, das aus der Asche auferstehen wird.

Es gibt viele Eigenschaften, die mir an meinen Nachbarn gefallen. Was würde unser stilles Farmgemeinwesen – so fragten wir uns vor nunmehr neunzehn Jahren – und das kleine Dorf von uns denken, wenn sie erführen, daß mein Haus nicht nur ein Heim für mich, sondern auch für eine neue Familie werden sollte, nachdem zwei Scheidungen durchgeführt waren? Erfahren würden sie es – und daher wollten wir es ihnen lieber selber sagen.

Ich schrak aber davor zurück, ihnen das mitzuteilen, und so übernahm der Mann diese Aufgabe. Er sagte zu unserem freundlichen Nachbarn, der bis zu seinem Tode im vergangenen Jahr unser zuverlässiger Klempner war: »Sie sollen wissen – und vielleicht sagen Sie es auch den anderen –, daß wir eine sehr schwerwiegende Auseinandersetzung vor uns haben und sie nur aus der tiefen Überzeugung heraus auf uns nehmen, daß sie für uns richtig ist. Jeder von uns beiden wird sich scheiden lassen, dann wollen wir heiraten und hier unser Leben verbringen. Wir hoffen, daß Sie das verstehen.«

Der Klempner schaute in eine Nische im Keller und kam heraus, dann wischte er sich die Hände an der Hose ab und streckte die Rechte hin. »Machen Sie sich keine Sorgen«, sagte er. »Das geht uns nichts an. Uns kümmert nur, was für Menschen Sie sind.«

Er sagte es genauso, als sprächen wir über das Legen von Rohren, mit der gleichen bedächtigen Freundlichkeit und Sachlichkeit. Als ich das hörte, faßten meine Wurzeln tief in der Erde unter meinen Füßen Halt. Hier konnte ich leben ...

Bald danach packte ich meine Koffer und trat die lange Reise nach der kleinen »Scheidungs-Stadt« Reno an, die in dem schönen Weststaat Nevada liegt. Dort verbrachte ich die merkwürdigsten sechs Wochen meines Lebens. Ich hatte reichlich Zeit, denn ich entdeckte schon am ersten Tag, daß ich hier nicht arbeiten konnte. Alles war zu seltsam, der Ort, die Situation und die Menschen, hauptsächlich aber die Situation, und ich mußte nur an meinem Entschluß festhalten. Doch mein Entschluß stand fest und war reiflich überlegt und unumstößlich.

Nach der Besprechung mit einem Anwalt, der sich auf diese Dinge spezialisiert hatte und sie mit erstaunlicher Ruhe und Höflichkeit durchführte, folgte ich seinem Rat und ließ mich in dem größten Hotel der Stadt nieder, wo niemand meinen Aufenthalt erwarten würde, und sah zu, wie ich Nevada am besten kennenlernen könnte.

In diesem Augenblick fiel mein Blick auf eine Karte unter der Glasplatte meines Schreibtisches in meinem

Schlafzimmer. Es war die Geschäftskarte einer Madame Kolak, die sich anheischig machte, mit den modernsten Methoden jeden menschlichen Körper um einige Pfunde zu erleichtern. Nun, so dachte ich, warum nicht? Ich hatte mein Collegegewicht bereits um sechzehn Pfund überschritten. Ich rief Madame Kolak an und hörte eine kräftige, ein wenig heisere Stimme antworten. Ja, sie würde um zwölf Uhr kommen. Sechzehn Pfund in sechs Wochen? Ja, wenn ich durch Diät und Gymnastik mithalf ... Ich war dazu bereit.

Um zwölf Uhr hörte ich ein kräftiges Klopfen an der Tür. Ich öffnete und prallte verblüfft zurück. Die umfangreichste Frau, die ich je gesehen hatte, stand im Türrahmen. Sie war nicht nur groß, sondern auch breit. Das heißt – sie war dick, ungeheuer dick. Ihr gewaltiges, viereckiges Gesicht war ungeschminkt, ihr Haar straff zurückgekämmt. In ihrem weißen Arztmantel ragte sie auf wie ein schneebedeckter Berg.

»Kommen Sie herein«, sagte ich zaghaft.

Sie kam sehr geschäftsmäßig herein und nahm ihren zerknitterten, abgenutzten Strohhut ab. »Legen Sie sich hin«, forderte sie mich mit ihrer heiseren Telephonstimme auf. »Wenn es wehtut, sagen Sie's.«

Ich legte mich aufs Bett, sie krempelte ihre Ärmel hoch und begann das Fleisch meines sich sträubenden Leibes mit Schlägen zu bearbeiten. Diese Methode ist bekannt; sie muß seither aber zweifellos vervollkommnet worden sein, denn ich sehe, daß viele weit schwächere Frauen als ich sie aushalten.

Madame Kolak setzte mich im übrigen sofort auf die Diät einer Gemüsesuppe nach eigenem Rezept, wobei sie mir das Versprechen abnahm, nichts anderes als fünf große Tassen dieses wässerigen Gebräus am Tage zu mir zu nehmen. Sie sagte mir später, daß sie nicht so streng gewesen wäre, wenn sie es nicht als selbstverständlich angenommen hätte, daß ich schwindeln würde, wie das ihre Damen »fast immer taten«.

Zu strenger Ehrlichkeit erzogen, dachte ich nicht daran, zu schwindeln, wenn ich einmal mein Wort gegeben hatte, und so hungerte ich heldenmütig – etwas zu gründlich, wie ich hernach herausfinden sollte, denn während des ganzen nächsten Jahres mußte ich mich mit einem Proteinmangel herumschlagen, der mich eine Zeitlang gesundheitlich beinahe zugrunde richtete und einen großen Teil unserer gemeinsamen Anstrengungen zunichte machte. Sie kam zweimal am Tag, um mich durchzuwalken, während ich gewissenhaft bis zu ihrem nächsten Besuch Gymnastik trieb und die scheußliche Suppe hinunterwürgte.

Madame Kolak war ein unvergleichliches Original. Sie schien die leibhaftige Verkörperung des amerikanischen Westens. Sie hatte immer dort gelebt, befaßte sich mit Goldminen, war in den Tagen, als sie sich noch auf ein Pferd schwingen konnte, durch die Wüste geritten und liebte ihre Heimat. Manchmal, wenn sie mich durchwalkte, daß uns beiden der Schweiß herunterlief, ihr vor Anstrengung und mir vor Schmerz, schloß sie die Augen und erzählte mir etwas aus ihrem Leben ...

»Wissen Sie, was ich einmal sah? Ich ritt von einer Goldmine nach Hause. Es war Nacht, aber der Mond schien sanft. Vor mir lag ein kleiner See, vielleicht war es auch nur ein großer Tümpel. Und wissen Sie, was ich sah? Neun weiße Pferde, die dort zur Tränke gingen, und einen schwarzen Hengst. Wildpferde ...«

Sie lächelte mit geschlossenen Augen, und wir sahen beide im Geist die Pferde im Mondlicht – neun weiße und einen schwarzen Hengst.

»Haben Sie etwas dagegen«, fragte sie mich eines Tages, während sie meine rechte Hüfte bearbeitete, „wenn ich meine neue Mine *Die gute Erde* nenne? Es könnte mir vielleicht Glück bringen.«

Wie wütend machte es mich dann, als die Wochen vorüber waren und mein zukünftiger Mann ankam. Er musterte mich mit mißbilligenden Blicken, obwohl ein wunderhübsches weißes Seidenkleid erst eine Woche zuvor meiner dünnen Figur angepaßt worden war, ein Kleid, welches, wie Madame stolz erklärte, um »mehrere Zoll« enger gemacht worden war. Ich hatte unsere gemeinsamen Bemühungen vor ihm geheimgehalten, um ihm eine angenehme Überraschung zu bereiten – und nun machte er ein verdrießliches Gesicht. »So wollte ich dich nicht haben« – das oder etwas Ähnliches sagte er und fügte dann eigensinnig hinzu: »Du hast mir gefallen, wie du warst.«

»Zweifellos werde ich wieder so werden«, gab ich niedergeschlagen zur Antwort.

Dann lachten wir. Es war ein herrlicher Tag, der

schönste Tag unseres Lebens, ein Tag, den wir freilich beide mehrere Jahre lang hinausgezögert hatten in der Überzeugung, daß eine Scheidung etwas Schreckliches sei – was sich ja auch bewahrheitete – und daß außerdem für einen Verleger nichts so verhängnisvoll sei wie die Heirat mit einer Schriftstellerin, also die Verbindung von Berufs- und Alltagsleben ...– diese Befürchtung aber bewahrheitete sich, Gott sei Dank, nicht.

Ich habe über die Ehe von zwei entgegengesetzten Standpunkten aus argumentieren hören: Nach dem einen ist es klüger, wenn sich Gegensätze verbinden, nach dem anderen ist nichts wichtiger als gemeinsame Interessen, Steckenpferde und Mußestunden. Mein Leben hat – wenigstens mir – die Richtigkeit des letzteren Standpunkts bewiesen. Nach Beobachtung ähnlich gearteter Ehen bei anderen Menschen füge ich vorsichtshalber hinzu, daß freilich Zusammenarbeit und nicht etwa Wettbewerb die Parole sein muß.

Madame Kolak nahm natürlich an diesem Tag teil, nachdem die Gerichtsverhandlung erledigt war. Sie und ich waren den Reportern durch einen hinteren Ausgang entwischt, während sie mit gezückten Kameras an der Vordertreppe warteten. Wir gingen geradewegs zu dem rückwärtigen Gärtchen eines Pfarrhauses, in dem meine Schwiegermutter auf mich wartete. Dort waren Madame Kolak und ihr Mann Zeugen einer kleinen, stillen Trauungsfeier. Nachdem sie vorbei war, überreichte sie dem Ehemann einen Korb, der, wie sie erklärte, unser Picknick-Abendessen enthielt, das sich später am Tahoe-

See in jeder Einzelheit als köstlich erwies. Aber das Beste von allem war, daß Madame Kolak, als wir im Wagen saßen und von dem Pfarrhaus wegfahren wollten, wie eine Mauer mitten auf der Straße stand und eine Lawine von Reportern in Autos, mit immer noch gezückten Kameras, daran hinderte, uns einzuholen. Während sie gelassen dastand und den Weg versperrte, entflohen wir.

Für mich kann ein Haus ohne Kinder kein Heim sein. Ich weiß nicht, warum Menschen, die Kinder lieben, so oft daran gehindert werden, welche zu bekommen. Aber Gott sei Dank gibt es viele, die Kinder haben und sie aus diesem oder jenem Grund verlassen, und dann können andere sie um der Liebe willen bei sich aufnehmen.

Als daher das Haus in seinem ersten Stadium fertig, der Rosengarten gepflanzt und ein kleines Schwimmbecken im Schatten des großen Walnußbaumes angelegt waren, wandten wir uns an unser eines, damals elf Jahre altes Adoptivkind und fragten es, was es davon halte, wenn wir so bald wie möglich zwei kleine Jungen an Kindesstatt annähmen, und etwa ein Jahr später noch ein Mädchen und einen Jungen. Sie überlegte einige Wochen und Monate, und wir ließen ihr reichlich Zeit. Als sie sich in ihrem neuen Zuhause heimisch fühlte, fand sie, daß es »nett« sein würde, Babies zu haben.

Wir drei wandten uns hierauf an eine vorzügliche Adoptionsvermittlungsstelle, machten die nötigen Angaben über uns und leiteten das Beweisverfahren ein, daß wir gute Eltern und eine »nette« Familie waren. Das dauerte damals nicht allzu lange, das Verfahren spielte sich in liebenswürdiger und gesitteter Weise ab, und zur gegebenen Zeit wurde das große Schlafzimmer im dritten Stock in ein Kinderzimmer verwandelt, aber ohne Kindermädchen, denn wir wollten selbst die Pflege der beiden kräftigen Babies übernehmen.

Eineinhalb Jahre später gesellten sich ein kleiner, gleichfalls lebhafter Junge und ein Mädchen, jedes ein paar Wochen alt, zu ihnen. Das war vor achtzehn Jahren. Diese vier Kinder sind heute in reifem Jugendalter, ja fast darüber hinaus.

Als ich das Haus kaufte, das ein Daheim für mich und die Meinigen wurde, erwarb mein lieber ältester Bruder das kleine Steinhaus jenseits der Brücke. Wenn wir aus unseren Haustüren traten, konnten wir uns über die Hügel zuwinken. Wir waren unser ganzes Leben lang getrennt gewesen – denn als er mit fünfzehn Jahren aus unserem chinesischen Heim fortging, um das College zu besuchen, war ich erst vier Jahre alt – und wir hatten davon geträumt, einstmals wieder nebeneinander leben zu können.

Wir waren noch immer seltsam geistesverwandt, Geschwister und Freunde. Ich erinnere mich noch an sein Lachen, als ich ihm unsere ersten, damals sechs Wochen alten, in den Windeln liegenden Jungen zeigte! Er liebte kleine Kinder und verstand sie zu bezaubern. Ich habe mit angesehen, wie er im Zug ein verdrießlich schreiendes fremdes Baby einer Mutter aus dem Arm nahm, sanft mit ihm sprach und das kleine Wesen scherzend zu stiller Betrachtung seines gütigen Gesichts und dann zum Schlaf überredete. Ich konnte den anbetenden Onkel in ihm sehen, als er seine beiden winzigen neuen Neffen betrachtete und dann sofort entschied, da wir den Winter in New York verbrachten und nur übers Wochenende aufs Land fuhren, daß die beiden Babies seine Sonnenlampe zur Bestrahlung bekommen müßten. Er war damals auf dem Höhepunkt seiner hervorragenden Laufbahn, befaßte sich mit lebenswichtigen Statistiken und dem Gesundheitswesen, und in verschiedenen Ländern suchte man seinen Rat. Am nächsten Morgen erlitt er auf dem Weg zu einer Aufsichtsratsitzung eine Thrombose und starb, ohne das Bewußtsein wieder erlangt zu haben – und damit war unser Traum dahin.

Ich habe sein kleines, altes Haus die ganzen Jahre über erhalten, seine Wiederinstandsetzung so, wie er es geplant hatte, vollendet und es für Gäste aus fernen Ländern verwendet, die eine Weile, ehe sie weiterreisten, ein Heim brauchten.

Da ich gerade an diese frühen Jahre denke, als wir noch in New York wohnten und nur übers Wochenende hierher nach Green Hills kamen, möchte ich mich auch an die beiden liebenswürdigen Männer erinnern, die uns halfen, vier kleine Kinder die achtzehn Stockwerke unserer Wohnung hinauf und hinunter zu befördern. Man hatte mir gesagt, Kinder seien in New Yorker Wohnungen nicht willkommen, aber nach meinen

Erfahrungen stimmte das nicht. Nie kam eine Klage, wenn zweimal in der Woche der Portier und der Aufzugsführer zwei kleinen Jungen und zwei Babies ins Auto und aus ihm heraushalfen. Einmal, als ich ihm dankte, antwortete der Aufzugsführer: »Versteht sich doch, gnädige Frau, daß wir lieber Kinder im Haus haben als Hunde.«

Und einmal, so erinnere ich mich, als mein Mann sich vor seinem Büro, das in einem Außenbezirk lag, von uns getrennt und das Auto voll Kinder und Kindermädchen mir anvertraut hatte, wurde ich an der Straßenkreuzung von dem an unserer Ecke postierten riesigen Polizisten gestoppt. O du meine Güte, dachte ich, was habe ich jetzt angestellt? Denn, von Geburt an zerstreut, war ich nie eine besonders gute Autofahrerin. Aber der Polizist hielt uns mit ausgestrecktem Arm auf, während der Verkehr weiterging, und die Babies begannen, Anzeichen von Hunger zu verraten. Beim zweiten roten Licht, während die Wagen wie geduckte Tiger warteten, kam er zu uns her und beugte sich freundlich in das offene Fenster hinter mir:

»Ich wollte nur sehen, wie es den Kindern geht«, erklärte er. Dann winkte er uns, weiterzufahren.

Warum spreche ich aber dankbar von Aufzugsführern und Polizisten und nicht von dem Gatten, der doch allen anderen den Rang ablief? Drei Jahre lang, als die Kinder noch Babies waren, hielt mein Mann auf halbem Weg nach New York oder zu unserem Heim an einem am Straßenrand gelegenen Erfrischungsstand, um die

Milchflaschen für unsere hungrigen Babies aufwärmen zu lassen. Der Mann, dem der Erfrischungsstand gehörte, schloß Bekanntschaft mit uns und nahm lebhaften Anteil an dem wöchentlich zweimaligen Ereignis. Aber an was ich mich vor allem erinnere, ist die liebenswürdige, halb humorvolle Geduld meines Mannes, wenn er die zwei Flaschen mit warmer Milch zurückbrachte, um sie sanft in die begierig wartenden Münder zu stecken.

Wenn ich manchmal dazu neige, ungeduldig mit meinen amerikanischen Landsleuten zu werden – und ich werde nur ungeduldig, wenn es sich um große Angelegenheiten in der Welt handelt, bei denen wir uns, wie mir scheint, noch ziemlich ungeschickt benehmen –, erinnere ich mich an all die großen Freundlichkeiten, die ich all die Jahre hindurch von dem einen oder anderen meiner Landsleute erfahren habe, und die von echter menschlicher Güte zeugen.

Während der vierzig Jahre, die ich in China lebte, hatte ich mich immer auch für die Vorgänge in der übrigen Welt interessiert. Obwohl ich ganz in meinem friedlichen amerikanischen Farmhaus aufging, war ich daher 1938 doch noch aufs engste mit meinem andern Land verbunden. Inzwischen hatte Tschu-En-lai, der höfliche Kommunist, mit General Tschiang-Kaischek gesprochen und einen Kompromiß nach bester chinesischer Tradition vorgeschlagen, der allerdings einen großen Haken hatte. Bei Annahme ihrer Bedingungen, so erklärte Tschu-En-lai, würden die Kommunisten

Tschiang-Kaischek als Oberhaupt des Staates anerkennen. Die Bedingungen waren: den Aufrührern zu vergeben, einen Waffenstillstand zwischen Nationalisten und Kommunisten abzuschließen und dann gemeinsam die Japaner zu bekämpfen. Was war der Pferdefuß? Nur dies: wenn Tschiang nicht zustimmte, würde er sofort getötet werden ...

Tschiang stimmte zu – wenn auch sehr ungern, und die Bedingungen wurden erfüllt. Insgeheim wußte jedermann, daß die Kommunisten einen Sieg davongetragen hatten – und zum erstenmal begannen die jungen Intellektuellen, sogar die in der Nationalpartei, sich für die kommunistische Bewegung zu interessieren.

Zweifellos wünschten die chinesischen Kommunisten einen Krieg mit Japan, denn während sie laut von Widerstand redeten, leisteten sie in Wirklichkeit recht wenig Widerstand, und die Wucht des Angriffs fiel, jedenfalls am Anfang, auf Tschiang-Kaischek – das galt bis Pearl Harbour, als die Amerikaner in den Krieg eintraten.

Natürlich war es die Hoffnung der chinesischen Kommunisten, daß die Japaner nicht nur die Nationalisten, sondern auch das alte traditionsgebundene China vernichten würden. Sie hofften, daß nach der allgemeinen Zerstörung und Verwirrung die Kommunisten als einzige organisierte Führerschaft aus dem Chaos heraus auf den Plan treten würden. So sah das starke Netz aus, das sie knüpften, Tschiang-Kaischek war vom ersten Augenblick an hilflos darein verstrickt. Seine einzige Hoffnung war Erfolg im Krieg gegen Japan – denn wenn er aus diesem Kampf als Sieger hervorging, würde das Volk ihm wieder zuströmen. So würde er durch einen Sieg über die Japaner nicht nur Japan, sondern auch die Kommunisten besiegen. Beide Seiten trieben ihr Spiel, und Japan diente beiden als Mittel zum Zweck. Der Unterschied lag nur darin, daß die Kommunisten auf die Niederlage Tschiangs durch Japan hofften, während es für Tschiang nötig war, daß Japan besiegt wurde – daher würde sich Tschiang auch mit dem Westen verbünden wollen, denn diesmal würde der Westen Japans Gegner sein, und bei einem westlichen Sieg würde auch Tschiang siegen. So sah die Lage aus, in der sich die Chinesen im November des Jahres 1938 befanden ...

Zu dieser Zeit war ich in Schweden, wohin ich zur Entgegennahme des Nobelpreises für Literatur gereist war.

»Lassen Sie sich von niemandem die Bedeutung der Nobelpreis-Verteilung verkleinern«, hatte Sinclair Lewis zu mir gesagt. »Es ist ein gewaltiges Ereignis, das größte im Leben eines Schriftstellers. Genießen Sie jeden Augenblick davon, es wird Ihre schönste Erinnerung sein.«

Mit diesem Rat ging ich nach Stockholm, und er erwies sich als gut und wahr. Ich habe viele glückliche Stunden in meinem Leben gehabt, aber die vier Stockholmer Tage im Jahre 1938 blieben mir, abgesehen von den Freuden in meinem Heim, als das unvergeßlichste Erlebnis im Gedächtnis.

Im November ist es in Stockholm beinahe dunkel, die

Sonne taucht nur gegen Mittag kurz am Horizont auf, aber die Stadt erstrahlte in Licht und Fröhlichkeit. Wir wurden am Zug abgeholt und ins Grand-Hotel gebracht. Dort erhielten wir die für den König reservierten Gemächer, reizende und behagliche Räume. Die Bedienung war vorzüglich, und alles wurde getan, um unseren Aufenthalt angenehm zu machen.

Sobald wir uns in unseren Zimmern eingerichtet hatten, suchte uns ein gut aussehender junger Mann auf, ein schwedischer Attaché, der unseren Stundenplan mitbrachte und uns mit ausgesuchter Höflichkeit darüber instruierte, was von uns erwartet wurde. Er war, wie ich sehen konnte, meinetwegen ein wenig beunruhigt, da er nicht genau wußte, wie eine Amerikanerin, Bürgerin einer Republik, sich bei einem so hochoffiziellen Anlaß benehmen würde. Denn Schweden verbindet in der bezauberndsten Weise das extrem Moderne mit einem traditionsgebundenen Rahmen. Ich genoß beide Seiten dieser zivilisiertesten unter allen Nationen.

»Sagen Sie mir bitte«, meinte mein junger Instruktor ein wenig nervös in seinem vorzüglichen, wenn auch nicht akzentfreien Englisch, »haben Sie unter Umständen etwas dagegen, nach der Entgegennahme des Preises von unserem König wegzutreten, ohne ihm den Rücken zuzukehren? Ein Sowjetbürger wollte sich dazu bei einer ähnlichen Gelegenheit nicht bereit finden.«

Ich versicherte ihm, daß ich dem König um keinen Preis den Rücken zukehren würde. Ein Seufzer der Erleichterung belohnte mich.

Dann instruierte er mich weiter, wobei er laut von einem mit Maschine geschriebenen Blatt ablas und mir jede Einzelheit des Programms für die nächsten vier Tage erläuterte. Ich hörte ihm mit größter Aufmerksamkeit zu und war entschlossen, mich sowohl als Amerikanerin als auch als Schriftstellerin in einem möglichst vorteilhaften Licht zu zeigen.

Das Ergebnis dieser Aufmerksamkeit besteht darin, daß ich mich völlig nebensächlicher Einzelheiten im Verlaufe dieser Tage erinnere. Doch die unvergeßlichste Stunde war natürlich die Überreichung der Preise am Abend nach dem Tag unserer Ankunft in Stockholm.

Als ich den großen Konzertsaal betrat, bot sich mir ein prächtiges Schauspiel. Auf dem breiten, mit Fahnen und Immergrün geschmückten Podium saßen im Halbkreis die würdevollen Mitglieder der Akademie. In der vorderen Reihe des vollbesetzten Saales wartete die königliche Familie, juwelengeschmückt und in Gala, in majestätischer Gelassenheit, während Trompeten von den Galerien schmetterten.

Ich saß am Ende der vordersten Reihe, links, und konnte von dort die ganze Versammlung überblicken; und da ich die in schwedischer Sprache gehaltenen Ansprachen nicht verstand, hatte ich Zeit, in Ruhe über das Ereignis nachzudenken und die gelegentliche Begleitmusik der Feier zu genießen. Nie werde ich dieses Schauspiel vergessen – aber am deutlichsten haftet mir der Augenblick im Gedächtnis, als ich eine halbe Stunde später vor dem ehrwürdigen und betagten König stand, um den Preis entgegenzunehmen, und, nachdem ich meinen Hofknicks gemacht hatte, ihm voll ins Gesicht sah. In diesem Augenblick sah ich nicht das Gesicht des Königs, sondern das meines alten, längst verstorbenen Vaters – und vergaß alles andere.

Es war unglaublich, daß zwei Menschen sich so ähnlich sehen konnten. Die große, schlanke Gestalt, das hagere Antlitz und das kraftvolle Kinn, die eisblauen Augen, der weiße, der Form der Lippen angepaßte Schnurrbart, sogar die Hand, die das große Kuvert hielt – das alles war wie bei meinem Vater. Ich war so aufgewühlt, daß ich kaum sagen konnte: »Ich danke Euer Majestät«, und mein Versprechen, ihm nicht den Rücken zuzuwenden, beinahe vergaß. Ich vergaß es nicht – doch ich stieg in einer momentanen Verwirrung die Stufen hinauf und kehrte dann über das große Podium auf meinen Platz zurück.

Ich erwähne diese Ähnlichkeit mit meinem Vater hier zum erstenmal öffentlich, aber als wir wieder daheim waren, holte ich das Bild meines Vaters und zeigte es meinem Mann, der die Ähnlichkeit ebenso verblüffend fand, wie ich es getan hatte. Natürlich war sie nur zufällig oder vielleicht war sie geographisch bedingt, denn Landschaft und Klima prägen das Gesicht der Menschen. Tatsächlich kamen meine Vorfahren väterlicherseits vor zweihundert Jahren aus dem gleichen Teil Deutschlands, aus dem die Familie des Königs von Schweden stammte. Denn das gegenwärtige schwedische Königshaus ist nicht alt. Dennoch war es ein merkwürdiges und für mich höchst bedeutungsvolles Gefühl, daß mein Vater in diesem großen Augenblick wieder für mich auf die Welt gekommen war.

Das an diesem Abend vom Kronprinzen gegebene Galadiner fand in der schönen Stadthalle statt, die festlich mit Blumen und wundervollem Silber geschmückt war. Ich genoß alles, besonders aber meine Unterhaltung mit dem Kronprinzen, der, wie ich entdeckte, viel von China wußte und eine Sammlung chinesischer Kunstgegenstände besaß. Wir unterhielten uns angeregt über das Land – so lange, daß ich mich nicht erinnern kann, was ich aß. Dann sprachen wir über die Zukunft, was er natürlich nur sehr vorsichtig tat.

Aber inzwischen hatte ich die Meinung von genügend Menschen in Stockholm gehört, um mir darüber klar zu sein, daß sich in Schweden eine Entscheidung anderer Art als in Dänemark anbahnte. Schweden war so gut wie entschlossen, beim Ausbruch eines neuen Krieges neutral zu bleiben. Einige Schweden glaubten allerdings, es wäre klug, sich auf die Seite Deutschlands zu stellen, andere wieder hielten ein solches Bündnis für unmöglich.

Die Entscheidung lag in der Luft. Ich hielt es für äußerst wichtig, als Amerikanerin mit aller Kraft für die Sache der menschlichen Freiheit einzutreten, und als nach dem Festessen die Reihe an mich kam, zu sprechen, stand ich auf und hielt hinter einem kleinen Lesepult eine kurze Rede – eine Rede, die wohl für niemanden als für mich bedeutungsvoll war. Sie mußte jedoch gehalten werden – und hier folgt sie:

»Euer Königliche Hoheit!

Meine Damen und Herren!

Es ist mir nicht möglich, meine ganze Dankbarkeit auszudrücken – für die an mich gerichteten Worte und für den mir verliehenen Preis. Ich nehme beides in der Überzeugung an, weit mehr empfangen zu haben als ich durch meine Bücher rechtfertigen kann. Ich darf nur hoffen, daß die vielen Bücher, die ich noch zu schreiben habe, eine würdigere Erkenntlichkeit darstellen, als ich sie heute abend erweisen kann. Und in der Tat kann ich in dem gleichen Geiste annehmen, in dem, wie ich glaube, diese Stiftung ursprünglich gemacht wurde – nämlich nicht so sehr als ein Preis für vollbrachte als vielmehr für künftige Leistungen. Was ich auch in der Zukunft schreibe, muß, glaube ich, immer aus der Erinnerung an diesen Tag Gewinn und neue Kraft beziehen.

Ich nehme auch für mein Land, die Vereinigten Staaten von Amerika, an. Wir sind ein noch junges Volk und wissen, daß wir unsere Möglichkeiten noch nicht voll erreicht haben. Diese einer Amerikanerin verliehene Auszeichnung gibt nicht nur ihr, sondern der Gesamtheit der amerikanischen Schriftsteller Kraft, da sie durch eine so großzügige Anerkennung ermutigt und angefeuert werden. Ich möchte auch erwähnen, daß die Verleihung dieser Auszeichnung an eine Frau für mein Land besonders bedeutungsvoll ist. Sie, die Sie bereits Ihrer Selma Lagerlöf solche Anerkennung gezollt und längst Frauen auch auf anderen Gebieten anerkannt haben, können vielleicht nicht ganz ermessen, was es in vielen Ländern und auch in meinem eigenen bedeutet, daß gerade eine Frau in diesem Augenblick hier vor Ihnen steht. Aber ich spreche nicht nur für Schriftsteller und Frauen, sondern für alle Amerikaner, denn wir alle nehmen an dieser Festveranstaltung teil.

Ich wäre nicht wirklich ich selbst, wenn ich nicht in meiner ganz inoffiziellen Weise auch von dem chinesischen Volk spräche, dessen Leben so viele Jahre mit dem meinen verknüpft war und immer ein Teil meines Lebens sein wird. Die Denkweise meiner Heimat und die Denkweise Chinas, des Landes, in dem ich aufgewachsen bin, sind sich in mancher Hinsicht ähnlich, vor allem anderen aber gleicht sich unsere gemeinsame Freiheitsliebe. Und das gilt heute mehr denn je, da Chinas ganze Existenz in den größten aller Kämpfe – den Kampf um die Freiheit – verwickelt ist. Ich habe China nie mehr als jetzt bewundert, da ich sehe, wie sich sein Volk gegen den Feind, der seine Freiheit bedroht, vereint. Ich weiß, daß China mit dieser Entschlossenheit zur Freiheit, die in so tiefem Sinne seine Wesensgrundlage ist, nicht unterliegen kann. Die Freiheit ist heute mehr denn je der kostbarste Besitz des Menschen. Wir – Schweden und die Vereinigten Staaten – besitzen sie noch. Mein Land ist jung – aber es entbietet Ihnen, deren Erde alt und frei ist, mit besonderer kameradschaftlicher Verbundenheit seinen Gruß.«

Die glücklichen Tage lösten einander in rascher Folge ab, und das Hauptereignis des nächsten Tages war das

Festmahl im Schloß mit dem König. In den Zwischenzeiten unseres Programms gab es natürlich Besuche und Presseinterviews, und durch sie lernte ich Schweden und seine ungewöhnlichen Menschen immer besser kennen und spätere Ereignisse verstehen. Am Eingang des Schlosses fand ich zu meiner Begrüßung viele Schulkinder auf mich warten. Meine Erinnerung an den Bankettsaal ist nicht sehr deutlich, vermutlich deshalb, weil ich mich nun schon an Prachtentfaltung gewöhnt hatte. Hinter jedem Stuhl stand ein Lakai, und mir gegenüber saß der König zwischen zwei ältlichen Prinzessinnen – den einzigen Damen, deren Rang so hoch war, daß sie neben ihm sitzen durften. Die Hofetikette verlangte, daß sämtliche Teller abserviert wurden, sobald der König mit einem Gang fertig war. Da er aber keine Konversation machte, aß er rasch – und so war das schöne Bankett bald beendet.

Nachher, im Empfangssalon, standen wir alle so lange, bis es dem König gefiel, sich zu setzen. Endlich ließ er mich jedoch holen, wie man mir angekündigt hatte, setzte sich auf ein Sofa und bat mich, neben ihm Platz zu nehmen – und jetzt durften sich alle setzen.

Ich fühlte mich unbeschwert, denn die Etikette verlangt, daß ein König die Unterhaltung beginnen muß, und diesmal lag also die Verantwortung dafür nicht bei mir.

Vor dem nächsten Tag hatte ich mich ein wenig gefürchtet, denn es war üblich für die Nobelpreisträger, eine Ansprache vor der schwedischen Akademie, einer erlesenen Gruppe von Gelehrten, zu halten. Am Morgen des Tages vor unserer Abreise aus Stockholm begann der für ein winterdunkles Land so bezeichnende Santa-Lucia-Festtag oder das Lichtfest. An diesem Tag hat die Sonne ihren niedrigsten Stand am Horizont erreicht, und danach nimmt das Licht wieder zu.

An diesem Morgen stand ich, auf einen Wink hin, den man mir gab, frühzeitig auf, hüllte mich in meinen Morgenrock und ging wieder ins Bett, um einen Gast zu empfangen. Um acht Uhr öffnete sich die Tür, und ein hübsches Mädchen kam herein, das eine Krone aus brennenden Kerzen auf dem Kopf trug und ein silbernes Tablett mit Kaffeetassen in ihren Händen hielt. Es ging mit langsamen, graziösen Schritten und sang dabei »Santa Lucia«. In jedem Heim in Schweden spielte sich vermutlich die gleiche Szene ab, wobei die Lucia immer die jüngste Tochter oder Schwester war. Es ist auch Brauch, eine Lucia für die ganze Stadt zu wählen; in diesem Jahr, 1938, hatte Ingrid Lohmann, die hübsche Angestellte eines Pelzgeschäftes, den Preis gewonnen. Am Abend sollte ein großes Bankett in der Stadthalle zur Feier des Festtages und zur Krönung der Königin stattfinden, zu dem ich auch eingeladen war.

Es war ein faszinierender Kontrast zu dem Gepränge der vorausgegangenen Ereignisse. Der große Saal war gedrängt voll Menschen, die eng um die einfach gedeckten Tische saßen, an denen wir zu Abend aßen. Musik, Lachen und Ansprachen wechselten in munterem Durcheinander, während die hübsche Königin gekrönt wurde, und ich sah ein anderes Schweden, das sehr frei, sehr natürlich und heiter war. Es gefiel mir, und ich nahm am Schluß des Abends ungern Abschied.

Früh am nächsten Morgen stiegen wir in den Zug, der uns wieder ans Meer bringen sollte. Es war rührend, am Bahnhof ein Häuflein Amerikaner vorzufinden. Sie waren gekommen, um uns das Abschiedsgeleit zu geben, und nach Begrüßungen und Händeschütteln sangen sie, als der Zug aus der Halle fuhr. Der Klang ihrer Stimmen folgte uns. Sie sangen:

O Heimat, weites Heimatland,
wo Hirsch und Antilope spielen auf der Au.
Nicht oft fällt dort
ein hartes Wort,
und durch die Wolken dringt das Himmelsblau.

Immer schneller fuhren wir unter Schwedens dunklem nördlichem Himmel dahin und die Melodie drang mir ins heimwärts gerichtete Herz.

Die Heimkehr war das Schönste von allem. Der Anblick des geliebten Hauses auf dem Hügel, als wir über die Brücke und den Heckenweg entlangfuhren, ließ das Herz rascher schlagen. Warum hatte ich jemals an der Verwurzelung in meinem eigenen Land zweifeln können? Ich hatte hier bereits tiefer Wurzel geschlagen als irgendwo anders in der Welt, und nie wieder sollten sie aus irgendeinem Grunde ausgerissen werden. Wir waren jetzt am Ende des Heckenweges, und dort standen die große rote Scheune und das solide Steinhaus. Weihnachtskränze hingen an Türen und Fenstern. Vier kleine

Gestalten in roten Mäntelchen und Gamaschen kamen zu unserer Begrüßung über die verschneiten Felder gelaufen, und dabei blieb mir vor Freude fast das Herz stehen. Was für Umarmungen, Küsse und Überraschungsrufe – und wie groß die vier Kinder in einem Monat geworden waren, und wie rosig die Wangen und leuchtend die Augen! Ja, die Heimkehr war das Schönste von allem, das Happy-End jeder Reise.

Doch bei all der Fröhlichkeit und dem Frieden von Heim und Familie um diese Weihnachtszeit eines denkwürdigen Jahres war ich, wie ich es immer sein werde, innerlich dessen eingedenk, was sich auf der anderen Seite meiner Welt – in Asien – zutrug. Der Krieg hatte dort in tödlichem Ernst begonnen, und alle früheren Kämpfe waren im Vergleich dazu nur Scharmützel gewesen. Das Jahr 1939 hindurch führten die Nationalchinesen allein den Kampf. Sie konnten sich jedoch auf die Dauer nicht halten. Nanking war schon 1937 verlorengegangen, und die Regierung hatte sich den Jangtse hinauf nach Hankau zurückgezogen, um im Jahre 1938 auch diese Stadt zu verlieren. Schließlich ließ sich die Regierung in Tschungking nieder, wo sie für die Dauer des Krieges blieb.

Wie gut erinnere ich mich noch an den Tag, als der Krieg in Europa begann! Wir hatten in jenem Sommer ein Haus in Martha's Vineyard genommen, eine behagliche Behausung neben Katherine Cornells schönem Haus an der Bucht. Das Wasser war herrlich für unsere Kinder, seicht, warm und klar; sie tummelten sich fast den ganzen Tag, dick und braungebrannt, lustig darin herum. Wir selbst verbrachten den Tag zwischen Arbeit und Zerstreuung. Eines Morgens jedoch, unfähig zu arbeiten und, wie ich hoffte, grundlos von Kriegsahnungen bedrückt, gesellte ich mich früher als gewöhnlich zu den Kindern an den Strand. Ein paar Minuten später sah ich meinen Mann die Dünen heruntergelaufen kommen. Er brachte mir die vom Rundfunk verbreitete schreckliche Nachricht, daß in Europa der Krieg ausgebrochen war. Trotz der Gewißheit schien es unmöglich. Die Sonne schimmerte auf dem ruhigen Meer und den glatten weißen Sandflächen. Unsere beiden Kleinen liefen Hand in Hand in dem seichten Wasser den Strand auf und ab, während die zwei älteren Jungen nach Sandkrabben gruben. Weiter oben an der Küste, wo das Meer in großem Bogen anbrandete, schwammen Menschen vor Katherine Cornells Haus ...

In diesen anmutigen und stillen Nachmittag also brach die Kriegsnachricht ein, und wir, mein Mann und ich, wußten, daß unser Leben nie wieder dasselbe sein würde. Wir wußten, daß der Krieg unser Land und unser Volk ändern würde. Ja, er würde die ganze Welt ändern.

Im Dezember 1941 genossen wir einen stillen Sonntagnachmittag in dem jenseits unserer Straße gelegenen Haus meiner Stieftochter. Gemeinsame Freunde waren zu Gast, und wir sprachen über alles und nichts, während ihr junger Sohn draußen in ihrem Auto durchs Radio den Bericht von einem Fußballspiel anhörte.

Plötzlich kam er atemlos vor Schrecken und Aufregung ins Zimmer gerannt.

»Die Japaner«, stieß er hervor, »haben Pearl Harbour angegriffen!«

Meine Stieftochter holte das Radio. Sie stellte es ein, und die Nachrichten fluteten durch das stille, behagliche Zimmer. Es stimmte. Das war Krieg. Nun ging es uns wie der ganzen Welt. Sofort dachte ich an China und an Tschiang-Kaischek. Wie glücklich mußte er dort in dem fernen Tschungking sein – und wer hätte ihm das zum Vorwurf machen können! Auch er liebte sein Land.

Wir alle kennen die Kriegsjahre zu gut, als daß ich hier noch einmal von ihnen sprechen müßte. Meine Aufgabe war es, die Kinder möglichst frei von Furcht zu halten, meine Arbeit fortzusetzen und ruhig zu bleiben. Es war eine mir bekannte Atmosphäre – die ich freilich nie für mich erwartet hatte. Wie in China beschloß ich jedoch, nicht zuzulassen, daß der Krieg mein Leben verdüstere oder mich daran hindere, das Bestmögliche aus meinem Alltag zu machen.

Ein Teil der häuslichen Erziehung der Kinder ergab sich durch die vielen Besucher aus dem Ausland, die in unser Haus kamen und deren zu viele waren, als daß man sie namentlich aufzuführen vermöchte. Manche Besucher kamen immer wieder, so daß unser Haus durch die Erinnerungen an bekannte und unbekannte Freunde, ihre Gesichter, ihre Stimmen und ihre Briefe mit den anderen Ländern verbunden scheint.

So begegneten sich meine Welten immer wieder, bis sie zu einer einzigen verschmolzen. Oscar Hammerstein und seine Frau Dorothy, Weltbürger, Freunde und Nachbarn, haben mir bei der Arbeit für das *Welcome House* zur Seite gestanden. Und nicht nur sie, sondern ebenso unerschütterlich auch andere Menschen hier in unserer Gemeinde. James Michener, auch ein Freund und Nachbar, ebenfalls ein Weltbürger im Denken und Handeln, und andere, die nie diese amerikanische Welt verlassen haben und die doch ein weltweites Herz hatten – sie alle, die mir bei der Arbeit für das *Welcome House* beistanden, sind meine Freunde.

Und nun ist es vermutlich an der Zeit, von dem Welcome House zu berichten, denn die Kinder vom Welcome House sind es, die meine Welten vereinen.

Es fing um Weihnachten an. An einem kalten Dezembertag, als unser Haus in heller Aufregung war durch das bevorstehende Weihnachtsfest und durch langbeinige Mädchen und Jungen mit ihren Skiern und Tanzereien, sowie durch das köstliche Durcheinander von Weihnachtsgeschenken und Stechpalmengewinden, brachte mir der Postbote einen Eilbrief von einer fernen Adoptionsvermittlungsstelle, die bei mir anfragte, ob ich ihr helfen könnte, ein kleines Kind unterzubringen – das Söhnchen einer weißen amerikanischen Mutter und eines ostindischen Vaters, das von beiden Familien auf beiden Seiten des Erdballs abgelehnt werde. Man frage nicht, warum ein Kind abgelehnt wird, denn ich kann es nicht begreifen, was auch der Grund sein mag. Die Leiterin der Vermittlungsstelle hatte in den Vereinigten Staaten jede Möglichkeit erschöpft, so berichtete sie mir, und hatte den Kleinen sogar in Indien unterzubringen versucht, doch niemand wollte ihn haben. Ein Bild von ihm war beigelegt. Ich schaute in das kleine traurige Gesicht eines einsamen Kindes, und die glückliche Welt, in der ich lebte, versank.

In aller Eile versammelte ich meine Familie um mich und erzählte ihnen die Geschichte. Was sollten wir tun? Nicht eine Stimme, vom Vater bis zur jüngsten Tochter, war anderer Meinung. Sie sagten alle: »Bring ihn her! Wenn wir keinen besseren Platz für ihn finden können, behalten wir ihn.«

Mit dieser Vollmacht rief ich die Vermittlungsstelle an. Bald nach Weihnachten wurde mir an einem Winterabend ein kleiner dunkler Junge in die Arme gelegt, dessen riesige braune Augen verängstigt dreinblickten, und der keinen Laut von sich gab, weil sein Daumen dauernd in seinem Mund steckte. Die Leute, die ihn herbrachten, gingen wieder, ich trug ihn hinauf zu dem Kinderbettchen, das wir hergerichtet hatten, und legte ihn hinein. Er schlief nicht viel in dieser Nacht – und ich auch nicht. Er weinte nicht, aber manchmal schrie er mit furchtgedämpfter Stimme auf, und dann hielt ich ihn, bis er wieder einschlief.

Obwohl doch diese Ankunft schon erstaunlich genug war, folgte ihr noch im gleichen Monat eine weitere. Eine Freundin schrieb mir, ein halbchinesisches Kind sei in einem städtischen Krankenhaus zur Welt gekommen.

Man wisse nicht, wohin mit dem Kind, denn der bereits verheiratete chinesische Vater könne es nicht bei sich aufnehmen und sei nach China zurückgekehrt, und die amerikanische Mutter habe keine Möglichkeit, es zu behalten. Könne das Kind bei mir untergebracht werden, bis sich eine Familie dafür fände? Die Adoptionsvermittlungsstelle des Ortes könne es nicht aufnehmen. Nun hatte ich das Gefühl, unter einer mir unbegreiflichen Schicksalsfügung zu stehen. »Genausogut können wir noch eins aufnehmen«, meinte meine Familie, und so brachten wir an einem kalten Januartag aus dem großen städtischen Krankenhaus ein kleines, neun Tage altes Baby männlichen Geschlechts mit nach Hause, das buchstäblich nackt war, denn wir mußten Kleider nehmen, um es einzuhüllen. Und auch dieses Kind lebte weiter bei uns. Wir sorgten alle gemeinsam für unsere Kinder, außer nachts, denn dann war ich allein für sie verantwortlich. Wir alle teilten die Freude, sie kräftig und glücklich heranwachsen zu sehen.

Hinter unseren beiden kleinen Kindern standen vielleicht Hunderte von anderen. Sollten wir nichts für sie tun? Ich hatte jetzt ein besonderes Anliegen. Vielleicht kann niemand sein Land so konsequent lieben wie der Mensch, der viele Jahre fern von ihm gelebt hat. Ich konnte es nicht ertragen, in meinem Land dieselben Übel zu sehen, die ich in anderen Ländern gesehen hatte. Das heißt, ich konnte den Gedanken nicht ertragen, diese hübschen Kinder könnten ihrer mischrassigen Abstammung wegen kein Adoptivheim finden. Ich wollte es nicht glauben. Die Aufgabe bestand lediglich darin, Eltern für sie zu finden.

So begann die Welcome House GmbH. Sie ist die Jahre hindurch gewachsen und hat viele Kinder aufgenommen. Ein paar von ihnen leben dauernd in unserer Gemeinde. Sie wurden, bevor die Adoptionen begannen, bei zwei Familien untergebracht, aber die anderen, die Babies, kommen jetzt zu Adoptiveltern. Denn es gibt viele Eltern, welche amerikanische Kinder asiatischer Abstammung wollen. Einige dieser Eltern sind weiße Amerikaner, andere sind Asiaten, wieder andere Halbasiaten. Sie alle sind Menschen mit einem ungewöhnlichen Hintergrund, was ihnen manche Vorteile des Verständnisses und der Erfahrung gibt.

Nachts in den einsamen Stunden vor der Morgendämmerung, wenn ich wachliege und mein eigenwilliger Geist über die Probleme der Welt und insbesondere über unsere amerikanischen Probleme nachgrübelt, die sich zunehmend ernster darstellen, dann entdecke ich, daß ich an alle unsere Welcome-House-Kinder denke, von denen jetzt jedes zu einer amerikanischen Familie gehört, die es liebt und von der es geliebt wird, und dann erinnere ich mich, daß Tausende, ja, vielleicht Millionen von Menschen auch in Asien von ihnen wissen. Gerade als ich diese Worte schrieb, wurde ich vom Läuten des Telefons unterbrochen, und als ich mich meldete, hörte ich die Stimme eines Mannes aus Indochina, eines Vietnamesen, der regelmäßig über den Rundfunk zu seinem Heimatland gegen den Kommunismus und für die

Demokratie spricht, und er stellte mir eine vertraute Frage: »Darf ich kommen und Welcome House besichtigen? Ich möchte alles über die Kinder wissen, wie sie von amerikanischen Familien adoptiert werden, so daß ich meinen Landsleuten darüber berichten kann. Genau das sollen sie von den Vereinigten Staaten wissen.«

»Kommen Sie«, sagte ich, wie ich es dann immer tue. »Wir geben Ihnen mit Vergnügen über alles Auskunft.«

Mein Mann war einige Jahre lang Redakteur der Monatsschrift *Asia* gewesen, die im Jahre 1917 von Willard Straight, dem damaligen amerikanischen Konsul in Peking, ins Leben gerufen wurde. Diese vorzüglich redigierte Zeitschrift hatte die Jahre hindurch laufend einen hohen finanziellen Zuschuß erfordert, und nur eine wohlhabende Familie konnte sie weiterführen, wie es Mrs. Straight nach dem Tode ihres Mannes und ihrer Wiederverheiratung mit Leonard Elmhirst tat.

Mein Mann hatte während der Jahre seiner Redaktionstätigkeit die Verluste ständig vermindert, indem er vor allem Wert auf authentische Berichte legte; aber die Zahl der Leser nahm nicht sehr zu. Es gab anscheinend nur etwa fünfzehn- bis höchstens zwanzigtausend Amerikaner, die trotz der unvermeidlich bedrohlichen Zukunft einiges Interesse für die asiatischen Völker aufbrachten.

Als Mrs. Elmhirst 1941 beschloß, das Erscheinen der Zeitschrift einzustellen, wollten mein Mann und ich sie eine Zeitlang weiterführen, um zu sehen, ob dieser kleine Interessentenkreis nicht doch vergrößert werden könnte.

Es gab keine andere Zeitschrift in den Vereinigten Staaten, die eine umfassende und authentische Kenntnis des asiatischen Lebens vermittelte. Wir gaben sie noch weitere fünf Jahre heraus, bis die Nachkriegsereignisse das unmöglich machten.

In diesen Jahren gründete ich auch die »Ost-West-Vereinigung«. Auch mit einer Zeitschrift war unser Volk nicht aufzuklären, wie ich sehen konnte. Es lernte mehr durch Hören als durch Lesen – und am besten durch Sehen. Warum dann nicht Männer und Frauen aus Asien mit ihm zusammenbringen, die für sich selbst sprachen, die zeigten, was sie waren, und die ihre Geschichte und Kultur erklärten?

Wir bauten eine kleine Organisation auf, sicherten uns Steuerfreiheit und eine beträchtliche Anzahl von Gönnern und begannen unsere Arbeit mit einem Eröffnungsfestessen in Washington, gefolgt von einer großen Versammlung in New York, um den Zweck der Vereinigung zu erklären. Wendell Willkie hielt die Haupteröffnungsansprache in New York. Hier hörte ich ihn zum erstenmal von seiner »ungeteilten Welt« sprechen.

Hu Schi, damals chinesischer Botschafter in Washington, sprach gleichfalls, ebenso verschiedene prominente Vertreter anderer asiatischer Botschaften. Die Arbeit hatte begonnen. Natürlich sollte sie nicht durch solche Versammlungen weitergeführt werden, sondern durch Menschen, die das Land kreuz und quer allein, zu zweien oder – wenn sie die Gastgeber waren – in Gruppen bereisten. Ihre Aufgabe bestand darin, nie politisch, sondern immer kulturfördernd und vor allem unkompliziert freundlich und lebendig zu sein.

Auf solche einfache Art und Weise kamen Menschen aus Asien in viele amerikanische Gemeinden, und obgleich ich ursprünglich mehr an mein eigenes Volk gedacht hatte, gewährte es mir Befriedigung, daß auch die Besucher ein neues und freundlicheres Verständnis für die Amerikaner nach Asien mitnahmen. Unsere »Ost-West«-Besucher waren nicht immer Asiaten, sondern manchmal auch Weiße, die über eine besondere Kenntnis Asiens und gelegentlich auch anderer Weltteile verfügten. Aber Asien lag mir natürlich an erster Stelle am Herzen, zumal die amerikanische Unkenntnis hier am größten war.

Warum konnte diese ungemein interessante und, wie ich hoffe, wertvolle Arbeit nicht weitergeführt werden? Denn nach zehn Jahren gab ich diese Tätigkeit auf. Es gab zwei Gründe: der eine war finanzieller Natur, denn obwohl die örtlichen Gemeinden die Unkosten übernahmen, machte doch die zunehmende Nachfrage nach den asiatischen Besuchern einen größeren Bürostab nötig, für den ich nie eine Beihilfe bekommen konnte.

Es gab aber noch einen anderen Grund. Es war zu spät ... Ich hatte das bereits im Jahre 1946 gefürchtet, als unser höchster amerikanischer Vertreter bei der Konferenz von San Franzisko in Gegenwart vieler hervorragender Repräsentanten Asiens erklärte, die amerikanische Zukunftspolitik werde sich nicht mit der Unabhängigkeit der Kolonialvölker in Asien befassen.

Das müde Volk in China überlegte, auf welche Seite es sich schlagen sollte. Aus dem Kriege gegen Japan war ein Krieg zwischen Nationalisten und Kommunisten geworden. Für den Kommunismus hatte das Volk nicht viel übrig. Man wußte auch sehr wenig von ihm. Aber jeder hatte Angst vor einem Bürgerkrieg. Wenn Tschiang die Regierung übernahm, so bedeutete das jahrelange Unruhe – denn der alte Tiger war hartnäckig und würde, so lange er lebte, sich nie geschlagen geben. Hatte er nicht einen solchen Krieg schon jahrelang geführt, bevor die Japaner angriffen? Aber die Kommunisten versprachen Frieden.

Das Volk wählte den Frieden – obwohl es nur ein Versprechen war, und zunächst der Krieg sicher bevorstand. Wenn aber das Volk eines Landes um jeden Preis den Frieden will, dann können nicht einmal Generale Krieg führen. Das Volk wählte den Frieden, nicht den Kommunismus. Daran sollten die Amerikaner jetzt mehr als je denken, denn in dieser einen Tatsache liegt die Hoffnung auf zukünftige freundschaftliche Beziehungen zu Asien.

New York City

Ein kalter grauer Tag in dieser Stadt, in der ich mich manchmal vorübergehend aufhalte, wenn ich hier geschäftlich zu tun habe. Heute zieht mich die Akademie der Künste und Wissenschaften her, deren Mitglied ich jetzt bin. Jede Ehre, die mir zuteil geworden ist, ist ganz überraschend gekommen und hat mich gerade darum so gefreut, weil sie unerwartet war. Das gilt vor allem von der Aufforderung, der Akademie als Mitglied beizutreten. Ich nahm diese Einladung an, weil sie mich freute, und wenn ich auch beim Eintritt in die großen Tore unter meiner üblichen Schüchternheit zu leiden habe, fühle ich mich doch geehrt.

Ich schäme mich dieser Schüchternheit – aber vielleicht ist es gar keine, denn ich bin doch jetzt schon daran gewöhnt, überall und bei allen zu sein. Vielleicht ist es nur ein leichtes Gefühl der Fremdheit, das mich immer noch befällt, wenn ich mit irgendeiner Gruppe meiner Landsleute zusammenkomme. In diesem Fall müßte ich eigentlich Landsmänner sagen, denn ich bin bis jetzt die einzige Frau, welche die Versammlungen besucht. Es soll noch ein anderes weibliches Mitglied geben, aber diese »Sie« ist nie zu sehen.

Es gewährt mir auch ein Gefühl der Befriedigung, daß der mir zugewiesene Sitz vorher von Sinclair Lewis eingenommen worden war. Sein Name ist der letzte auf der Bronzetafel, und wenn ich mich setze, denke ich immer daran, daß nach ihm auch mein Name einmal dort stehen wird.

Der Sitzungssaal hat eine eigenartige Würde und Schönheit. Während der einfachen Einleitungszeremonien blicke ich durch das große Fenster der entgegengesetzten Seite des Saales auf ein Stück Erde, das nicht von Lebenden, sondern von Toten bewohnt wird. Es ist ein wohlgepflegter und für lange Dauer bestimmter Friedhof, der Ruheplatz verdienter Persönlichkeiten, die zu ihren Lebzeiten, wie ich annehme, ebenfalls wohlgepflegt waren und für lange Dauer bestimmt zu sein schienen, bis der Tod sie fortnahm. Ein großer Baum breitet seine knorrigen Äste vor dem Fenster aus, und an einem Wintertag wie diesem stehen die Gräber in herber Klarheit da. Im Frühling verbirgt der Baum mit seinem zarten, frischen Grün zwar die Toten nicht, zieht aber einen feinen, zitternden Vorhang vor sie. Im Sommer sind die Gräber fast ganz verdeckt.

Die meisten von uns, die auf den mit den Namen der Toten versehenen Plätzen sitzen, sind alt. Ich glaube, ich bin so ziemlich das jüngste Mitglied, und ich bin nicht mehr jung. Neulich habe ich meine Stimme für verschiedene jüngere abgegeben, damit neues Leben einziehen kann, und zwar früh genug, um noch lange die Gesellschaft gelehrter Männer zu genießen. Denn zweifellos ist die Akademie eine solche Gesellschaft. Meistens schweige ich respektvoll, denn das Wissen dieser Männer ist mir nicht zu eigen. Es sind die Musiker, die Maler, die Schriftsteller und Architekten der Vereinigten Staaten. Ich studiere noch die Dinge, die sie sich längst angeeignet haben und in denen sie hervorragend bewandert sind, während ich in ihnen nur Dilettant sein kann. Ich tröste mich mit dem Gedanken, daß auch ich manches weiß, was sie nicht kennen.

Wenn sie zum Beispiel den Symbolismus Mallarmés geistvoll diskutieren, frage ich mich, ob sie wohl den Symbolismus der großen Essayisten oder der anonymen Romanciers Chinas kennen. Von ihnen ist nie die Rede. Unter den »Hundert Büchern«, diesen von westlichen Gelehrten ausgewählten, für die Quellen der menschlichen Kultur angeblich repräsentativen Klassikern, ist nicht ein einziges asiatisches Buch – obwohl doch in Asien lange vor unserer Zeit große Kulturen blühten und noch heute existieren. »Warum«, so fragte ich einen amerikanischen Professor, »sind unter den großen Hundert keine Bücher aus Asien?«

»Weil niemand etwas von ihnen weiß«, gab er aufrichtig, aber ohne das geringste Schuldgefühl zu.

»Niemand? Nur Millionen Menschen ...«

Ich bin jedoch, ob ich es nun verdiene oder nicht, sehr gern in dieser Gesellschaft gelehrter Männer. Sie sind wirklich gebildet und daher ohne Einbildung. Sie sind einfach in ihrem Benehmen, gütig und in milder Weise humorvoll; sie bemühen sich, einander nicht zu verletzen. Das heißt, sie sind zivilisierte Menschen, denn nur das Studium allein kann den Menschen zivilisiert machen. Ich höre sie auch gern über ausgefallene Themen sprechen, weil ihre Stimmen angenehm sind und ihre Sprache oft von großer Schönheit ist. Wie verschieden sie auch äußerlich sind, sie haben doch alle die sanfte Aura der Gelehrten. Sie leben in einer reinen und kraftspendenden Atmosphäre. Dann und wann machen sie einen Scherz über die Gräber vor dem Fenster, sie sind sich des letzten Ziels vollkommen bewußt, und sie fürchten sich nicht.

Sie gehören zu einem Strom, der, breiter und breiter werdend, die Menschheit zu einem ewigen Meer trägt. Jeder kennt seinen Wert und dabei seinen bescheidenen Platz. In dieser Atmosphäre fühle ich mich zu Hause. Es ist jene Atmosphäre wahrhaft gebildeter Menschen, die in jedem Lande und in jedem Zeitalter zu finden ist.

Heute ist ein Wintertag, der Baum wird kahl gegen den grauen Himmel stehen, und die Gräber werden unverhüllt in die kalte Luft ragen. Aber wenn wir das nächstemal wieder zusammenkommen, ist es Frühling.

Green Hills Farm

Es kommen häufig andere Besucher an meine Tür, nicht weil ich gute Mäusefallen verfertige oder sonstige Waren, welche die Erzeugnisse anderer übertreffen. Nein, sie kommen wegen kleiner Spielsachen, die meine kranke Tochter gebastelt hat. Sie liegen in einem alten, großen französischen Schrank. Wenn die Waisenkinder einen Tag bei mir verbringen, vertreiben sie sich mit ihnen die Zeit, ich schenke sie auch Enkel- und Nachbarkindern. Manchmal spielt jedoch ein anderes Kind damit – ein Kind, das besorgte Eltern mitgebracht haben. Ich weiß schon Bescheid, wenn sie draußen vor der Türe stehen. Ein Blick auf das Kind genügt: es ist im Wachstum zurückgeblieben. Die Geschichte, die mir solche Eltern erzählen, kenne ich nur zu gut, gehört sie doch zu meinem eigenen Leben, und ich selbst habe sie oft und oft wiederholt. Dann sprechen wir über die Zukunft des Kindes und über die Frage, wie und wo es untergebracht werden soll.

Die meisten Eltern sind zu arm, um ihr Kind auf eine Privatschule zu schicken. Selbst wenn ihnen das gelingt, haben sie doch nicht die Mittel, für seine dunkle

Zukunft zu sorgen, wenn das Kind sie vielleicht überleben sollte. Stundenlang erwägen wir die Möglichkeiten. Das Kind wird hungrig, und ich hole Gebäck und Milch, und dann sprechen wir wieder weiter. Es gibt keine Lösung, wie ich weiß, und doch reden wir weiter.

Ja, wenn ich die Erinnerungen an die zwanzig Jahre meines Aufenthalts in Amerika überblicke, sehe ich zwar sehr viel, merke aber, daß es nichts Fertiges und Vollständiges ist. Das Buch der Jahre hat keinen zusammenhängenden Inhalt. Das tägliche Leben geht weiter und bringt eine Fülle neuer Ereignisse. Ich habe in ihm Wurzel geschlagen, aber ich weiß, daß es nur soviel von Amerika umfaßt, wie eine Familie auf einer Farm davon erleben kann. Von der Gemeinde, in der wir wohnen, führen allerdings Wege um die Welt.

Denn die Welt ist unser wirkliches Heim – das Heim aller Menschen, wo immer auch unsere besondere Zuflucht auf Erden sein mag. Das Haus und das Stückchen Grund und Boden können in jedem beliebigen Land sein, aber die Menschen sind im Herzen und ihrem Streben nach überall dieselben. Meine Nachbarn hier in Pennsylvanien unterscheiden sich in nichts von meinen Nachbarn in Asien, außer in kleinen, unwichtigen Dingen. Wir hoffen und fürchten dasselbe, wir haben die gleichen Träume von Güte und Frieden. Ich weiß, wie ich immer gewußt habe, daß die weisen Worte eines chinesischen Heiligen, der vor Jahrhunderten gelebt hat, heute ebenso wahr sind wie damals, als er sie schrieb.

Er schrieb sie auf chinesisches Papier, mit Tusche und einem Kamelhaarpinsel als Feder:

»T'ien hsia wei kung«.

Und übersetzt lauten sie:

»Unter dem Himmel sind wir alle eine Familie«.

Die Worte mögen verschieden geschrieben sein, aber ihre Bedeutung ist genau die gleiche.

Pearl S. Buck

Die Frau, die sich wandelt
Roman. Band 8329

Eleanor, eine erfolgreiche Schriftstellerin, steht am Wendepunkt ihres Lebens. Ihre steile Karriere hatte keinen Platz mehr für die Zuneigung eines Partners – bis sie sich aus ihrer Starre löst und ihre eigene Verwandlung erlebt.

Die Frauen des Hauses Wu
Roman. Band 8387

»Eine fesselnde chinesische Familiengeschichte und zugleich eine einmalig schöne Liebesgeschichte.«
St. Galler Tagblatt

Ein wichtiges Buch zum Verständnis von Pearl S. Bucks Werk.

Fischer Taschenbuch Verlag

fi 882/1

Barbara Wood

Herzflimmern
Roman. Band 8368

Sie treffen sich während des Medizinstudiums: drei kluge, ambitionierte Frauen, die um ihren Platz in der Männerwelt der Medizin zu kämpfen bereit sind. Mickey, Sondra und Ruth gehen den gemeinsamen Karriereweg, bis sie getrennt werden – Mickey eröffnet in Hollywood eine Spezialklinik für plastische Chirurgie, Sondra geht als Missionsärztin nach Afrika, nur Ruth bleibt in jenem Krankenhaus in Kalifornien, um durch neue Methoden kinderlosen Frauen den Wunsch nach einem Kind zu erfüllen.

Seelenfeuer
Roman. Band 8367

Die Saga einer Frau im ersten Jahrhundert vor Christi Geburt. Der lange Weg Selenes durch alle Gefahren, durch Länder des Mittelmeergebiets und durch die wechselvolle Beziehung zu ihrer großen Liebe, dem Arzt Andreas. Bis sich schließlich ihre Bestimmung erfüllt: die Macht zu heilen – am Wendepunkt ihres Lebens auch sich selbst ...

Fischer Taschenbuch Verlag

fi 1350/1